Marion Gräfin Dönhoff
Weit ist der Weg nach Osten

Marion Gräfin Dönhoff

Weit ist der Weg nach Osten

Berichte und Betrachtungen
aus fünf Jahrzehnten

Deutsche Verlags-Anstalt
Stuttgart

CIP-Kurztitelaufnahme der Deutschen Bibliothek

Dönhoff, Marion Gräfin:
Weit ist der Weg nach Osten:
Berichte u. Betrachtungen aus 5 Jahrzehnten/
Marion Gräfin Dönhoff. –
Stuttgart: Deutsche Verlags-Anstalt, 1985.
ISBN 3-421-06204-8

Lektorat: Ulrich Volz
Typografische Gestaltung: Brigitte Müller
Satz: Setzerei Lihs, Ludwigsburg
Druck und Bindearbeit: Clausen & Bosse, Leck
Printed in Germany

Inhalt

Die sechziger Jahre

Die siebziger Jahre

Die achtziger Jahre

Vorwort

Politiker können sich leicht darauf herausreden, daß das, was sie gesagt haben, von der Presse falsch zitiert wurde. Journalisten sind da schlechter dran: Was sie schreiben, ist schwarz auf weiß zu lesen, wenn auch nicht für alle Ewigkeit, so doch lang genug, um Kritikern die Möglichkeit zu geben, diesem oder jenem einen Strick daraus zu drehen.

Darum war ich zunächst nicht sonderlich begeistert von dem Vorschlag des Verlegers, meine Aufsätze der letzten fünf Jahrzehnte, die in der *Zeit* erschienen sind, soweit sie den Osten und die Ostpolitik der Bundesrepublik betreffen, als Buch zu veröffentlichen. Aber dann erschien mir der Vorteil, sich die spontane Reaktion auf wichtige Ereignisse noch einmal vor Augen führen zu können, schwerer zu wiegen als die Sorge vor aufgedeckten Irrtümern.

Eine solche Sammlung hat ja den großen Vorteil, daß man erfährt, was in einem bestimmten Augenblick gedacht und empfunden wurde. Bei den im Rückblick geschriebenen Analysen ist dies selten der Fall, denn der Autor kann gar nicht vermeiden, das Wissen darüber, wie es inzwischen weiterging, mitzudenken. Dies wiederum führt dazu, daß viele Leute den Eindruck gewinnen, es hätte gar nicht anders kommen können, weil die Entwicklung den für alle sichtbaren Verlauf genommen hat.

Überraschend war für mich zu sehen, mit wie starken Gefühlen, mit welcher Ungeduld und Verzweiflung man damals auf alles reagierte, was sich einer Wiedervereinigung in den Weg stellte, auf die alles ausgerichtet wurde – jede Konferenz, jede

Note. Wir alle glaubten zu jener Zeit offenbar noch fest an die Möglichkeit einer Wiedervereinigung – auch die SPD, auch Willy Brandt. Erst ab 1967 ist von Wiedervereinigung in diesen Aufsätzen nicht mehr die Rede.

Ein zweiter roter Faden, der durch die letzten dreißig Jahre führt, ist die immer wieder vorgebrachte Hoffnung, Mahnung, schließlich Forderung nach einer aktiveren Ostpolitik. Systematisch geschieht dies seit Beginn der sechziger Jahre. Also seit die Bundesrepublik so feste Gestalt angenommen hat, daß es Zeit wurde, sich daran zu erinnern, daß sie kein westeuropäischer, sondern ein zentraleuropäischer Staat ist. Die Bundesrepublik ist heute der Osten des Westens und der Westen des Ostens.

Ausgewählt wurden vor allem die Aufsätze, die die wichtigsten Stationen jenes Weges kommentieren, den wir in den letzten Jahrzehnten zurückgelegt haben: der 17. Juni 1953 in Ost-Berlin, Adenauers Reise nach Moskau 1955, der Bau der Mauer 1961, Brandts Ostpolitik, Reportagen aus Jugoslawien, Ungarn, der ČSSR, aus Polen, Rumänien, Sibirien. Nur in einigen Fällen wurden Kürzungen vorgenommen aus umbruchtechnischen Gründen oder weil es sich um ein Detail handelte, das ganz an den Tag gebunden war und inzwischen nicht mehr interessant ist. Alle Artikel sind in der *Zeit* erschienen, mit Ausnahme des ersten, der für ein Buch geschrieben wurde.

Hamburg, im Juli 1985   *Marion Dönhoff*

Die vierziger Jahre

Zwischen Weichsel und Peipussee

Für Adel und Gelehrte gab es keine Grenzen

Im Gartensaal meines Vaterhauses in Ostpreußen stand auf einem Tisch ein großer goldener Barockrahmen, auf dessen abgeschabten, bräunlichen Samt eine Reihe von Miniaturen geheftet waren. Da sah man unter anderem Ludwig XV. von Frankreich und seine Gemahlin Maria Leszczyńska, die Tochter des polnischen Königs Stanislaw Leszczyński; ferner zwei weitere Porträts, die Gerhard Dönhoff, geboren 1590, Oberhofmeister in Polen, und seine Frau, Prinzessin Sybille von Brieg und Liegnitz – die Großeltern von Stanislaw Leszczyński –, darstellten.

Damals, ehe es den Begriff der Nation gab und ehe das Gift des Nationalismus und anderer Ideologien die Beziehungen zwischen den Menschen vergiftete, war es durchaus üblich, daß hohe Beamte oder auch Offiziere nach ihrem Belieben in anderen Ländern dienten, eine Gepflogenheit, die bis ins 19. Jahrhundert andauerte. Der Chef des preußischen Generalstabs und spätere Feldmarschall Helmuth von Moltke hatte im dänischen Heer gedient, ehe er 1822 in die preußische Armee übertrat.

Ganz unvorstellbar für unsere heutigen Auffassungen ist der Fall des Christian Günther Graf Bernstorff. Er war von 1800 bis 1810 dänischer Außenminister und wurde nach seinem Rücktritt dänischer Gesandter in Berlin. Dort erfreute er sich so großer Beliebtheit, daß die Preußen ihn 1818 zu ihrem Außenminister machten – eine Position, die er 14 Jahre lang bekleidete.

Jahrhunderte, bevor 1864 in London die Erste Internationale gegründet wurde, für die Karl Marx die programmatische Grundlage geschaffen hatte, existierten zwei Kategorien in

Europa, für die es keine Grenzen gab: die Internationale der Aristokratie und die der Gelehrten. Beide waren zwischen Deutschland und Polen vielfältig miteinander verwoben.

Seit dem 14. Jahrhundert war Deutsch an den Fürstenhöfen und in den Städten die Umgangssprache in Polen. Vor allem Krakau hatte seit dem 15. Jahrhundert eine große Anziehungskraft für deutsche Künstler und Gelehrte. Für Vertreter des polnischen Humanismus wiederum waren die Beziehungen zu Melanchthon wichtig und der gedankliche Austausch mit Martin Luther.

In dem nordosteuropäischen Raum zwischen Weichsel und Peipussee, wo Deutsche, Polen, Russen, Schweden und Dänen jahrhundertelang miteinander gelebt und gegeneinander gekämpft, Bündnisse miteinander geschlossen oder sich gegenseitig umgebracht haben und wo – je nachdem, wer gerade wen unterworfen hatte – bald der eine, bald der andere die Oberherrschaft ausübte, war meine Familie, aus deutschen Landen kommend, 1330 eingewandert. Über Jahrhunderte hielten sie an ihrer Heimat fest, gleichgültig, wer gerade die oberste Herrschaft ausübte: der Orden, die Kirche, die Polen, Schweden, Russen oder Preußen.

Als 1561 der letzte Ordensmeister Gotthard von Kettler vor den Polen die Unterwerfungsurkunde unterschreiben mußte, bedeutete dies, daß der Schwertbrüder-Orden, der 350 Jahre in Livland geherrscht hatte, aufgelöst wurde: Das Land nördlich des Düna-Flusses, also das eigentliche Livland, mußte unter Garantie seiner deutschen Sprache und der Religionsausübung an Polen abgetreten werden, während Kurland südlich der Düna in ein weltliches Herzogtum umgewandelt und Kettler unter polnischer Lehnshoheit zum erblichen Herzog eingesetzt wurde. Er legte ein Jahr später in Riga das Siegel und den weißen Ordensmantel mit dem schwarzen Kreuz ab, nahm die Huldigung der kurländischen Ritterschaft entgegen und leistete seinerseits dem polnischen König den Huldigungseid.

Die Dönhoffs, die südlich des trennenden Flusses ansässig waren, blieben mithin Deutsche, die im nördlichen Gebiet wurden Polen und sind im späten 18. Jahrhundert ausgestorben.

Offenbar ist ihnen der Wechsel in jener ideologiefernen Zeit nicht weiter schwergefallen, denn schon bald verzeichnet die Geschichte sie in verschiedenen, nicht unwesentlichen Rollen am polnischen Königshof, in der Verwaltung und im Heer der neuen Heimat. Das heißt, es war ja die alte Heimat, und eben dies war die Hauptsache; daß die Herrschaftsstruktur sich verändert hatte, spielte keine so große Rolle, denn man gehörte ja dazu.

Wir Heutigen können uns gar nicht vorstellen, welche unglaublich große Bedeutung in früheren Jahrhunderten den dynastischen Verbindungen zukam. Heiraten zwischen regierenden Häusern haben Kriege abgewendet, Großreiche geschaffen, zuweilen auch verhindert. Von ungezählten Beispielen soll hier nur eins genannt werden.

Das Einvernehmen zwischen dem Deutschen Orden und den Polen, das im Frieden zu Kalisch 1343 begründet worden war, endete, als die Polen, die mit den Litauern tödlich verfeindet waren, auf den klugen Gedanken kamen, dieser traditionellen Fehde ein Ende zu setzen, indem sie die beiden Fürstenhäuser durch Heirat miteinander verbanden. Hedwig, eine Tochter des polnischen Königs, wurde mit dem Großfürsten Jagiello von Litauen vermählt. Das war das Ende der Macht des Ordens, der dank jener Fehde bis dahin ziemlich sorglos hatte leben können. Die Schwierigkeiten wuchsen, und schließlich wurde er im Jahr 1410 bei Tannenberg – oder wie die Polen sagen: in der Schlacht von Grunwald – besiegt.

Dynastische Verbindungen waren also jahrhundertelang ein entscheidender Faktor in der Geschichte – ein legitimes Argument, weit stärker als Nation, Sprache oder Volkszugehörigkeit. Darum machte man sich damals auch nichts daraus, einen fremden Fürsten zum Regenten einzusetzen, wenn es keinen eigenen mehr gab. Als der König von Ungarn, Matthias, 1490 kinderlos starb, wählten die Ungarn den polnischen König Wladislaw II. zu ihrem König. So entstand damals ein großpolnisches Reich, das Böhmen, Ungarn, Polen, Litauen, Weißrußland und Preußen umfaßte. Es reichte von Meer zu Meer, wie die Polen sagen. Aber es währte nur 25 Jahre, dann vermählte sich Ludwig, der Kronprinz von Ungarn und Böhmen, mit Maria, der Enkelin Kaiser

Maximilians. Daraufhin gab es kein großpolnisches Reich mehr, dafür aber ein super-habsburgisches Reich.

Nach dem Tode Kaiser Maximilians I. trat 1519 auf dem Reichstag in Frankfurt kurioserweise der französische König Franz I. als Anwärter auf die deutsche Kaiserwürde gegen Maximilians Enkel Karl von Habsburg zur Wahl an. Die Kurfürsten, von beiden Prätendenten bestochen, wählten den Habsburger.

Wer über die Verwilderung der Sitten in unserer Welt, über Unzuverlässigkeit und Korruption klagt und gern von den guten alten Zeiten träumt, der sollte sich die damaligen Sitten vergegenwärtigen: Verträge wurden ebenso bedenkenlos gebrochen wie sie geschlossen wurden. Eide bedeuteten nichts. Wenn die eigenen Interessen es geboten, verriet jeder jeden. Und was das Volk wünschte, danach wurde schon gar nicht gefragt.

Aber auch der Begriff der Nation, der seit den Tagen Napoleons die entscheidende Rolle in unserer angeblich soviel zivilisierteren Welt übernahm, hat viel Unheil gestiftet: Barrieren errichtet, Haß erzeugt, Arroganz gefördert, Untaten abgesegnet. Man fragt sich, wann je es eigentlich gerecht zugegangen ist. Damals nicht, als eine Heirat Grenzen versetzen, Länder groß und reich oder klein und arm machen konnte. Und heute auch wieder nicht, obgleich Grenzen nicht mehr willkürlich durch irgendwelche Herrscher gezogen werden, sondern alles angeblich von den Völkern selbst bestimmt wird.

Es scheint, die Geschichte soll uns lehren, daß die Unzulänglichkeit dieser Welt nicht nur in dies oder jenes System eingebaut ist, sondern vielmehr auf die Maßlosigkeit der Menschen und ihre Fehlsamkeit zurückzuführen ist. Daß mithin Wandel nur durch Veränderung des Menschen – der Menschen – erreicht werden könnte. Aber wer vermag darauf wohl zu hoffen?

Ein Brief aus Ostpreußen

Die ersten und letzten Nachrichten aus der Heimat

Hamburg, im Juni 1947

Zum drittenmal sind jenseits der Weichsel die Wiesen und Wälder grün geworden, und in manchen Gärten mögen ein paar vergessene Blumen und Sträucher blühen. Sicher haben die Störche ihre Nester wieder bezogen oder auf den Ruinen verwaister Gehöfte neue gebaut. Der Balzruf der Kraniche im Bruch ist wieder verstummt, und längst sind Schwäne und Wildgänse weiter gen Norden gezogen. Für sie alle gibt es keine Grenzen. Der Himmel ist ihnen immer der gleiche und auch das Land. Sie fragen nicht danach, wer die Seen, Wälder und Flußniederungen von Afrika bis hinauf nach Skandinavien beherrscht und regiert – sie sind überall daheim. Es mußte wohl der Spezies »Krone der Schöpfung« mit dem Attribut »vernunft-begabt« vorbehalten sein, diese glückliche ungeteilte Welt zerstört zu haben.

Ja, die Störche, die nisten nun wieder auf dem Dach der alten Scheune am Teich, und Barbarossa – so nannten wir den Alten, der an einer extravaganten rotbraunen Halskrause kenntlich war und jedes Jahr getreulich wieder zurückkehrte – steht vermutlich in der Abendsonne auf dem Dachfirst und lauscht wohlgefällig dem Konzert der Frösche. Wahrscheinlich ist er der einzige, der die Heimat noch mit den gleichen Augen der Liebe anschaut; den wenigen Menschen, die heute noch dort sind, wird sie nur noch Gefängnis und Fron bedeuten.

Ein einziger Brief kam von dort oben. Es war die erste und letzte Nachricht aus dem verlorenen Paradies. Folgendes stand darin:

»Damals, als die Russen kamen, es war ein Dienstag, brannte

es an vielen Stellen im Dorf. Als erste wurden die beiden Gespannführer, der alte Gärtner und Otto erschossen und auch Frau Markus von der Klingel.«

Frau Markus, die brave, sie wohnte neben der »Klingel«, mit der der Kämmerer zur Arbeit läutete. Sie war die Frau von dem etwas einfältigen Postfahrer. Sie kam zuweilen, wenn in der Küche Aushilfe gebraucht wurde, allerdings nur, sofern Tag und Stunde nicht gegen ihre Lebensprinzipien verstießen: Am Donnerstag durfte man kein Werk beginnen, am Samstag abend, der stets Heiligabend hieß, nicht arbeiten, zwischen Weihnachten und Neujahr keine Wäsche waschen und dergleichen mehr.

In dem Brief steht weiter: »Ein paar Tage später wurde dann Magda Bohaim, Lotte Plitt mit Kind und die Oma Plitt erschossen und in Wittgirren fünf Arbeiter vom Gut und die Frau vom Förster Schmidt, die aber erst nach acht Tagen starb und sich sehr hat quälen müssen. Der alte Plitt hat sich damals erhängt. Im Februar gingen dann die Abtransporte nach dem Ural los. Mein Mann war auch dabei, ebenso der Krugwirt Dreier und seine Tochter Ulla, die beiden Töchter vom Stellmacher, Frau Jung, Frau Krüschmann, Frau Oltermann, die vier Marxschen Mädels, Christel und Hertha Heinze und die Tochter vom Schmied. Ich erhielt vor ein paar Monaten durch Karl Marx, der mit ihnen zusammen ging, die Nachricht, daß mein Mann und die meisten anderen im Ural gestorben sind. Sie sehen, wie der Tod in unserem Dörfchen gehaust hat. Zuerst all die Jungens an der Front und nun die Alten und sogar die Mädchen.«

Ja, ich erinnere mich gut, es waren fünfzehn Namen, die der Pfarrer an jenem letzten Totensonntag in der Kirche verlas, als der Gottesdienst für die Gefallenen gehalten wurde. Alles Jungen, die in der gleichen Kirche getauft und eingesegnet waren. Er hatte damals davon gesprochen, daß das große Sterben nun bald ein Ende haben würde, aber er hat nur insofern recht behalten, als der Krieg bald darauf ein Ende fand, nicht aber das Sterben. Die vielen kleinen Mädchen, die damals in ihren schwarzgefärbten Konfirmationskleidern – denn weiße brauchten sie nun doch nicht mehr, hatten die Mütter gesagt – an einem herbstlichen Tag in der alten Dorfkirche um ihre Brüder und Verlobten trauerten, die haben nun selber einen zehnfach schlimmeren, verzweifelten Tod gefunden.

Und Heinrich Plitt, der Nachtwächter, erhängt! Jeder dieser Namen ist wie ein Anruf aus einer anderen Welt. Wie oft haben wir abends noch einen kleinen Schwatz an der Stalltür gehabt, wenn ich mit dem Schimmel spät nach Hause kam; und manchmal, wenn er sehr mitteilsam war, begleitete er mich die Pflasterstraße entlang bis zu meinem Häuschen, über dem dann schon oft der Mond hoch am Himmel stand. Sein liebstes Thema war die Geschichte von dem alten Sonderling in Birkenfelde, der Kranke heilte und die Zukunft sagen konnte. Er hatte angeblich alles vorhergesagt: den ersten Krieg und die Republik, »und dann wird ein Mann aus dem Volke aufstehen und wird falsches Zeugnis ablegen, und alle werden ihm anhängen, und er wird sein wie ein König und das Reich großmachen. Hütet euch aber vor seiner Lehre, denn er ist ein Antichrist. Und ein großer Krieg wird kommen, und der Himmel wird rot sein von Flammen im Osten, Westen und Süden. Und wo des Rosses Fuß und der Menschen Schritt einst erklang, da werden die Gräber sich reihen und die Dörfer verwaisen, und am Ende dieser Zeit« – und dann flüsterte der Alte nur noch und schaute sich immer wieder um in der stillen Nacht –, »am Ende wird das deutsche Volk sich unter einer Linde versammeln, mehr bleiben ihrer nicht.«

Wenn er diesen geheimnisvollen Orakelspruch, den er stets auswendig hersagte, beendet hatte, ging er, begleitet von seinem Hund Nelly, nachdenklich von dannen, seinen Pflichten nachzukommen. Denn Plitt mußte immer wieder einmal durch die Ställe gehen, um zu sehen, ob sich irgendwo ein Pferd losgemacht hatte oder eine Kuh zum Kalben kam. Und dann mußte er alle zwei Stunden an den vier verschiedenen Himmelsrichtungen des Dorfrandes blasen, damit jeder wußte, Plitt ist auf dem Posten.

Aber der Brief geht noch weiter: »Schwester Hedy, die uns alle zuerst wieder gesundgepflegt hat (Typhus), macht mir jetzt viel Sorge. Sie liegt seit 14 Tagen krank, körperliche Schwäche, Schwindel und Ohnmachtsanfälle. Na ja, langsam kommt das über uns alle bei dieser Lebensweise. Ich habe oft die Wohnung wechseln müssen. Nachdem unser guter Oberinspektor bei mir in der Mühle erschossen worden war, bin ich aus Angst ins Dorf gezogen. Er wohnte schon seit einigen Monaten bei mir, am 27. 8. 45 bekam er einen Bauchschuß. Ich habe ihn am nächsten Tag mit dem Handwagen ins Krankenhaus gebracht. Die Frauen aus Wittgirren haben geholfen, denn es war kein leichtes Werk, den schweren alten Mann, der furchtbare Schmerzen hatte, zu bewegen. Wir waren vier Stunden unterwegs, an der Grenze bat er uns anzuhalten, indem er sagte: ›Frauen, laßt mich noch einmal mein schönes Quittainen sehen.‹ Als wir dann um 11 Uhr vor dem Krankenhaus vorfuhren, war er unter viel Schmerzen verstorben. Jetzt wohne ich mit Frau Dreier, Schwester Hedy und dem alten Opa Klein zusammen. Wir gehen alle auf Arbeit, um uns notdürftig zu ernähren. Die Kleine von der Hedy ist im März zwei Jahre gewesen und für uns alle der einzige Sonnenstrahl in dieser Sklaverei. Auch Frau Koller hat noch ein kleines Töchterchen bekommen, es hat heute gerade einjährigen Geburtstag. Frau Koller selbst ist nur noch der reine Schatten, kein Wunder in dieser Zeit, und dann noch ein kleines Kind. Milch gibt es ja nicht und kaum Brot. Wenn man nicht soviel auf Gott vertrauen würde, aber er verläßt uns immer nicht. Wie oft sah man dem Tod ins Auge, wie oft dachte man, was gibst du heute den deinen, was morgen? Aber er hat geholfen und hilft auch weiter. Nur wird uns langsam die Heimat fremd. Man spricht viel, daß wir auch jeden Augenblick raus sollen. Wir warten täglich darauf.«

Polen annektiert die Ostgebiete

Der Pakt mit Stalin ermöglichte Hitlers Überfall auf Polen

Hamburg, im Januar 1949

Der Ministerrat in Warschau hat einen Gesetzentwurf angenommen, mit dem das für die Gebiete östlich der Oder-Neiße-Linie zuständige polnische Sonderministerium aufgelöst wird und diese Gebiete in die reguläre polnische Verwaltung eingegliedert werden. Das Gesetz tritt sofort in Kraft und wird nach den Parlamentsferien vom Sejm nachträglich genehmigt werden – womit denn die demokratischen Formen des Selbstbestimmungsrechts der Völker in eindrucksvoller Weise gewahrt wären! Mit einem von niemand in der Welt beachteten Federstrich hat sich Polen also unter dem Protektorat Stalins, der schon im Oktober 1946 erklärt hatte: »die Sowjetregierung betrachtet die Westgrenze Polens als endgültig«, ein Viertel des alten deutschen Reichsgebietes angeeignet. Stalin hat schon einmal seine großzügige Konzeption hinsichtlich der Errichtung und Auslöschung historischer Grenzen unter Beweis gestellt: Am Vorabend des polnischen Feldzuges, am 31. August 1939, hatte er in einem Geheimabkommen mit Hitler die vierte Teilung Polens beschlossen, die ihm den Teil Ostpolens sicherte, den die Sowjets im Vertrag von Riga an die Polen hatten abtreten müssen. Vier Wochen später, nach Beendigung des polnischen Feldzuges, wurde dann in Moskau zwischen ihm und Hitler ein Vertrag unterzeichnet, der feststellte, daß der polnische Staat zu bestehen aufgehört hätte.

Die westlichen Alliierten Stalins haben von der eigenmächtigen Handlungsweise der polnischen Satelliten keine Notiz genommen, obgleich diese mit einer verwaltungsmäßigen Verfügung ein Gebiet annektiert haben, das ihnen nur zur einstweiligen treuhänderischen Verwaltung übertragen worden war. Wie lauteten doch die Vereinbarungen? Im Schlußprotokoll der Konferenz von Jalta wurde erstmalig bestimmt: »Die endgültige Festsetzung der polnischen Westgrenze wird der Friedenskonferenz überlassen.« Im Kapitel IX des Potsdamer Abkommens wurde dieser Passus noch einmal wörtlich bestätigt und hinzugefügt: »Die Chefs der drei Regierungen sind übereingekommen, daß die früheren deutschen Gebiete östlich der Oder-Neiße-Linie sich bis zur endgültigen Festlegung der Westgrenze Polens unter Verwaltung des polnischen Staates befinden sollen und *in dieser Hinsicht* nicht als ein Teil der sowjetischen Okkupationszone in Deutschland betrachtet werden sollen.«

Außenminister Marshall stellte dann 1947 auf der Konferenz in Moskau den Antrag, eine Grenzkommission für die endgültige Grenzfestsetzung zu bilden. Auf der Londoner Konferenz mußte er jedoch abschließend feststellen, daß die deutsche Ostgrenze zu den Verhandlungspunkten gehörte, über die keine Einigung erzielt werden konnte. Aber gegen das neue *fait accompli* hat weder er noch die britische Regierung protestiert. Kein Wunder, denn die Politik der Westmächte in dieser Frage ist keineswegs immer so konsequent gewesen, wie sie seit Jalta erscheint, und wahrscheinlich ist es die Erinnerung an jene vorangegangene Epoche bereitwilliger und kurzsichtiger Zugeständnisse, die heute einem überzeugenden Protest im Wege steht.

Solange der Westen glaubte, den künftigen polnischen Staat mit Hilfe der in London tagenden Exilregierung fest in der Hand zu haben, war besonders die englische Regierung sehr großzügig in ihren Versprechungen gewesen, die von Rußland gewünschte Abtretung polnischer Gebiete durch Überlassung deutschen Gebietes zu kompensieren. Churchill war schon in Teheran im Spätherbst 1943 bereit, die Oder als Grenze zu akzeptieren, und im August 1944 hatte er den Polen, um sie für die russischen Forderungen gefügig zu machen, erstmalig den Hafen Stettin angeboten. Am 2. November 1944 schrieb der englische Unterstaatssekretär Alexander Cadogan an den Außenminister der polnischen Exilregierung, Tadeusz Romer, einen Brief, der jetzt in der polnischen Dokumentensammlung erstmalig veröffentlicht worden ist und in dem es heißt, daß Seiner Majestät Regierung es für berechtigt halte, Polens Westgrenze bis zur Oder vorzuschieben, und daß, selbst wenn die Amerikaner dagegen sein sollten, England diesen Standpunkt auf der Friedenskonferenz vertreten würde und auch bereit wäre, mit den Sowjets zusammen eine Garantie für die Unabhängigkeit und Integrität des neuen polnischen Staates zu geben.

Diese ganze Einstellung änderte sich grundlegend, als im Dezember 1944 in Warschau eine Regierung aus den Kreisen des sowjethörigen Nationalen Befreiungskomitees gebildet wurde und die Londoner Exilregierung ganz in den Hintergrund trat, weil sie trotz der großzügigen Angebote, auf Kosten Deutschlands entschädigt zu werden, nicht bereit war, die polnischen Ostgebiete an Sowjetrußland zu übertragen. Die einzigen, die oft genug erfahren haben, daß, wenn die geschichtlichen Gegebenheiten nicht respektiert werden, die willkürlichen Vorteile von heute leicht zur Ursache für die Nachteile von morgen werden, waren Mikołajczyk und die Nationalpolen. Nicht nur ihre sowjetisierten Landsleute, sondern auch der Westen hätten viel von ihnen lernen können.

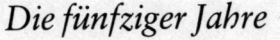

Die fünfziger Jahre

Eine Österreich-Lösung für
die Bundesrepublik?

Des Kremls Versuch, die Westintegration
zu verhindern

Hamburg, im September 1951

Als Molotow im März 1950 seinen 60. Geburtstag feierte, veranstaltete die Gesellschaft für Deutsch-Sowjetische Freundschaft in Berlin zu seinen Ehren einen Empfang. Diese Gelegenheit nahm damals der Präsident der DDR, Pieck, wahr, um auf McCloys neuen Vorschlag, gesamtdeutsche, freie Wahlen abzuhalten, zu antworten. Er sagte: »Er wird bei uns keine solchen Dummköpfe finden, die ihm auf den Leim gehen.« Und Grotewohl konstatierte, er habe nicht die Absicht, »sich mit einem derartigen Unsinn zu beschäftigen«.

Inzwischen hat Herr Grotewohl seine Meinung offenbar gründlich geändert, denn am 15. September 1951 hat er selber vor der Ostdeutschen Volkskammer diesen »Unsinn« als neuen Vorschlag eingebracht. Man solle in Berlin gemeinsame Beratungen über die »Durchführung gesamtdeutscher freier Wahlen für eine Nationalversammlung mit dem Ziel der Schaffung eines einheitlichen, friedlichen Deutschland« abhalten, schlug er vor. Das Parlament stimmte jubelnd zu, und bereits wenige Stunden später lief die Propagandamaschinerie in allen Organisationen und Betrieben auf vollen Touren. Übrigens müßte man wahrscheinlich sagen »trug er vor« und nicht »schlug er vor«, denn in Berlin hat sich inzwischen herumgesprochen, daß das Exposé für Grotewohls Rede in überstürzter Eile in Karlshorst fertiggestellt worden ist und daß auch ostdeutsche Regierungsmitglieder erst in der Volkskammersitzung von dieser neuen Schwenkung erfuhren. Ob Pieck und Ulbricht, die sich zur Zeit in der Sowjetunion befinden und die noch kurz vor ihrer Abreise feststellten, die Zeit sei nun vorbei, mit den »Landesverrätern« in Bonn ins Gespräch zu kommen, zuvor vom Kreml verständigt worden sind, steht nicht fest. Vielleicht ist *ihre* neue Politik auch für sie eine Überraschung und sicherlich keine freudige, denn würde sie tatsächlich durchgeführt, dann wären ihre Tage gezählt.

Warum diese Schwenkung und warum die Eile? Wenn man sich noch einmal die weltpolitische Entwicklung der letzten Jahre vergegenwärtigt, dann erhält man eine sehr deutliche Antwort auf diese Frage. Von 1945 an lag das Gesetz des Handelns bei den Sowjets. Sie bestimmten den Ton aller Verhandlungen und die Lebensdauer des Kontrollrats und anderer Institutionen. Sie schlugen Konferenzen vor, und die westlichen Alliierten beeilten sich, dorthin zu reisen, sie brachen die Konferenzen ab, und die westlichen Vertreter reisten beklommenen Herzens wieder nach Haus. Sie inszenierten Kriege in Griechenland, in Indochina und in Korea, und den anderen fiel die Rolle zu, überall auf dem Globus einzuspringen und den Angegriffenen beizustehen. Gewiß, im Laufe der Zeit ist es Amerika, dem stets der zweite Zug in dieser Partie zufiel, gelungen, auch in der Nachhand ein sinnvolles System politischer Konzeption zu entwickeln: Die Truman-Doktrin, der Marshall-Plan und der Atlantikpakt sind die Etappen dieses Systems. Aber bis zur Konferenz von San Franzisko galt die Regel: Die Aktivität, das Gesetz des Handelns liegt bei den Sowjets.

Das Ende der Pariser Vorkonferenz deutete eine Wendung an, die nun in San Franzisko eingetreten ist. Die USA hatten die Nationen der Welt dorthin eingeladen, nicht um den von ihnen entworfenen japanischen Friedensvertrag zu diskutieren, sondern um jene zu veranlassen, ihn zu unterschreiben. Möglichkeiten für sowjetische Propaganda und Ablenkungsmanöver, die noch die endlose Pariser Vorkonferenz geboten hatte, waren also nicht gegeben. Der Kreml hat diese plötzliche Veränderung der Situation mit Besorgnis wahrgenommen und mindestens seine Deutschlandpolitik entsprechend geändert.

Noch im März vorigen Jahres, als Grotewohl konstatierte, er würde sich mit dem »Unsinn« gesamtdeutscher freier Wahlen nicht beschäftigen, verfaßte der Block antifaschistisch-demokra-

tischer Parteien und Massenorganisationen der DDR folgenden
Aufruf: »Der Friede, die nationale Unabhängigkeit und Einheit
unseres Vaterlandes sind durch die eigenmächtigen Maßnahmen
der imperialistischen Westmächte auf das Schwerste bedroht.«
Und dann werden die imperialistischen Maßnahmen der Westalliierten gegeißelt: »Mit dem Marshall-Plan bestimmen sie die
westdeutsche Ein- und Ausfuhr nach ihrem Interesse. Die Kon-
kurrenzdemontagen und der Raub von Patenten dienen ihnen
dazu, die westdeutsche Industrie immer weiter zu drosseln.
Westdeutschland wird so in wirtschaftlicher Ohnmacht und
Abhängigkeit gehalten. Arbeitslosigkeit, Kurzarbeit und Lohn-
druck für die Arbeiter und Angestellten, langsamer, aber unauf-
haltsamer Ruin des gewerblichen Mittelstandes und der Bauern,
die steigende Zahl der wirtschaftlichen Zusammenbrüche sowie
die hoffnungslose Lage der Umsiedler und die Zunahme der
Selbstmorde und die Kriminalität, das sind die heute schon sichtbaren erschreckenden Zeichen des Schicksals der übergroßen
Mehrheit der Bevölkerung im Westen unseres Vaterlandes.«
Dieser Tenor: wir, die Beschützer der unterdrückten und aus-
gebeuteten westdeutschen Bevölkerung, beherrschte alle Versuche, die Bundesrepublik zu neutralisieren, das heißt, einen Keil
zwischen Bonn und den Westen zu treiben. Mit besonderer Sorgfalt wurde dabei die Opposition der Offiziere gegen die Diffa-
mierung der Wehrmacht nach 1945 ausgenutzt. All diese Bemühungen haben jedoch verhältnismäßig wenig gefruchtet. Daraus
zieht der Kreml jetzt die für ihn selbstverständliche Konsequenz,
es einmal andersherum zu versuchen. Wenn man den Deutschen
nicht die Westalliierten verleiden kann, so muß man eben dem
Westen die Bundesrepublik verekeln, denn auf jeden Fall muß
man die seit der Washingtoner Konferenz drohende Integration
Westdeutschlands verhindern.
Um zu diesem Ziel zu gelangen, werden gleichzeitig zwei Wege
beschritten: Im August hat man ein Weißbuch herausgegeben,
für das der Nationalrat der Nationalen Front des Demokratischen Deutschland verantwortlich zeichnet und dessen General-
linie vom Zentralkomitee der SED festgelegt worden ist. In diesem Weißbuch wird nicht mehr Westdeutschland als »koloniales

Ausbeutungsgebiet« bemitleidet, sondern vielmehr festgestellt, »daß der wiedererstehende deutsche Imperialismus sich die neue Angriffsarmee schafft, mit der er sich unter Führung der USA die Vormachtstellung in Europa erobern will«. Es wird ferner behauptet, in Westdeutschland sei viel zuwenig demontiert worden, das Rüstungspotential sei »nicht nur kaum verringert, sondern laufend vergrößert worden«. Dem Marshall-Plan, von dem es bisher hieß, er versklave die deutsche Wirtschaft, wird attestiert, er habe dazu geführt, »daß die Entwicklung Westdeutschlands bedeutend schneller voranschreite, als die der übrigen westeuropäischen Länder«. Bezüglich des Schuman-Planes, der bisher nur als Mittel zur Ausbeutung Westdeutschlands charakterisiert wurde, heißt es in dem Weißbuch, er führe zu einer »Verstärkung der ökonomischen Position des deutschen Imperialismus, dessen Basis durch die Montanunion neu fundiert wurde«. Kein Wort mehr zur Annexion der Saar, dem sonst so beliebten Thema. Kein Wort mehr an die deutschen Offiziere, denen so oft die Berechtigung des Ohne-mich-Standpunktes bestätigt wurde und die jetzt als »Militaristen«, »Kriegsverbrecher« und »Koryphäen des ehemaligen Generalstabs der Nazi-Wehrmacht« bezeichnet werden. Man spricht nicht mehr zu den Deutschen, sondern zu den Westalliierten, und der Tenor lautet: Hütet euch vor dem wiedererstehenden deutschen Imperialismus! Vor allem an die Adresse Frankreichs und Englands sind diese Warnungen gerichtet. Frankreich ist überdies von Moskau direkt mit einer Note bedacht worden, und über die so ungewohnt herzliche Behandlung des scheidenden englischen Botschafters in Moskau berichtete der dortige Korrespondent der *New York Times* sehr ausführlich.

Gleichzeitig wird noch ein zweiter Weg beschritten, denn die östliche Politik ist grundsätzlich zweigleisig. Neben der an die Adresse der Westalliierten gerichteten Anti-Bonn-Propaganda läuft der brüderliche Appell Grotewohls an das westdeutsche Parlament. Denn, wie auch immer und auf welchem Wege, die Eingliederung der Bundesrepublik in Westeuropa muß verhindert werden! Dieser Wunsch ist so dringlich, daß man sich fragen muß, ob nicht in der Tat heute zum erstenmal eine Möglichkeit gegeben ist, unser Ziel, die Einheit Deutschlands unter westlichem Vorzeichen, zu erreichen. Denn fraglos ist die östliche Position so geschwächt worden, daß die DDR diesmal auf die Vorbedingungen, die sie bisher für allgemeine Wahlen stellte, verzichtet hat. Man könnte sich tatsächlich vorstellen, daß die Sowjetunion, um die endgültige Eingliederung Deutschlands in die atlantische Gemeinschaft und seine damit verbundene Wiederaufrüstung zu verhindern, bereit wäre, Deutschland beispielsweise den Status Österreichs zu gewähren.

Wenn man wirklich beginnt, die lange ersehnte Einheit Deutschlands wiederherzustellen, dann muß man auch die Gewähr haben, daß es sich nicht nur um einen neuen Einfall Grotewohls handelt, sondern um eine grundsätzliche Verhandlungsbereitschaft der Sowjetunion. Deutschland, das von den Alliierten des Zweiten Weltkrieges geteilt worden ist, kann seine Einheit nicht dadurch wiedererlangen, daß die beiden Teile dies unter sich beschließen, sondern nur dadurch, daß diejenigen, die die Teilung vollzogen haben, dann auch die neue Einheit garantieren. Die Forderung muß daher lauten: Es müssen neben den ostwestdeutschen Verhandlungen Viererbesprechungen abgehalten werden.

Die Flammenzeichen rauchen

Der Aufstand vom 17. Juni

Hamburg, im Juni 1953

Als die Pariser am 14. Juli 1789 die Bastille stürmten, wobei sie 98 Tote zu beklagen hatten und nur sieben Gefangene befreiten, ahnten sie nicht, daß dieser Tag zum Symbol für die Französische Revolution werden würde. Er wurde es, obgleich alle wesentlichen Ereignisse: die Erklärung der Menschenrechte, die Ausarbeitung der neuen Verfassung, die Abschaffung der Monarchie zum Teil erst Jahre später erfolgten. Der 17. Juni 1953 wird einst – und vielleicht nicht nur – in die deutsche Geschichte eingehen als ein großer, ein symbolischer Tag.

Hatte nicht schon Nietzsche gesagt: »Wer aber erst gelernt hat, vor der Macht der Geschichte den Rücken zu krümmen und den Kopf zu beugen, der nickt zuletzt chinesenhaft-mechanisch sein ›Ja‹ zu jeder Macht ... und bewegt seine Glieder in dem Takt, in dem irgendeine Macht am Faden zieht.« Hatten wir nicht längst resigniert vor der Macht des totalitären Apparates, gegen den jede Auflehnung zwecklos sei? Hatten nicht viele jene Jugend für verloren angesehen, die im Staat Hitlers geboren und im totalen Staat der SED herangewachsen war? Und nun?

Nun kam der 17. Juni. Am Morgen hatten ein paar Bauarbeiter in der Stalin-Allee in Berlin gegen die Erhöhung der Arbeitsnorm revoltiert. Spontan kam ein Protestmarsch zustande, ohne eigentliches Ziel zunächst und ohne jegliche Organisation. Hunderte stießen dazu, bald waren es Tausende, Zehntausende und mehr. Nach 24 Stunden stand Ost-Berlin im offenen Aufruhr; ohne Waffen, mit Steinen und Stangen, gingen die Arbeiter gegen die russischen Panzer vor. In Leipzig brannten die Leuna-Werke, in Magdeburg wurde das Zuchthaus gestürmt. Streik auf den Werften, Streik bei Zeiss-Jena, auf allen Bahnstrecken, in den Kohlen- und Uranbergwerken. Staatseigene Läden, Polizeistationen und Propagandabüros standen in Flammen. Die Volkspolizei ließ sich teilweise widerstandslos entwaffnen. Eine aus Magdeburg geflüchtete Arbeiterin berichtete über den Sturm der Magdeburger auf das Volkspolizeipräsidium. Die Volkspolizisten hätten die Tore geöffnet, ihre Waffen übergeben und die Uniformröcke ausgezogen. »Ich sah, wie Offiziere der Volkspolizei, die dem Vordringen der Arbeiter Widerstand entgegensetzten, aus den Fenstern des ersten Stocks geworfen wurden.«

Als Demonstration begann's und ist eine Revolution geworden! Die erste wirkliche deutsche Revolution, ausgetragen von Arbeitern, die sich gegen das kommunistische Arbeiterparadies empörten, die unbewaffnet, mit bloßen Händen, der Volkspolizei und der Roten Armee gegenüberstanden und die jetzt den sowjetischen Funktionären ausgeliefert sind. Straße für Straße und Haus für Haus wird jetzt durchsucht nach Provokateuren und Personen, die sich nicht dort aufhalten, wo sie gemeldet sind. Allein in Ost-Berlin befanden sich nach dem Aufstand mehrere tausend Personen in Haft, zum Teil in Schulen, die provisorisch in Gefängnisse umgewandelt worden sind. Sehr viele ganz junge sind dabei. In einer Liste von »überführten Provokateuren«, die das SED-Organ veröffentlichte, gehört die Mehrzahl den Jahrgängen von 1933 bis 1936 an. Das ist die Jugend, von der man uns glauben machen wollte, sie habe den Sinn für die Freiheit verloren.

Es ist Blut geflossen – vielleicht sehr viel Blut. Der Ausnahmezustand wurde verhängt, und dort, wo bisher die kommunistischen Bürgermeister herrschten, regieren wieder wie 1945 die Rotarmisten. Der Ost-Berliner Bürgermeister Ebert stellte fest: »Unsere sowjetischen Freunde haben durch ihr energisches und mit großer Umsicht geführtes Eingreifen uns und der Sache des Friedens einen großen Dienst geleistet.« Das ist die einzige Stimme aus dem Kreise der »deutschen« Regierungsfunktionäre, gegen die der Aufstand sich in erster Linie richtete. Also eine Revolution, die zu nichts geführt hat?

Nein, so ist es nicht. Diese Revolution hat im Gegenteil ein sehr wichtiges Ergebnis gehabt. Das, was der britischen Diplomatie und den amerikanischen Bemühungen nicht gelungen war, das haben die Berliner Arbeiter fertiggebracht: Sie haben am Vorabend der Vierer-Verhandlungen im Angesicht der ganzen Welt offenbar werden lassen, auf wie schwachen Füßen die Macht des Kreml und seiner Werkzeuge in Ostdeutschland (und vermutlich in allen »Volksdemokratien«) steht. Es ist deutlich geworden, daß diese Menschen, zu deren Fürsprecher und Schutzpatron jene sich so gern aufwerfen, sie aus ganzem Herzen hassen und verachten, ja, daß sie sich nicht einmal auf die Volkspolizei verlassen können. Es ist ferner offenbar geworden, daß mit dem richtigen Instinkt für die Schwächemomente des totalitären Regimes man selbst diesem schwere Schläge versetzen kann – ganz zu schweigen davon, daß dieses System in vollem Umfang: politisch, wirtschaftlich und psychologisch Schiffbruch erlitten hat. Und schließlich ist für alle noch eines ganz eindeutig klargeworden, daß nämlich jetzt die Einheit Deutschlands die wichtigste Etappe in der weiteren politischen Entwicklung sein muß.

Jener 17. Juni hat ein Bild enthüllt, das nicht mehr wegzuwischen ist: die strahlenden Gesichter jener Deutschen, die seit Jahren in Sorge und Knechtschaft lebten und die plötzlich, wie in einem Rausch, aufstanden, die fremden Plakate herunterrissen, die roten Fahnen verbrannten, freie Wahlen zur Wiedervereinigung forderten … Und die nun wieder schweigend, von neuen Sorgen erfüllt, an ihre Arbeitsstätten wandern. Manch einem in der Bundesrepublik mag erst in diesen Tagen klargeworden sein, daß das, was dort drüben geschieht, uns alle angeht und nicht nur jene, die die Verhandlungen führen. Der 17. Juni hat unwiderlegbar bewiesen, daß die Einheit Deutschlands eine historische Notwendigkeit ist. Wir wissen jetzt, daß der Tag kommen wird, an dem Berlin wieder die deutsche Hauptstadt ist. Die ostdeutschen Arbeiter haben uns diesen Glauben wiedergegeben, und Glauben ist der höchste Grad der Gewißheit.

Einen Moment lang bestand die Frage, was wird die sowjetische Antwort sein, Fortsetzung des Kurswechsels oder verschärfter Terror? Die Entscheidung ist zugunsten des Kurswechsels gefallen. Hören wir die Erklärungen des Zentralorgans der SED nach jenen Ereignissen. Das *Neue Deutschland* schreibt am 18. Juni, »natürlich muß uns, der Partei der Arbeiterklasse, die gewichtige Frage zu denken geben, wie konnte es geschehen, daß nennenswerte Teile der Berliner Arbeiterschaft, der Berliner Werktätigen, unzweifelhaft ehrliche und gutwillige Menschen, von einer solchen Mißstimmung erfüllt waren, daß sie nicht bemerkten, wie sie von faschistischen Kräften ausgenutzt wurden. Hier liegen zweifellos schwerwiegende Versäumnisse unserer Partei vor. Sie wird viel besser lernen müssen, die Massen zu achten, auf ihr Wort zu hören, um ihr tägliches Leben besorgt zu sein.«

Am 22. Juni stellt das SED-Zentralkomitee abschließend eindeutig fest, »wenn Massen von Arbeitern die Partei mißverstehen, *ist die Partei schuld,* nicht der Arbeiter«. Unter dem Vorsitz von Ministerpräsident Grotewohl wurden im weiteren Verfolg der Politik des »neuen Kurses« der Bevölkerung eine Reihe von Zugeständnissen gemacht. Der Kreml will also weiter die Ostzone »anschlußfähig« machen, weil er sie für die Neutralisierung Gesamtdeutschlands eintauschen will. Reimann hat dies in seiner Pressekonferenz in Bonn am 18. Juni – am Tage danach – sehr deutlich gesagt, indem er noch einmal, fast wörtlich, jenen Passus zitierte, der sich wie ein roter Faden als Hauptforderung durch die vier sowjetischen Noten des vorigen Jahres hindurchzog. Grundsatz des Friedensvertrages müsse sein, so sagte er, »Deutschland wird keinerlei Militärbündnisse oder Koalitionen eingehen, die sich gegen Staaten richten, die im Krieg gegen Deutschland standen«.

Es muß schlecht um Moskau bestellt sein, wenn es um der potentiellen EVG willen die Berliner Schlappe – die nicht ohne Rückwirkungen auf die Satellitenstaaten bleiben dürfte – einzustecken bereit ist. Wir aber wissen, wie rasch in der vorigen Woche die sowjetischen Nachschubdivisionen über die Oder geworfen wurden. Das wird uns eine Warnung sein. Gesamtdeutschland soll nicht, wie die Deutschen der Ostzone, eines Tages genötigt sein, sich mit Steinen gegen die roten Panzer zu verteidigen.

Adenauer reist nach Moskau

Am Konferenztisch eiskalt, beim Bankett
eng umschlungen

Moskau, im September 1955

Dieser Staatsbesuch wird als eines der eigenartigsten diplomatischen Ereignisse in die Geschichte eingehen: Der deutsche Bundeskanzler begab sich mit zwei Sonderflugzeugen und einem Sonderzug, also mit großem Aufgebot, jedoch *ohne festes Programm,* in die Metropole der östlichen Welt, zu der keinerlei Beziehungen bestehen.

Zur Begrüßung der deutschen Delegation flattert die Fahne der Bundesrepublik neben Hammer und Sichel. Die Ehrenkompanie trägt zum ersten Male seit 1917 bunte Galauniformen. Großartige Burschen marschieren auf. Jede Nation könnte stolz auf sie sein. Den flachen Horizont des Flugplatzes säumt ein Rand von Wäldern, hinter denen man die Weite dieses unermeßlichen Landes ahnt, und darüber wölbt sich der östliche Himmel, an dem ein paar spätsommerliche Wolken stehen. Der Wind treibt die Klänge der beiden Nationalhymnen weit über das Land.

Zum letztenmal haben Sowjets und Deutsche diese Hymnen gemeinsam gehört, als hier vor sechzehn Jahren Ribbentrop, der Außenminister Nazideutschlands, in einer Condor-Maschine landete. Dazwischen liegen Jahre der Zerstörung, liegt der Weg vom totalen Zusammenbruch eines Volkes, das ausgezogen war, die Fleischtöpfe Europas zu erobern, das dann in die Verdammnis stürzte und nun, vom Wunsch nach Frieden beseelt, dem großen Widersacher einen ersten offiziellen Besuch abstattet. Es war ein Galaempfang, den die Gastgeber Adenauer bereiteten: große Bankette mit hochgestimmten Trinksprüchen, weitausladender Gastfreundschaft und ungezwungener Heiterkeit, mit burlesken Späßen und allgemeiner Verbrüderung.

Am nächsten Tage wurden die beiden Grundsatzerklärungen verlesen – die Bonner Erklärung ist ein staatsmännisches Meisterwerk von ungewöhnlicher menschlicher Wärme und Eindringlichkeit. Tags darauf folgte die erste sachliche Unterhaltung, und sofort ward die tiefe Kluft deutlich, die zwischen diesen beiden Welten liegt.

Der Arbeitstisch verbindet nicht die beiden Delegationen, die jede an einer Seite Platz genommen haben; er trennt sie. Bulganin sprach als erster von den Schrecken des Krieges und den Nazigreueln. Und was soll man von dem unsinnigen Gerede halten – sagte er –, das in Westdeutschland über die Politik der Stärke geführt wird? Drohend fügte er hinzu: so sprächen wahrscheinlich diejenigen, für die die Schrecken des Zweiten Weltkrieges nicht ausreichen ... Die Kriegsgefangenen seien Verbrecher, Mörder und Brandstifter. Wolle man diese Frage überhaupt behandeln, so müßten an diesen Verhandlungen auch die Vertreter der DDR teilnehmen. Da die Bundesregierung dies aber nicht für wünschenswert erachte, sei »es offensichtlich nicht zweckmäßig, diese Frage zum Gegenstand dieser Verhandlungen zu machen«.

Und zur Wiedervereinigung? Die Angliederung Deutschlands an die Militärbündnisse des Westens, NATO, WEU, die gegen die Sowjetunion gerichtet seien, hätten die Dinge unnützerweise sehr erschwert. Nun gebe es nur eines: zu versuchen, die Militärgruppierungen *als solche* allmählich überflüssig zu machen, nämlich durch Schaffung eines europäischen kollektiven Sicherheitssystems. Im übrigen sei die Wiedervereinigung eine deutsche Angelegenheit, deren Lösung nur von der Bundesregierung und der DDR gemeinsam vorangetrieben werden könne ...

Bereits an dieser Stelle, also am Sonnabend, zeigte sich, daß niemand Brücken sah. Aber Adenauer wollte den Kampf um die Kriegsgefangenen nicht aufgeben. Er erinnerte an die hektische Atmosphäre der ersten Nachkriegszeit, in der die Urteile verhängt wurden, sprach von Gnadenakten, die die anderen Alliierten vollzogen haben, appellierte an das sowjetrussische Volk,

»ein Volk, das viel Herz und Gemüt hat«. Es ist wahr, so sagte der Kanzler, »deutsche Truppen sind in Rußland eingefallen. Es ist wahr, daß viel Schlechtes geschehen ist; aber als die russische Armee dann – gewiß in der Gegenwehr – in Deutschland eindrang, mußten auch dort viele entsetzliche Dinge geschehen.« Eine Feststellung, die Chruschtschow zu dem empörten Ausruf veranlaßte, der Kanzler habe die Sowjettruppen beleidigt.

Adenauer setzte auseinander: der Gedanke, der bei seiner Einladung ausgesprochen wurde, daß nämlich die Erörterung des Friedens in Europa von dem Bestehen normaler, guter Beziehungen zwischen dem sowjetischen und dem deutschen Volk abhängig sei, dieser Gedanke werde auch von ihm geteilt. »Wir sind hierhergekommen, um normale und gute Beziehungen zwischen den beiden Völkern wieder herzustellen, und nicht nur – das würde nur ein *kleiner* Teil dieser Aufgabe sein – um normale diplomatische Beziehungen herzustellen.« Man könne aber normale Beziehungen nur auf einem normalen Zustand aufbauen, nicht auf einem anomalen.

Chruschtschow, der über alles dominierende, bärbeißige, rasch und eisern zupackende Mann – der schon in Belgrad nicht gezögert hatte, schroff und nachdrücklich seine Meinung zu sagen –, wurde sehr viel deutlicher. Wenn die Bundesrepublik zögere, diplomatische Beziehungen aufzunehmen – gut, dann eben nicht! Die Sowjetunion sei sehr wohl in der Lage zu warten. »Uns weht kein Wind ins Gesicht.« Überdies: Die Regierung der DDR werde überall, wie er selbst gesehen habe, jubelnd begrüßt und applaudiert. Denn dies sei das System, dem die Zukunft gehöre. Daran müßten die Deutschen sich gewöhnen. Schließlich seien Marx und Engels Deutsche. Die Deutschen hätten also die Suppe gekocht, jetzt sollten sie sie auch essen. Der Kanzler, dem diese »Eintopf-Vorstellung« nicht gefiel, fragte: »Kennen Sie den Namen Pferdmenges? Das ist ein Neffe von Engels.« Aber Chruschtschow kannte den Namen Pferdmenges nicht.

Das politische Ergebnis dieser Verhandlung? Die Sowjetunion steht in voller Größe hinter der DDR. Sie deutet nicht einmal einen möglichen Weg zur Wiedervereinigung an; denn kollektives Sicherheitssystem, das heißt: zwei Deutschlands. Es gibt also keine Wiedervereinigung. Unter diesen Umständen schien die Aufnahme diplomatischer Beziehungen unmöglich. Um sie ist am Konferenztisch tagelang mit eiserner Energie gekämpft und bei Krimsekt und Wodka mit spontaner Herzlichkeit geworben worden.

Wahrlich, ein karges Ergebnis, das in keinem Verhältnis zu dem Aufwand von beiden Seiten steht, der übrigens seinen Höhepunkt am gleichen Abend in einer Galavorstellung des Balletts und am anderen Abend in einem Galaempfang im Kreml fand. Im Theater standen sie nun in der goldenen Zarenloge, die Großen des Sowjetreiches, Bulganin, Chruschtschow, Molotow, und an ihrer Seite der Bundeskanzler und Außenminister von Brentano, und während ihnen allen wohl die Gedanken an die schwierigen Verhandlungen im Kopfe herumgingen, sandte der Funk das Bild der immer wieder Hände schüttelnden, sich herzlich anlächelnden Regierungschefs rund um die Welt. Und das Merkwürdige: Beides ist echt, die vollkommene Unvereinbarkeit der Standpunkte und die freundschaftliche, nein, herzliche Unbefangenheit, mit der die sowjetischen Gastgeber ihre Gäste behandeln, denen sie immer wieder versichern: »Wenn unsere beiden Nationen zusammenhalten, ist es ganz gleich, was sonst in der Welt geschieht, dann kann es keinen Krieg geben, niemals mehr.«

Die Sorge vor einem möglichen Krieg ist in der Tat ein alles beherrschender Gesichtspunkt. Darum war auch die allgemeine Entspannung, wie sie in Genf deutlich geworden war, von ganz unschätzbarer Bedeutung für die Russen. Jetzt handelt es sich für sie vor allem darum, das sowjetische Imperium ungeschmälert durch die neue Phase der Weltpolitik zu steuern. Darum kann der Kreml es sich im Hinblick auf die Satelliten nicht leisten, die DDR preiszugeben, und es handelt sich weiter im Hinblick auf China darum, daß Moskau sich als Gralshüter des Marxismus immer wieder neu bestätigt – auch darum kann es die DDR nicht preisgeben. Stalin wäre stark genug gewesen, es zu tun, aber jetzt ist das anders.

Dennoch war diese Reise ins Sowjetland keineswegs zwecklos.

Beide Völker müssen nebeneinander leben, und von ihren Beziehungen zueinander hängt viel ab. Bisher hatten sie überhaupt keine Beziehungen zueinander, nicht einmal eine Vorstellung voneinander – jeder malte sich den anderen jeweils so schwarz oder so grau, wie es ihm gerade paßte. Jetzt wird dies anders. An die Stelle des Klischees ist ein lebendiges persönliches Bild getreten. Man hat zusammen geredet, gegessen und getrunken, man hat gemeinsame Erfahrungen – »weißt du noch *Gospodin* Kanzler, Towarisch Schmid, damals in Moskau ...?« Niemand wischt diese Reise wieder weg, bei uns nicht und bei den anderen auch nicht.

Das Moskauer Jawort

Es bedeutet die Anerkennung der Teilung

Hamburg, im September 1955

Die Engländer haben ein Sprichwort: *You can't unscramble eggs;* wenn man einmal Rührei gemacht hat, dann kann man nicht mehr ganze Eier daraus machen. Mit anderen Worten: Man muß sich klar darüber sein, was man will, ehe man anfängt zu braten.

Waren wir uns denn eigentlich im klaren darüber, was wir wollten und zu gewähren bereit waren, als unsere Delegation nach Moskau abreiste? Die Herstellung diplomatischer Beziehungen ist doch das einzige, was wir zu vergeben haben und was den Sowjets wirklich ungemein wichtig ist. Mußte man da nicht ganz grundsätzlich sagen: diese Konzession nur im Austausch gegen das, was uns am wichtigsten ist, gegen einen Terminkalender für die Wiedervereinigung? War man aber dieser Ansicht, durfte man dann überhaupt fahren, wenn man sich nicht stark genug fühlte, durchzuhalten oder notfalls abzureisen? Warum ist der Kanzler, der sich doch nicht gescheut hatte, starke Worte mit starken Worten zu vergelten, gegen den Rat seiner diplomatischen Experten am letzten Nachmittag umgefallen? Bis dahin hatte er doch stets gesagt, die Rückgabe der Gefangenen sei keine Vorbedingung, sondern gehöre zu der Normalisierung selbst! Und wieso heißt es eigentlich in dem abschließenden Briefwechsel: »Ich habe die Ehre, Ihnen zu bestätigen, daß die *Bundesregierung* den Beschluß gefaßt hat …, vorbehaltlich der Zustimmung des Bundeskabinetts und des Bundesrates.« Was heißt Bundesregierung? Ist der Kanzler die Bundesregierung? Im zweiten Absatz heißt es noch einmal: »Die *Bundesregierung*

41

bringt die Überzeugung zum Ausdruck ...« Im dritten Absatz: »Die *Bundesregierung* geht hierbei davon aus ...« Nochmals: Wer ist die Bundesregierung?

Wir zweifeln daran, daß man das Ergebnis von Moskau einen Erfolg nennen kann. Natürlich ist jedermann glücklich, daß die Kriegsgefangenen endlich zurückkehren, natürlich wird sich niemand *ad infinitum* gegen diplomatische Beziehungen zu dem großen Nachbarn im Osten wenden. Die Frage ist nur: Sind die gegenseitigen Konzessionen wirklich gleichwertig? Und: Ist der Zeitpunkt jetzt, wenige Wochen vor der Genfer Konferenz, wirklich mit Bedacht gewählt?

Die Sowjetunion hatte den Kanzler eingeladen, um die Aufnahme der diplomatischen Beziehungen zu besprechen. Der Kanzler hatte darauf geantwortet, er wolle *auch* über die Wiedervereinigung und die Kriegsgefangenen verhandeln. Aber in Moskau wurde die Frage der Wiedervereinigung von den Russen als völlig abwegig abgetan: »Wir wären ja dumm«, sagte Chruschtschow, »wenn wir dazu beitrügen, daß *Gesamt*deutschland zur NATO beitritt, und dadurch die Kräfte verstärkt würden, die gegen uns gerichtet sind.« Und an anderer Stelle: »Warum sollten wir gegen die DDR sein? ... Nach unserer Meinung ist die DDR die Zukunft.« Schon vorher, auf der Rückreise von Genf, hatten Bulganin und Chruschtschow in Pankow erklärt, nie würden sie zulassen, daß die »Fortschritte und Errungenschaften« in ihrer Zone »preisgegeben« würden. Die Sowjets also werden nicht müde, immer von neuem zu erklären, daß sie die DDR unter allen Umständen als kommunistisches Regime und souveränen Staat erhalten möchten. Das aber heißt: Keine Wiedervereinigung, es sei denn unter östlichen Vorzeichen.

Nachdem auf diese Weise der *eine* deutsche Programmpunkt in der Versenkung verschwunden war, konzentrierten sich die Verhandlungen auf die Rückgabe der Kriegsgefangenen. Die Sowjets verstanden es meisterhaft, diese ihre Konzession immer höher zu hängen und immer teurer werden zu lassen, bis schließlich am Montag morgen bei dem großen Empfang im Kreml zwischen dem achten und dem zehnten Glas Sekt Bulganin dem neben ihm sitzenden Kanzler plötzlich erklärte, er könne die Kriegsgefangenen haben, wenn diplomatische Beziehungen hergestellt würden. Wer zugegen war, konnte aus der Anspielung des Kanzlers in seiner offiziellen Rede diesen Zusammenhang kaum entnehmen. Und viele machten sich einen falschen Vers darauf. Noch immer – kurz vor Schluß der Konferenz – war kein Ergebnis in Sicht. Das Treffen schien gescheitert. Wir wissen, daß bei den folgenden Verhandlungen die Ansichten innerhalb der deutschen Delegation geteilt waren: Außenminister von Brentano, Staatssekretär Hallstein und Botschafter Blankenhorn waren *gegen* das Abkommen, das der Kanzler am Dienstag abend unterschrieb, wobei die Russen dafür sorgten, daß in den offiziellen Dokumenten – dem Kommuniqué und dem Briefwechsel – nur die deutsche Bereitwilligkeit, Botschafter auszutauschen, aufgenommen wurde, nicht dagegen das sowjetische Zugeständnis hinsichtlich der Kriegsgefangenen und auch nicht die deutschen Vorbehalte.

Was also ist geschehen? Wir haben im Austausch für diplomatische Beziehungen die Rückkehr der Kriegsgefangenen erwirkt. Annähernd zehntausend Menschen werden nach mindestens zehnjähriger Leidenszeit endlich Freiheit und Heimat wiedersehen. Und vielleicht wird es sogar noch gelingen, auch die Zivilverschleppten freizubekommen. Ohne Zweifel eine große Sache, eine ganz große Sache. Aber die Freude ist nicht ungetrübt, denn die Gegenleistung: Aufnahme diplomatischer Beziehungen mit Moskau bedeutet (darum haben die Sowjets ja so hart dafür und wir so lange dagegen gekämpft) wenigstens im Augenblick Hinnahme der Zweiteilung Deutschlands.

Bisher hatten wir alles darangesetzt, dies zu vermeiden. Die Bundesrepublik ist in den Londoner Protokollen und dem Deutschlandvertrag als die einzig legitimierte deutsche Regierung anerkannt worden. Die Bundesrepublik hat ferner sowohl im Londoner Schuldenabkommen wie auch im Israel-Vertrag für ganz Deutschland gezahlt. Die Existenz *zweier* deutscher Botschaften in Moskau ist die erste Abweichung von dieser bisher streng durchgehaltenen Linie. Der Vertrag: diplomatische Beziehungen gegen Rückgabe der Kriegsgefangenen, bedeutet also, wenn man sich der Methode bedient, lebende Menschen (nicht tote Seelen) zu bilanzieren, daß die Freiheit der Zehntausend die Knechtschaft der 17 Millionen besiegelt.

Aber darf die Kritik wirklich so weit gehen? Ist die Chance für die Wiedervereinigung *nach* Moskau geringer als *vor* Moskau? Es steht fest, daß es den Sowjets in erster Linie um Sicherheit geht, um das Verbot der Atomwaffen, um Neutralisierung der NATO, um Abrüstung – natürlich auch um die Erhaltung der kommunistischen DDR, aber das ist nur ein Teil des übergeordneten Sicherheitsgedankens. Die einzigen, die der Sowjetunion Sicherheit gewähren oder bei Nichterfüllung der Voraussetzungen verweigern können, sind die Westmächte. Unsere große Stärke war, daß die drei Westmächte in Genf, und nach Genf jeder noch einmal einzeln, uns zugesagt haben, sie würden sich auf das von Rußland gewünschte kollektive Sicherheitssystem nur einlassen, wenn die Russen ihrerseits der deutschen Wiedervereinigung zustimmten.

Hier also sitzt der einzig wirksame Hebel für die deutsche Wiedervereinigung; hier die einzige Hoffnung, die es für uns gibt. Wie aber können wir vom Westen erwarten, daß er sich unter bestimmten Voraussetzungen mit den Russen nicht an den Tisch setzt, um über Sicherheit zu verhandeln (an der er ja doch auch interessiert ist), wenn wir mit den Russen in Moskau Freundschaftsbeteuerungen austauschen? Die Pariser *Monde* hat schon geschrieben: Wenn die beiden sich so gut verstehen, dann sollen sie doch die Frage der Wiedervereinigung untereinander regeln.

Unsere Außenpolitik ist nicht geschmeidig, sie ist nur inkonsequent: Wir haben die Pariser Verträge unterzeichnet und uns damit in eine einmütige Westfront eingeordnet, wobei wir das Risiko in Kauf nahmen, daß die Russen Ernst machen würden mit ihrer Drohung, nach Abschluß der Verträge nicht mehr über die Wiedervereinigung zu sprechen. Jetzt nun, nachdem es soweit ist, jetzt, da von russischer Seite mehrfach und in aller Deutlichkeit gesagt wurde, daß sie alles tun werde, um die Wiedervereinigung unter westlichen Vorzeichen zu verhindern, jetzt, wo feststeht, daß die Wiedervereinigung, wenn überhaupt, nur mit Hilfe der Westmächte zu erreichen ist, werden in Moskau freundschaftliche Beteuerungen ausgetauscht, die uns im Osten nichts nützen und die den Westen verschnupfen. Wir haben einen falschen außenpolitischen Zug getan; und wir haben es merkwürdig eilig, ihn durch den Bundestag bestätigen zu lassen.

Ein falscher Zug? Vielleicht auch die unausweichliche Entscheidung in einer tragischen Situation, nachdem das Angebot – Kriegsgefangene gegen diplomatische Beziehungen – erst einmal ausgesprochen war. Es ist leicht, im eigenen Namen zu handeln wie Friedrich der Große, der während des Siebenjährigen Krieges in seinem Testament bestimmte, wenn er in Gefangenschaft gerate, sei er nicht mehr Preußens König, weil sonst seine Freilassung nur zu Erpressungen verwandt werden würde. Nein, die Situation, in der Konrad Adenauer stand, war ohnegleichen.

Ein falscher Zug außenpolitisch und ein gefährlicher Zug innenpolitisch. Denn was bedeutet die Errichtung einer sowjetischen Botschaft in Bonn? Bei der Pressekonferenz, die Adenauer am Morgen seiner Abreise in Moskau hielt, lautete eine der ersten Fragen (die ein Ostzonen-Journalist stellte): »Was wird aus der Deutsch-Sowjetischen Friedensgesellschaft?« Die Deutsch-Sowjetische Friedensgesellschaft ist eine jener Organisationen, die das »fortschrittliche Gedankengut« der DDR – der ja angeblich die Zukunft gehört – in der Bundesrepublik verbreiten möchte. Jene Frage macht also sehr deutlich, was uns bevorstand: eine Vielfalt von Vereinigungen, Gesellschaften, Veranstaltungen, Freundschaftsreisen und Friedensbotschaften. Und dies nicht nur im politischen und kulturellen Bereich – auch die Wirtschaftler werden einer solchen Offensive ausgesetzt sein.

Auf eine rhetorische Frage des Kanzlers in Moskau, wie wohl die Welt in hundert Jahren aussehen werde, hat Chruschtschow geantwortet: »Das kann ich Ihnen genau sagen, denn das hat Karl Marx alles schon geschrieben.« In sowjetischer Sicht ist alles, auch das soeben geschlossene Abkommen, nur ein Meilenstein auf dem Weg, den Marx der Menschheit vorgezeichnet hat. Darüber sollten wir uns klar sein.

Nach dem XX. Parteikongreß

Chruschtschows Enthüllungen entschleiern auch
das Märchen von den »Errungenschaften«

Hamburg, im April 1956

Es geschehen Zeichen und Wunder – aber niemand scheint sie
wahrzunehmen. Nicht einmal die, in deren unmittelbare Zustän-
digkeit das, was »drüben in der Zone« geschieht, fällt: nicht
einmal das Kaiser-Ministerium gibt Zeichen des Erwachens von
sich.

Man muß sich einmal vergegenwärtigen, was geschehen ist:
Im Juli vorigen Jahres, als die Spitzen der Sowjetunion aus Genf
zurückkamen und in Pankow groß auftraten, schwoll Ulbricht
und Genossen der Kamm. Seit dem 17. Juni 1953 war ihnen nie
ganz wohl gewesen in ihrer Haut. Daß die Bevölkerung das
Regime haßte, war ihnen in jenen Tagen erschreckend deutlich
geworden, und auch die Sorge, Moskau könnte sie allesamt
(wenn es sich eines Tages als opportun erweisen sollte) preisgeben, waren sie nie ganz losgeworden. Damals aber, nach der
ersten Genfer Konferenz des gemeinsamen Lächelns, schien dieser Alp plötzlich von ihnen genommen. Die sowjetischen Machthaber hatten nämlich ihre Taktik geändert; die neue Parole hieß
jetzt, die Wiedervereinigung sei eine Angelegenheit der Deutschen, darum: *Annäherung* der DDR und der Bundesrepublik!
Pieck, Grotewohl und Ulbricht sahen darin die Bestätigung ihrer
Existenzberechtigung und eine Garantie für ihre Zukunft – endlich waren sie aller Sorgen ledig.

Wenig später, im September, beim Adenauer-Besuch in Moskau, versicherte Chruschtschow bei jeder Gelegenheit: »Die
DDR, das ist das System der Zukunft« – fast mitleidig wurde
dem Bundeskanzler immer wieder vor Augen geführt, daß die

Bundesrepublik einer veralteten, zum Untergang verdammten Welt angehöre.

Heute jedoch, nach den Moskauer Enthüllungen, klingt es in Pankow ganz anders. Grotewohl sah sich (allen Satelliten gleich) gezwungen, das Ruder herumzuwerfen. Alles, was *wir* bisher an dem östlichen Regime immer wieder als indiskutabel bezeichnet haben, wird nun plötzlich von dessen Erfindern selbst kritisiert. Kein Wort mehr von den berühmten *Errungenschaften* der Zone. Statt dessen scharfe Angriffe auf den Justizminister, Hilde Benjamin, und den Generalstaatsanwalt, Ernst Melsheimer, der vor der kommunistischen SED-Konferenz bereits zugegeben hat, daß in der DDR (man denke: in dem Hort des Fortschritts und der sozialen Gerechtigkeit!) Menschen unbegründet verhaftet worden sind und die vorgeschriebenen Fristen für Ermittlungsverfahren gegen inhaftierte Personen »nicht immer eingehalten wurden«.

Grotewohl tadelte ferner den »blutleeren Arbeitsstil« der Volkskammer, der zu einem »lebendigen Parlamentarismus mit Rede und Gegenrede« entwickelt werden müsse. Er ordnete an, die Volkskammer und nicht die Regierung solle künftig die Direktiven für die Gemeindevertretungen ausgeben. Und er erklärte wörtlich, die DDR müsse eine Demokratie werden, in der jeder Bürger das Gefühl haben könne, daß die ostdeutsche Republik auch *sein* Staat sei. (Um jedem Triumph vorzubeugen, setzte er allerdings gleich hinzu, daß man natürlich nicht an einen Parlamentarismus westlicher Prägung denke.) Die Presse der SED schließlich rügt unablässig einzelne Fälle von Rechtswillkür, und die Zeitungen der sogenannten bürgerlichen Parteien von Nuschke und Bolz verkünden, es werde Schluß gemacht mit dem Diktatursystem, die DDR werde sich jetzt zu einem wirklich demokratischen Staat entwickeln.

Es kann also mit den Errungenschaften nicht sehr weit her gewesen sein. Noch vor einem halben Jahr, nach der zweiten Genfer Konferenz, planten die SED-Machthaber, die politischen und sozialen Errungenschaften der DDR auf die Bundesrepublik auszudehnen, jetzt aber bemühen sie sich plötzlich, ihr System dem unseren anzupassen – welche Perspektiven eröffnet das!

Mikojan hat, von westlichen und neutralen Journalisten arg bedrängt, in Karatschi leicht verärgert gesagt: »Wenn wir niemand kritisieren, dann heißt es überall, es gäbe in der Sowjetunion keine Demokratie. Und jetzt, wo wir Stalin kritisieren, wundern sich die Leute und kritisieren uns.« Genau dies wird in der allernächsten Zukunft die verzweifelte Schwierigkeit aller Satellitenregierungen, einschließlich der DDR, sein: Es ist nämlich viel schwieriger, ein bißchen Terror aufrechtzuerhalten, als mit totalem Terror zu regieren.

All jene unliebsamen Funktionäre, von den Luftschutzwarten der Hitler-Zeit bis zu den Hauswarten der SED und dem Vorsteher der Kolchosen, können ja ihre Macht nur durch Einschüchterung behaupten. Wenn aber wirklich die Willkür – und damit doch auch die Wirksamkeit von Denunziation – vermindert werden sollte oder, wie Grotewohl es formulierte: »auch nicht mehr die geringste Abweichung von der gewissenhaften Befolgung der bestehenden Gesetze geduldet werden wird« (besonders die Volkspolizei und der Sicherheitsdienst sollen angewiesen werden, die Rechtsnormen einzuhalten und zu achten), wenn also wirklich all dies geschieht, dann kann es für Machthaber, die sich nicht der Gunst des Volkes erfreuen, recht schwierig werden.

Darum ist heute bei den kommunistischen Führern der DDR die Sorge, die Abschaffung des Personenkultes könne zur Auflösung jeder Parteiautorität führen, riesig groß. Nur Feinde der Arbeiterklasse, erklärte die oberste SED-Führung, könnten aus der Kritik an Stalin die Folgerung ableiten, man könne ohne Führer auskommen. Zur Bekräftigung wird Lenin zitiert, der gesagt hat, daß man den Klassenkampf ohne ausgeprägte Führerpersönlichkeit nicht erfolgreich durchführen könne.

Und noch ein anderer Umstand macht Ulbricht und Genossen Sorgen: die Wiederkehr der in Ungnade Gefallenen. Man ersieht dies daraus, daß es die SED bisher nicht gewagt hat, diese Leute zu rehabilitieren. Da ist zum Beispiel der ehemalige Kaderchef, Franz Dahlem, dessen Gefühle für seinen einstigen Gegenspieler Ulbricht in dreijähriger Gefangenschaft kaum herzlicher geworden sein dürften. Er tauchte kürzlich auf einer Studentenversammlung in Ost-Berlin auf, wo er behauptete, Berija habe die

48

kommunistischen Funktionäre in der Sowjetunion und auch Ulbricht irregeführt. Ein Vorwurf, der diesem offenbar so schwerwiegend erschien, daß er gleich darauf offiziell erklären ließ, Berija habe nur an einer einzigen Besprechung mit führenden Mitgliedern der SED teilgenommen, und dabei seien Berijas Vorschläge, »die eine Unterstützung westlich reaktionärer Kreise zum Inhalt hatten«, einmütig abgelehnt worden.

Verwirrung und Unsicherheit in der SED müssen unvorstellbar groß sein. Ein Augenblick, der der Bundesregierung und dem Kaiser-Ministerium – das ja schließlich für Gesamtdeutschland zuständig ist – reichlich Gelegenheit gäbe, sich nach jahrelangem »geduldigem Warten« etwas eingehender mit der Zone zu beschäftigen. Wir haben kürzlich an dieser Stelle vorgeschlagen, aus der ewigen Defensive gegen das »Deutsche an einen Tisch« einmal in die Offensive überzugehen und jenes Schlagwort, mit dem die Anerkennung der DDR als selbständiger Staat erzwungen werden soll, abzuwandeln in eine Aufforderung, nicht die Funktionäre an einen Tisch zu bringen, sondern die Bürger von hüben und drüben.

Wir meinen, die Gelegenheit sei heute selten günstig. Warum nehmen wir sie nicht beim Wort? Warum laden wir sie nicht zu Tagungen und Diskussionen ein: die Bürgermeister der großen Städte, die Rektoren der Universitäten, Gewerkschaftler, demokratische Frauen, Studenten? Kommen sie nicht, so beweisen sie, daß ihre Parole: »Deutsche an einen Tisch«, nur Geschwätz ist; kommen sie aber, so hätten wir genug interessanten Gesprächsstoff.*

Der 17. Juni 1953 hat, wie wir heute wissen, Kettenreaktionen bis weit nach Sibirien hinein gehabt; nur in der Bundesrepublik rührte sich nichts. Der März 1956 ist mit dem Tod Stalins ein anderes Datum, das tief, noch viel tiefer, hineingeschrieben sein wird in den Nachkriegsband der Geschichte des sowjetischen Imperiums – und wieder rührt sich nichts bei uns.

---

* Als dieser Artikel in der *Zeit* erschien, erhielt ich einen empörten Brief aus dem zuständigen Ministerium: Ich wisse offenbar gar nicht, wie gefährlich der Kommunismus sei – meine Naivität sei sträflich!

Das Ende
des bisherigen Kommunismus?

Was in Ungarn geschah,
verändert die Welt

Hamburg, im November 1956

Am 1. September 1939, an dem Tag, an dem die deutschen Truppen auf Hitlers Befehl in Polen einmarschierten, hielt »der Führer« vor dem Reichstag zum Westen gewandt eine großangelegte Friedensrede: »Ich habe England immer wieder eine Freundschaft und wenn notwendig das engste Zusammengehen angeboten. Aber Liebe kann nicht nur von einer Seite geboten werden, sie muß von der anderen ihre Erwiderung finden.«

Während an den Ketten der sowjetischen Panzer, die in Ungarn eingesetzt sind, noch Blut und Schmutz kleben und im Raum zwischen Polen und Bulgarien vom Aufmarsch weiterer russischer Truppen berichtet wird, überreichte die Sowjetunion den Westmächten (und Indien) eine Note, die eine umfassende Abrüstung und die Vernichtung aller Wasserstoff- und Atombombenvorräte vorschlägt. (Übrigens am gleichen Tag, an dem die Durchführung eines neuen Atomversuchs in Rußland gemeldet wurde.) Jene Note ergeht sich in friedfertigen Zukunftsträumen, sie malt aus, wie eines Tages, in gar nicht ferner Zeit, alle Streitkräfte abgerüstet sein werden und wie es dann nur noch Polizei für den zivilen Bereich gibt.

Begleitet wird diese helle Friedensmelodie von dunklen Drohungen: »Es kann offen gesagt werden«, heißt es da, »daß sich im gegenwärtigen Zeitpunkt in Westeuropa eine strategische Situation entwickelt hat, die für die sowjetischen Streitkräfte noch größere Vorteile bringt, als dies am Ende des Zweiten Weltkrieges der Fall war!« Und weiter: »Falls die Sowjetunion aggressiv werden wollte, könnte sie gegen die Streitkräfte des

Atlantikblocks antreten und die ihr zugeschriebenen militärischen Ziele verwirklichen, auch ohne Einsatz moderner Atom- und Raketenwaffen.«

Die Vorstellung, die doch so plausibel schien, man könne sich im Atomzeitalter die konventionellen Waffen sparen, ist nicht erst durch diese Drohung, sondern schon durch die Ereignisse der letzten Wochen eindeutig widerlegt worden. Auch der These von der Koexistenz als einem so besonders liebenswerten Zustand war kein langes Leben beschieden. Natürlich müssen Kommunisten und Liberalisten genau wie Fuchs und Hase, Feuer und Wasser, auch in Zukunft in dieser Welt weiter miteinander koexistieren, aber sie werden sich dieses Zustandes als einer naturgesetzlich durchaus gefahrvollen Situation bewußt sein und sie nicht für einen paradiesischen Zustand halten, in dem Fuchs und Hase beruhigt im gleichen Lager schlafen können. Denn das hat sich jetzt doch deutlich gezeigt, daß für die Sowjets Koexistenz kein Ziel ist, sondern nur ein Mittel, um die Außenpolitik (in der es ihr weiterhin allein um Macht- und Schlüsselpositionen geht) vor den Folgen der innenpolitischen Destalinisierung zu schützen.

Viele wesentliche Thesen von Karl Marx haben sich längst als Irrtum entpuppt, so beispielsweise die Vorstellung, daß innerhalb der kapitalistischen Welt die Arbeiter in einen Zustand ständig wachsender Verelendung geraten *müssen* und daß die hieraus folgende Spannung zwangsläufig zu der entscheidenden revolutionären Situation führen werde. Geradezu umstürzende Erkenntnisse aber vermittelt uns, was in Ungarn geschah.

Wer würde nach den Ereignissen in Budapest noch zu bestreiten wagen, daß auch im kommunistischen System Revolutionen entstehen, die doch bei Marx nicht vorgesehen, ja sogar grundsätzlich ausgeschlossen sind. Auch die wichtigste Voraussetzung, auf der die kommunistische Lehre beruht, daß nämlich die Arbeiter sich in permanenter Auseinandersetzung mit allen anderen Klassen im eigenen Staat befinden, aber in Solidarität mit allen Arbeitern der Welt, ist ein für allemal fragwürdig geworden, seit sowjetische Arbeiter und Bauern auf ungarische Arbeiter und Bauern mit Kanonen schossen, die aus dem »akkumulierten Mehrwert« ihrer unterbezahlten Arbeit erstellt worden sind.

Viel wichtiger aber als all dies ist, daß es den Ungarn gelang, die Grundvoraussetzung der kommunistischen Lehre *ad absurdum* zu führen, nämlich das Dogma von der Priorität der Materie über den Geist. (»Das ökonomische Sein bestimmt das Bewußtsein.«) Ihnen ist es gelungen, den magischen Bann zu durchbrechen, der den Widerstand des modernen rationalistischen Menschen lähmt, wie die Gegenwart der Schlange das Kaninchen, nämlich die Vorstellung der Ohnmacht dem Apparat, der Tyrannis, der Macht gegenüber.

Dort in Ungarn hat sich gezeigt, daß die stetige Vervollkommnung der Machtinstrumente, mögen sie nun Geheimpolizei oder Panzer heißen, nicht etwa unter allen Umständen zur immer totaleren Versklavung des Menschen führen, sondern daß im Gegenteil es einen Punkt gibt, an dem schließlich der Geist stärker ist als die Materie; der Generalstreik wirksamer als moderne Waffen; und ein Panzer, dessen Herstellung vielleicht so viel gekostet hat wie früher die Ausrüstung eines ganzen Regiments, von einem 13jährigen Jungen »geknackt« werden kann, wenn der Geist der Freiheit über ein ganzes Volk kommt.

McGurn, der Korrespondent der *New York Herald Tribune*, der 14 Tage in Budapest war und in der vorigen Woche herauskam, schreibt, man schätze, daß in Ungarn insgesamt 1100 30-t-Panzer, 3300 20-t-Panzer und 1100 10-t-Panzer eingesetzt waren – das ist in etwa die Übermacht, mit der 1940 Frankreich niedergekämpft wurde.

Wann das arme, zerschlagene ungarische Volk den Sieg dieses Geistes wird kosten können, wissen wir heute noch nicht. Aber eins steht fest, die Welt wird nach den Ereignissen von Budapest nicht mehr die gleiche sein wie zuvor. Den Barbaren ist die Priorität des Geistes über die Materie demonstriert worden, und das war bisher noch nie gelungen, weder bei Hitler noch bei Stalin.

Vorgänge so elementarer Natur, ein so dramatisches Stück Menschheitsgeschichte, wie das, was jetzt vor den Augen der staunenden Welt auf der ungarischen Bühne aufgeführt wird, entziehen sich im Grunde politischer Kommentierungen. Vielleicht muten einen darum gewisse Äußerungen in der deutschen Presse so erstaunlich an. Da ist »von der Überschätzung der eigenen Kraft und dem Verkennen der Grenzen« die Rede; »von dem tapferen, aber in der Weltpolitik unerfahrenen ungarischen Volk«.

Von dem unglücklichen Nagy, der zwischen dem Machtanspruch der Sowjets und den Forderungen der Rebellen wie zwischen zwei Mühlsteinen zermahlen wurde, heißt es, er habe »den Übergang vom Freiheitswillen zur Selbstverblendung vollzogen« – als er in ratloser Verzweiflung den Warschauer Pakt kündigte. Bei der Lektüre dieser Darstellungen gewinnt man schließlich den Eindruck, daß Mindszenty, Nagy, die Ungarn selbst, kurz, daß die Ermordeten, nicht die Mörder schuld sind.

Man müsse erkennen, daß die Sowjets zum Eingreifen gezwungen waren, heißt es in einer Wochenzeitung, »eine Weltmacht in derart prekärer Situation kann es nicht zulassen, daß ihre Truppen derart ultimativ über Nacht zum Lande hinausgewiesen werden«. Ist denn, so fragt man sich da, wenn es um die Verteidigung einer Machtposition geht, alles gerechtfertigt: die Unterhändler der Waffenstillstandsverhandlungen in eine Falle zu locken, auf Frauen und Kinder zu schießen, den Generalstreik durch Aushungern zu brechen, willkürlich aufgegriffene Zivilisten zu Tausenden zu deportieren?

»Wir sind durch die Ereignisse in Ungarn zurückgeworfen, weil sie die Wand des Mißtrauens zwischen dem Osten und der freiheitlichen Welt höher getürmt haben«, klagt ein politischer Leitartikler und stößt mit diesem Ausspruch dem ungarischen Volk tausendfältig den Dolch in den Rücken. Im gleichen Blatt wird von den »konservativen« und den »progressiven« Stalinisten im Kreml gesprochen – wobei man sich fragt, wie viele Menschen man wohl umgebracht haben muß, um noch zu den konservativen oder schon zu den progressiven gerechnet zu werden, oder ist es gerade umgekehrt: erst progressiv, dann konservativ? Konservativ, progressiv – Worte, Etiketten, Papier … Ist das unser geistiger Beitrag zu der großen Auseinandersetzung, die unsere Generation zu bestehen hat?

Rußlands schweigende Revolution

Einigkeit der Sowjetexperten in drei Punkten

Hamburg, im Juli 1957

Nachdem jetzt der Staub, den die Ereignisse in Moskau aufwirbelten, sich ein wenig verzogen hat, erfährt man allerlei Einzelheiten über die dramatischen Ereignisse im Kreml. Am ausführlichsten schildert sie der Moskauer Korrespondent der kommunistischen Unità Italiens, Giuseppe Boffa. Er berichtet folgende Geschichte:

Mitte Juni forderten Molotow und Malenkow die Einberufung einer außerordentlichen Sitzung des ZK-Präsidiums, um die Reden für die 250. Jahrfeier der Stadt Leningrad zu besprechen. Gleich zu Beginn der einberufenen Sitzung eröffneten dann Malenkow, Molotow, Kaganowitsch und Schepilow schwere Angriffe auf Chruschtschow und dessen »trotzkistische und opportunistische« Politik. Ihre Forderung lautete: Umbau der Regierung und des Parteisekretariats. Da von dessen elf Mitgliedern nur acht anwesend waren und die vier Aufrührer daher gewiß Chancen hatten, verlangten sie eine sofortige Abstimmung über ihre Forderungen.

Lange Diskussionen. Die anwesenden Chruschtschow-Anhänger beschränkten sich zunächst darauf zu behaupten, daß nur das Plenum des ZK, also die Vollversammlung, entscheiden könne. Gegenargument der vier: Erst muß das Präsidium Beschluß fassen, dann kann das Plenum einberufen werden.

Um diese Frage wurde drei Tage lang gerungen. Inzwischen erschienen mehrere Mitglieder des ZK – alarmiert durch die Gerüchte, die in der Stadt kursierten – vor der Tür des in Klausur tagenden Präsidiums. Sie begehrten Einlaß und Aufschluß.

Sofort legten die vier ein Veto ein. Es sei unzulässig, Druck auf das Präsidium auszuüben. Viel Hin und Her. Schließlich war die Anzahl der Rechenschaft fordernden ZK-Mitglieder auf über hundert angewachsen, so daß die Aufrührer gezwungen waren, in eine allgemeine Aussprache einzuwilligen.

Diese begann am nächsten Tag, am 22. Juni (dem Tag, an dem 16 Jahre zuvor Hitlers Armeen in Rußland eingerückt waren). Malenkow, Molotow, Kaganowitsch und Schepilow, alle nahmen das Wort und trugen ihre Forderung auf Änderung der Politik vor. Von den 390 Teilnehmern meldeten sich 215 zur Diskussion. Acht Tage dauerte diese Mammut-Redeschlacht; schließlich drehte Chruschtschow den Spieß um und verlangte im Namen der Partei Rechenschaft.

Bestätigt wird diese Beschreibung durch mehrere Aufsätze Michal Luckis im polnischen kommunistischen Parteiorgan *Trybuna Ludu*. Ergänzend berichtet dieser, der Plan der vier, der von langer Hand vorbereitet worden war, habe sich an der Kontroverse über Chruschtschows Agrarprogramm entzündet. Malenkow habe erklärt: »Wir Marxisten halten es für angebracht, immer mit der Industrie zu beginnen«, und habe schließlich mit der Forderung nach Chruschtschows Rücktritt geendet.

Diese Version der Geschichte, die allenthalben vor und hinter dem Eisernen Vorhang in kommunistischen Kreisen kursiert, ist zweifellos von Chruschtschow ausgegeben oder mindestens inspiriert worden. Denn wer den Sieg auf dem Schlachtfeld davonträgt, schreibt gewöhnlich auch die Kriegsgeschichte. Ob die Dinge sich in dieser kuriosen Form – einer Art Mischung von Revolution und Aufsichtsratsitzung – abgespielt haben oder nicht, wird man wohl erst erfahren, wenn der nächste siegreiche Chronist die Fortsetzung der Kriegsgeschichte schreibt. Einstweilen muß man jedenfalls, mangels anderer Darstellung, hiermit vorliebnehmen.

In den letzten 14 Tagen ist nun über die Bedeutung dieser Ereignisse viel geschrieben und gerätselt worden. Es lohnt sich, einmal zusammenzustellen, in welchen Punkten die verschiedenen Deutungen und Spekulationen der Rußland-Experten – bei den amerikanischen Diplomaten George Kennan und

Charles Bohlen angefangen bis zu den englischen Journalisten Crankshaw und Löwenthal – übereinstimmen. Mehr oder weniger einig sind sie sich alle in folgenden Punkten:

1. Die kollektive Führung hat ihr Ende gefunden; der Machtkampf ist zugunsten von Chruschtschow ausgegangen;

2. Chruschtschow konnte den Kampf aber nur dank der Haltung der Armee, insbesondere Schukows, gewinnen – was dies auf die Dauer bedeutet, ist noch nicht zu übersehen;

3. der *Coup* der vier kam für Chruschtschow vollkommen überraschend (sonst wäre er kurz davor nicht nach Finnland gereist).

Unterstellt man, daß diese drei Thesen richtig sind, so ergeben sich daraus doch wohl noch einige weitere Folgerungen. Nämlich: Die Tatsache, daß so wichtige Schlüsselfiguren und so erfahrene Männer wie diese vier sich unerwartet zur offenen Opposition zusammentun, läßt doch wohl darauf schließen, daß sie glaubten, mit breiter Unterstützung im Lande rechnen zu können. Gewiß nicht zuletzt deshalb, weil Malenkow – jedenfalls berichteten das alle Rußland-Reisenden – viele Anhänger unter den Studenten und Intellektuellen hatte, oder sollte man sagen: hat? Daß Schepilow, der doch ein Geschöpf und Günstling Chruschtschows war, nun auf einmal zu jener Gruppe gehörte, beweist, daß in dieser Epigonenphase des Bolschewismus auch auf eine Hausmacht kein absoluter Verlaß mehr ist. Diese Einsicht und die Gewißheit, daß solche Säuberung – auch wenn sie unblutig ist – die Anzahl der Feinde des jeweils Mächtigen nicht gerade vermindert, muß die Befriedigung Chruschtschows über den Ausgang des Kalten Krieges im Kreml doch sehr beeinträchtigen.

Crankshaw schreibt im *Observer*, alles, was seit Stalins Tod geschehen ist, zeige Chruschtschows verzweifeltes Bemühen, die neuen, zum Teil schon entfesselten Kräfte zu bändigen, die wie eine langsam steigende Flut zwar allmählich, aber doch unaufhaltsam die alten Dämme einreiße. »Bisher ist es Chruschtschow und einzig ihm gelungen, sich an die Spitze einer schweigenden Revolution zu setzen, die gegen vieles von dem, wofür die Partei bisher (bis zum Parteitag) stand, gerichtet ist.«

Nikitas Reise

Tatsachen zählen für Kommunisten nicht

Hamburg, im August 1957

Arthur Koestler hat einmal die Geschichte seines Eintritts in die KP *(Der Gott, der keiner war)* erzählt. An diesen aufschlußreichen Bericht muß man sich erinnern, wenn man den Besuch Chruschtschows in Pankow und die Reden, die er und die führenden SED-Leute in der Zone gehalten haben, recht verstehen will.

Koestler also, der damals – Anfang 1932 – im Ullstein-Verlag arbeitete, schildert, wie er von dem Kontaktmann Edgar in die Geheimnisse der kommunistischen Ideologie und die politische Praxis der Partei eingeweiht wird. Seinerseits mußte er dafür Nachrichten an die KP liefern. Eines Tages hatte er erfahren, die sozialdemokratische Regierung in Preußen (die von der kommunistischen Presse nur die »sozial-faschistische« genannt wurde, weil sie angeblich den Nazis gegenüber zu weich war) plane für den nächsten Tag eine anti-nationalsozialistische Großrazzia und das Verbot der SA-Uniformen. »Ich leitete«, schreibt Koestler, »diese Nachricht in aller Eile an Edgar weiter. Die Aktion wurde planmäßig ausgeführt; aber während ganz Berlin die Möglichkeit eines Bürgerkrieges zwischen den Nationalsozialisten und den Sozialdemokraten erörterte, erschien die *Rote Fahne* wieder mit den alten Schlagzeilen über die schlappe Sozi-Regierung.«

»Ich fragte Edgar, warum meine Mitteilung nicht beachtet worden sei; er erklärte, die Einstellung der Partei den Sozialdemokraten gegenüber sei auf lange Sicht festgelegt und könne nicht wegen irgendeines gleichgültigen Zwischenfalls abgeändert werden. ›Aber alles, was auf der ersten Seite steht, stimmt doch mit den Tatsachen gar nicht überein?‹ Edgar sah mich mitleidig lächelnd an: ›Du hast eben immer noch die mechanistische Betrachtungsweise‹ – und daran schloß sich dann eine Lektion über die Dialektik der Tatsachen. Die Aktion der Polizei sei nur eine Finte der Sozialdemokraten, um ihr Einvernehmen mit den Nazis zu verbergen. Selbst, wenn einige sozialdemokratische Führer *subjektiv* anti-faschistisch denken sollten, sei doch die Sozialdemokratische Partei *objektiv* ein Werkzeug des Nationalsozialismus und der Hauptfeind der Arbeiterklasse, die sie gespalten habe.«

Koestler fährt fort: »Nach und nach lernte ich meiner mechanistischen Voreingenommenheit für Tatsachen zu mißtrauen und die Welt im Lichte dialektischer Interpretation zu sehen. Das war ein höchst befriedigender, geradezu beseligender Zustand; hatte man sich einmal an diese Technik gewöhnt, wurde man nicht mehr durch Tatsachen irregemacht; sie erschienen nun im rechten Licht und wurden an ihren Platz verwiesen.«

Nur wenn man sich diese Darstellung eines Ex-Kommunisten vergegenwärtigt – der durch die ideologische Mühle durchgedreht wurde, bis er aller Illusionen bar am anderen Ende wieder heraus kam –, kann man verstehen, was Grotewohl vor der Volkskammer sagte. Er sagte dort, man könne unmöglich »die Truppen der brüderlichen Sowjetunion in Ostdeutschland mit den westlichen Truppen in Westdeutschland vergleichen, die bei erstbester Gelegenheit das Land in einen Bürgerkrieg stürzen würden«. Nach der dialektischen Anschauung ist nämlich ein Gewehr in der Hand eines Ostdeutschen etwas total anderes als das gleiche Gewehr in der Hand eines westdeutschen Bürgers; ist ein Streik in der Bundesrepublik ein legitimes Mittel der Arbeiter im Kampf gegen faschistische und kapitalistische Ausbeutung, in der Sowjetzone jedoch Sabotage!

Grotewohl sagte ferner: »Jetzt gibt es zwei deutsche Staaten, den militaristischen westdeutschen Staat und die friedliebende Deutsche Demokratische Republik.« Auch hier, wie bei Koestler: Man darf sich eben durch Tatsachen nicht verblüffen lassen, sondern muß das Weltbild der Bürger ein für allemal festlegen.

Nur wenn man sich diese Methode vor Augen hält, kann man schließlich auch verstehen, woher Chruschtschow, der freie Wahlen als »Heuchelei« bezeichnete, den Mut nimmt, festzustellen: Direkte Verhandlungen der vier Großmächte über die deutsche Frage seien nicht zweckmäßig, »weil die Zeiten, da die Geschichte den Völkern aufgezwungen wurde, längst vorbei sind.« Auch hier wieder: Die den Ungarn aufgezwungene Regierung Kadar, der Einsatz sowjetischer Panzer damals, die Terrorurteile heute, das alles sind ja *nur* Tatsachen, durch die man sich nicht beirren lassen darf. Ebensowenig wie durch die Statistik derjenigen, die täglich aus dem Arbeiter- und Bauernparadies der DDR herausstreben, um in die Bundesrepublik einzuwandern – ihre Zahl ist von 1949 bis heute auf 1,8 Millionen angestiegen.

Nikita Chruschtschow gab den SED-Führern den Rat, die Arbeitermiliz zu verstärken, um jede Revolution niederschlagen zu können: »Die Kampfgruppen sind sehr wichtig, denn es ist schwieriger, sich an der Macht zu halten, als dieselbe zu gewinnen« – so sagte er zu Ulbricht, dem letzten orthodoxen Exponenten des Stalinismus, den Chruschtschow am XX. Parteitag doch auszurotten versprach.

Nein, es stört Chruschtschow nicht, daß er da dem Treuesten aller Stalinisten Ratschläge gibt, wie er sein Regime gegen das Interesse und den Wunsch der Arbeiter weiter an der Macht halten kann. Es stört ihn nicht nur nicht, es war sogar ganz ohne Zweifel der Sinn seines Besuches. Denn die Sowjetunion braucht an der Peripherie ihres Imperiums vor allem eines: Ruhe. Die dynamische Entwicklung daheim und in den osteuropäischen Staaten hat genug Ängste und Sorgen verursacht – soll wenigstens in der DDR eine gewisse Statik gewahrt werden. Und dafür ist Ulbricht gerade der richtige Mann.

Man stelle sich einmal vor, Stalin hätte es für nötig befunden, in einen Vorort Berlins zu reisen, anstatt die Leute, von denen er etwas wollte, nach Moskau zu zitieren, oder vor einem dünnbesetzten Stadion in der sächsischen Provinzhauptstadt Leipzig Reden zu halten …

Ja, es hat sich viel geändert in den letzten vier Jahren. Und auch ohne jede prophetische Gabe darf man wohl annehmen, daß sich in den nächsten vier Jahren noch einmal sehr viel ändern wird. Uns ist eine schwierige Aufgabe gesetzt, nämlich einerseits immer daran zu denken, daß für die Vertreter des dialektischen Kommunismus Tatsachen nicht zählen, Versprechen nicht zählen und ein Gewehr nicht ein Gewehr ist; andererseits aus dieser Kenntnis aber keine starre Regel zu machen, denn dann hört jede Politik auf, und man könnte ebensogut einen Roboter mit Magnetophonband aufstellen.

Chruschtschow
rüttelt am Status quo

Sechs Monate Frist für das Berlin-Ultimatum

Hamburg, im November 1958

Seit einem Jahrzehnt und länger gibt es nur einen Glaubenssatz, auf den beide Welten sich gewissermaßen stillschweigend geeinigt hatten: die Unverletzbarkeit des geheiligten *Status quo*, des bestehenden Zustandes. Da geht also jene sagenumwobene Linie quer durch Europa, quer durch Berlin über den Potsdamer Platz am Brandenburger Tor vorbei, und dort, wo sie auf der Landkarte nicht markiert und in der Natur nicht wahrnehmbar ist, in Griechenland, Iran und der Türkei, da wurde sie genauso respektiert wie in Berlin. Mindestens seit die Kommunisten 1946 in Griechenland hatten feststellen müssen, daß eine Verletzung des Status quo ihnen umgehend die Westmächte auf den Hals holte.

Moskau hatte nur einmal, 1948, versucht, den europäischen Status quo zu ändern, und zwar in Berlin. Die Antwort war die Luftbrücke, das Ende die Wiederherstellung eben des Status quo. Und als 1950 die Nordkoreaner die Südkoreaner überfielen, wurde so lange gekämpft und verhandelt, bis 1953 schließlich die alte Grenze am 38. Breitengrad von beiden Seiten wieder als Demarkationslinie anerkannt worden war.

Was also mag die Russen heute, im Herbst 1958, anwandeln, wenn sie es jetzt plötzlich unternehmen, an jenem geheiligten Status quo zu rütteln – und das ausgerechnet in Berlin, für das eine alliierte Garantie besteht? Chruschtschow hat neulich in dem Interview mit Walter Lippmann eine sehr kuriose Konzeption zum besten gegeben. Lippmann schildert sie folgendermaßen: »für ihn (Chruschtschow) ist die soziale und wirtschaftliche

Revolution, die jetzt in Rußland, China und anderswo, in Asien und Afrika im Gange ist, der Status quo. Für ihn ist jeder Widerstand gegen diese Revolution ein Versuch, den Status quo zu ändern.« Das ist wirklich höhere Dialektik: Der Status quo nicht, wie der Name sagt, als Zustand definiert, sondern als Bewegung! Doch hat auch Chruschtschow diese Definition (ein neuer Beweis dialektischen doppelbödigen Denkens) nur für Asien und Afrika aufgestellt, nicht für Europa, obgleich man meinen sollte, daß solche Definitionen nicht ortsgebunden sind.

Auch das Rütteln am Berliner Status quo beruht auf einer Art Auslegungstrick, nämlich auf der Behauptung, weil der Zustand der Besatzung nicht mehr praktiziert werde, müsse die Vertragsgrundlage der Wirklichkeit angepaßt werden, und deshalb trete die Sowjetunion ihre Besatzungsrechte an die Sowjetzone ab. Das aber ist wieder ein dialektisches Akrobatenstück: den Besetzten plötzlich zu seinem eigenen Besetzer zu machen!

Nun, derlei logische Einwendungen haben die Kommunisten noch nie angefochten. Dafür hat man ja die dialektische Methode, die in der Lage ist, über Nacht aus dem Besetzten einen Besetzer zu machen. Gegen solche Tricks ist also kein Kraut gewachsen, aber ihre Anwendung bedarf einer Voraussetzung, nämlich eines Gefühls der Sicherheit, also der Gewißheit, daß nichts passiert. Ein solches Sicherheitsgefühl aber kann nur zwei Wurzeln haben: entweder die Erkenntnis der objektiven eigenen Übermacht oder die subjektive Überzeugung von der Schwäche des anderen.

Niemand weiß heute mit Sicherheit, wer bei einer letzten Kraftprobe der Stärkere sein würde. Gerade darauf fußt ja die allgemeine und sicherlich begründete Überzeugung, daß beide Seiten sich hüten werden, es auf eine militärische Kraftprobe ankommen zu lassen. Um so mehr Beachtung verdient die zweite Voraussetzung politischer Akrobatenstücke: die Spekulation auf die Schwäche der anderen.

Man hat oft gesagt, der Kommunismus habe seine Erfolge nicht auf den Schlachtfeldern erzielt, sondern in den Konferenzsälen, also nicht durch militärische Offensiven, sondern durch politische, durch Aushöhlung, Erpressung, Einschüchterung.

Wenn dies stimmt, dann ist das Bedenklichste an der derzeitigen sowjetischen Offensive gegen Berlin, daß für Berlin nur eine militärische Garantie besteht: »Jeder Angriff auf Berlin ist wie ein Angriff auf uns selbst« ... und daß über die Reaktion auf andere als militärische Angriffe nichts gesagt ist.

Die Reaktion der Westmächte auf die sowjetische Ankündigung einer Änderung des Status quo in Berlin, also an der einzigen Stelle der Welt, wo es sich um eine direkte Offensive auch gegen die ehemaligen Alliierten handelt, war unmißverständlich. Und das ist das einzige, worauf es ankommt. Um es noch einmal ganz genau zu sagen: Solange die Sowjets nicht von dem Risiko befreit werden, daß ihre Handlungen unter Umständen eine militärische Auseinandersetzung heraufbeschwören, werden sie – vor die Wahl gestellt, den Status quo zu akzeptieren oder wesentliche Veränderungen herbeizuführen – den Status quo wählen. Die Amerikaner sind die einzige Nation, die eine solche auf die Nerven gehende Politik durchzuhalten vermögen, und die Berliner die einzigen, die dafür die richtigen Partner sind.

Noten, die dem Kreml nichts ersparen

Höchst interessante Ausführungen der Engländer

Hamburg, im Januar 1959

Die Noten, die Nikita Chruschtschow in der ersten Woche des neuen Jahres bekommen hat, kann er sich hinter den Spiegel stecken. Da trafen zuerst die Schreiben der drei Westmächte ein, und nun ist am vergangenen Montag auch die Note der Bundesrepublik überreicht worden.

Lange Zeit haben bei Notenwechseln und Konferenzen die westlichen Diplomaten sich an die klassischen Regeln des politischen Ballspiels gehalten. Sie nahmen einfach nicht zur Kenntnis, daß die Gegenseite längst zum Fußball übergegangen war, während sie noch immer im weißen Tennisdreß mit federndem Schläger zum Ballspiel antraten. Das ist jetzt anders geworden. Zum erstenmal, so scheint es, hat man nun den richtigen Ton getroffen: nicht spitzfindig, sondern massiv und hart in den Argumenten – sowohl in der Anklage wie in der Richtigstellung –, aber im Ton nicht wollüstig ideologisch, sondern maßvoll.

Von den Dokumenten der Westmächte ist das eindrucksvollste die *britische* Note, weil sie ein für allemal die beliebten historischen Entstellungen, nur die Sowjetunion, nicht die westlichen Demokratien seien rechtzeitig gegen Hitlers Aggression aufgetreten, wohl endgültig *ad absurdum* führt. Sie läßt alle bisherigen Rücksichten fallen und beschwört noch einmal die Situation von 1939, die dem Weltkrieg vorausging und in der in Europa die Weichen gestellt wurden. Die Note erinnert daran, daß auf sowjetisches Ersuchen am 12. August 1939 die von Großbritannien und Frankreich vorgeschlagenen Dreimächte-Verhandlungen in Moskau begannen und fährt fort:

»Am 23. August wurde mit einer Plötzlichkeit, die Europa erschütterte, der deutsch-sowjetische Nichtangriffspakt, im allgemeinen Molotow-Ribbentrop-Pakt genannt, bekanntgegeben. Es überrascht die Regierung Ihrer Majestät, daß die sowjetische Regierung diesen Pakt in dem historischen Teil ihrer Note vom 27. November nicht erwähnt, da nach allgemeiner Ansicht die Unterzeichnung dieses Paktes doch den Ausbruch des Krieges unvermeidlich machte.«

Die Engländer lassen es sich auch nicht nehmen, noch einmal an eine Rede Molotows zu erinnern, die dieser zur Zeit jenes Paktes, auf der fünften Sitzung des Obersten Sowjets, am 31. Oktober 1939 hielt. Molotow hatte damals, also zu einer Zeit, da Polen bereits von Hitler überfallen worden war, ausgeführt:

»Die herrschenden Kreise Großbritanniens und Frankreichs haben in letzter Zeit versucht, sich selbst als die Vorkämpfer der demokratischen Rechte der Nationen gegen den Hitlerismus hinzustellen, und die britische Regierung hat bekanntgegeben, daß ihr Ziel im Krieg mit Deutschland nichts mehr und nichts weniger sei als die Zerstörung des Hitlerismus ... Aber es gibt absolut keine Berechtigung für einen solchen Krieg. So wie es mit jedem anderen ideologischen System ist, kann man die Ideologie des Hitlerismus akzeptieren oder ablehnen – das ist eine Sache der politischen Anschauung. Aber jedermann wird verstehen, daß man eine Ideologie nicht mit Gewalt vernichten kann, daß sie nicht durch Krieg ausgelöscht werden kann. Es ist deshalb nicht nur sinnlos, sondern verbrecherisch, einen solchen Krieg zu führen – einen Krieg für die Zerstörung des Hitlerismus, der als Kampf für Demokratie getarnt wird.«

Auch die deutsche Note enthüllt eine Fülle von sachlich notierten Feststellungen, die sozusagen kopfschüttelnd vorgebracht werden, gleichsam traurig staunend und verblüfft über die abwegigen Behauptungen der Sowjets. Da hatte es geheißen, die gefährliche Situation Berlins sei darauf zurückzuführen, daß die drei alliierten Westmächte »den westlichen Teil Berlins von der DDR isoliert haben, indem sie aus West-Berlin eine Art Staat im Staate schufen«.

»Diese Behauptungen sind der Bundesrepublik unverständlich«, so heißt es in dem Schreiben, das Botschafter Kroll am Montag im Kreml übergeben hat. Jedermann könne mit eigenen Augen sich davon überzeugen, »daß sogenannte Todesstreifen, elektrisch geladene Drähte, mit bewaffneten Posten besetzte Wachtürme und ähnliche Absperr-Vorrichtungen sich in Deutschland ausschließlich östlich des Eisernen Vorhangs und in Berlin nur auf der Seite des Ostsektors befinden«.

Trotz aller Schwierigkeiten, so heißt es weiter, brauche bisher niemand in bezug auf Berlin Befürchtungen zu hegen, wie sie die Sowjetregierung erst durch die Erwähnung von Sarajewo heraufbeschwört. »Die Nennung dieses Namens muß dazu führen, eine Kriegspsychose zu schaffen. Nur wenn es in der Absicht der Sowjetregierung liegt, diese Wirkung herbeizuführen, ist die Erwähnung des Namens in einem solchen Zusammenhang begreiflich.«

In den Noten vom 27. November hatte auch die Sowjetunion den Grundsatz vertreten, daß West-Berlin so existieren müsse, wie dies seine Bevölkerung will, und hatte daran den Vorschlag der *Freien Stadt* geknüpft. Antwort der Bundesregierung: Bei der Wahl am 7. Dezember 1958 haben 98,1 Prozent der Berliner Wähler ihre Stimmen den demokratischen Parteien gegeben, nur 1,9 Prozent wählten die kommunistische SED. Ein eindeutiges Votum liegt also bereits vor. Die Note führt weiterhin in einleuchtender Weise aus, daß die Verbindung des Konföderationsvorschlages mit dem Vorschlag zur Errichtung einer Freien Stadt West-Berlin beide Vorschläge nicht besser, sondern nur noch bedenklicher mache. Begründung: eine staatliche Aufsplitterung in drei deutsche Staaten werde vom ganzen deutschen Volk als ein schwerer Rückschritt betrachtet. Es handle sich doch darum, die 1945 unter Vier-Mächte-Kontrolle gestellten Teile Deutschlands wieder zu einem Ganzen zusammenzufügen, nicht aber darum, aus zwei Teilen drei zu machen.

Es ist abwegig, wie die sowjetische Note dies tut, zu behaupten, »daß das deutsche Volk nach dem Osten giere« und in ihm ein »Objekt der Eroberung« sehe. Ganz im Gegenteil: die Bundesregierung hat auf die Anwendung von Gewalt zur Erreichung ihrer politischen Ziele feierlich verzichtet, »und«, so betont die Note ausdrücklich, »dieser Generalverzicht bezieht sich insbesondere auf die Frage der deutschen Ostgebiete«.

Ebenso wird die Behauptung zurückgewiesen, das deutsche Volk befinde sich in einer *revanchistischen Stimmung*. »Es gibt keine solche Stimmung in Deutschland. Das deutsche Volk ist von den furchtbaren Erlebnissen und den Verwüstungen des letzten Krieges genauso tief beeindruckt, wie dies nach den Ausführungen der sowjetischen Note die Völker der Sowjetunion sind. Es beklagt zutiefst das furchtbare Unglück, das Diktatoren über die Welt gebracht haben, die über unumschränkte Machtbefugnisse verfügen und durch keine demokratische Kontrolle gezügelt werden.«

Alle Regierungen, die amerikanische, die englische, die französische und auch die deutsche haben also das sowjetische Ansinnen, den Status Berlins zu verändern, kompromißlos abgelehnt, gleichzeitig aber auch in allen Noten die Bereitschaft zum Ausdruck gebracht, mit den Sowjets über Sicherheit, Abrüstung und Wiedervereinigung zu verhandeln.

Stichwort Oder-Neiße

Der Weg der Vernunft
zwischen den unheilvollen Extremen

Hamburg, im April 1959

Wenn man bedenkt, welche Erregung sich der Deutschen bemächtigte, als bekannt wurde, daß der Kohlepreis voraussichtlich erhöht werden würde, dann ist man doch ein wenig erstaunt, daß die offiziellen Äußerungen General de Gaulles zum Problem der Oder-Neiße in der deutschen Öffentlichkeit so sang- und klanglos verhallten. Niemand hat etwas dazu gesagt. Keine Frage wurde laut.

Wenn man beobachtet, wie schnell in Bonn zu den Äußerungen verbündeter Staatsmänner kritisch Stellung genommen wird, sofern jene etwa von *Verdünnung* sprechen oder gar von *Disengagement,* dann ist man doch sehr verwundert über dieses Schweigen in der Bundeshauptstadt – mindestens verwundert.

Bisher war Frankreichs offizielle Haltung zum Problem der deutschen Ostgrenze die gleiche wie die aller westlicher Alliierten. Auch sie war begründet durch das Potsdamer Abkommen vom August 1945: »... die Häupter der drei Regierungen bekräftigen ihre Auffassung, daß die endgültige Festlegung der Westgrenze Polens bis zu der Friedenskonferenz zurückgestellt werden soll.«

Jetzt hat nun als erster der Staatspräsident Frankreichs diesen Standpunkt verlassen. Er sagte, das normale Schicksal des deutschen Volkes sei eine Wiedervereinigung in Freiheit, sofern Deutschland seine heutigen Grenzen anerkenne. Ihm hat später Mendès-France, der Führer der nicht-kommunistischen Linken, ausdrücklich beigepflichtet, und vor ein paar Tagen hat nun auch der Labour-Abgeordnete Denis Healey im Unterhaus die

Feststellung de Gaulles zum Anlaß einer mit jenem Standpunkt sympathisierenden Anfrage gemacht. Die parteiamtliche *Try-buna Ludu* in Warschau aber schrieb: »Die Erklärung de Gaulles muß man positiv bewerten, denn sie stellt die erste maßgebliche westliche Bestätigung der gegebenen Tatsache dar, daß die Grenzen Polens an der Oder und Neiße unabänderlich sind.«

Wenn hier eingangs einer gewissen Verwunderung über das Schweigen der deutschen Öffentlichkeit Ausdruck gegeben wurde, so ganz gewiß nicht, weil wir uns eine allgemeine revisionistische Volksbewegung wünschten. Mit Volksbewegungen haben wir in unserem eigenen Lande und leider auch bei anderen genug Schaden angerichtet. Überdies: unser Parlament hat einstimmig erklärt, das Grenzproblem könne erst in einem Friedensvertrag, der mit dem ganzen Deutschland abgeschlossen werden muß, geregelt werden. Die Abgeordneten als Vertreter aller Deutschen in der Bundesrepublik haben sich feierlich verpflichtet, diese Frage ohne Anwendung von Gewalt zu lösen. Und der Bundeskanzler hat diese Verpflichtung am 20. Oktober 1953 nochmals bekräftigt. Diese Einstellung ist nach unserer Meinung nicht revisionsbedürftig, sondern sollte voll und ganz von jedem unterstützt werden.

Das, worauf es im Interesse des Friedens und der nachbarlichen Beziehungen vor allem ankommt, das Versprechen: »Niemals mit Gewalt«, das also ist gegeben. Und wer den Deutschen nicht zutraut, daß es ihnen damit ernst ist, wer sich auf dieses freiwillige Versprechen nicht verlassen will, der kann doch wohl nicht glauben, daß auf eine abgezwungene Verzichterklärung mehr Verlaß wäre. Das aber ist es doch wohl, worauf de Gaulle anspielt: eine endgültige Verzichterklärung auf die Gebiete östlich der Oder und Neiße.

Das polnische Volk, das ein so intensives Nationalgefühl besitzt, das polnische Volk, das in seiner tragischen Geschichte nie die Hoffnung auf seine Wiedervereinigung und Wiedergeburt aufgegeben hat, ein Volk mit so starken Herzen – könnte das seinem Nachbarn den Verzicht auf große Teile seines historischen Besitzes glauben? Vielleicht den Verzicht auf Gewalt, aber den auf ein Viertel des ehemaligen Gebietes?

Nein, eine Grenzziehung zwischen zwei Völkern, die von dritten Mächten festgelegt und erzwungen wird, zu der werden beide Partner kein Vertrauen haben können. Vielmehr: Der eine kann dazu kein Vertrauen haben, der andere wird sich dadurch wahrscheinlich nicht verpflichtet fühlen.

Kriegskontributionen, Tribute, Reparationen, Demontagen, dieses ganze Arsenal uralter und neuer Sühneauflagen vergessen die Völker wie Seuchen oder Hagelschlag, aber Grenzverschiebungen sind wie Zeitzünder, die manchmal erst in der nächsten Generation explodieren – es sei denn, daß man dem Begriff der Grenze einen neuen Sinn gibt.

Mit diesem instinktiven Gefühl mag es auch zusammenhängen, daß, wie man immer wieder hört, die in jenen Gebieten neu angesiedelten Polen ein gewisses Unbehagen offenbar nicht los werden. Viele von ihnen haben ihre Heimat im Osten an die Sowjetunion verloren und sind Vertriebene, wie jene acht Millionen Deutsche, die früher jenseits der Oder und Neiße zu Hause waren und die heute diesseits dieser Grenze leben. Ein solches Unbehagen ist verständlich. Als Hitler nach dem Sieg über Polen das Baltikum an die Sowjets auslieferte, die baltischen Gutsbesitzer in das Warthegebiet »umsiedelte« und sie einwies in die Häuser der vertriebenen polnischen Eigentümer, in denen noch die Teller auf dem Tisch standen und die Wäsche in den Schränken lag, da war auch manchem ungemütlich zumute, und es gab einige, die auf ein solches »Rittergut« von Hitlers Gnaden verzichteten und sich lieber selbständig durchschlugen.

Um es noch einmal zu sagen: Die Grenze zwischen Polen und uns muß gemeinsam zwischen diesen beiden Ländern vereinbart werden, sie darf nicht eine Auflage dritter sein. Wir haben in dieser Zeitung seit Jahren für die Aufnahme diplomatischer Beziehungen mit Warschau plädiert und für engere Kontakte der beiden Völker. Vieles könnte heute anders sein, wenn Bonn sich rechtzeitig dazu entschlossen hätte.

Heute hat die Bundesrepublik keine Grenze mit Polen, aber wenn Deutschland wiedervereinigt ist, dann muß das Problem der Grenzziehung angegangen werden. Und Polen kann gewiß sein, daß wir uns klar darüber sind, daß man in der zweiten

Hälfte des 20. Jahrhunderts neue Lösungen – gemeinsam ersonnene – finden muß und finden wird. (Daß innerhalb der freien Welt *Grenzen* eine immer nebensächlichere Bedeutung bekommen, wird dabei vielleicht eine Hilfe sein.)

Es gibt in der Bundesrepublik neben allen möglichen Schattierungen zwei extreme Standpunkte zu dem Problem der Oder-Neiße. Der eine, in den Landsmannschaften gehegt und gepflegt, stellt die Sache so dar – besser, läßt die Illusion zu: eines Tages werde auf irgendeine rätselhafte Weise alles wieder so ungefähr beim alten und jeder wieder zu Haus sein. Das andere Extrem bilden die Leute, für die es so etwas wie eine Verantwortung vor der Geschichte auch nicht gibt. Aber aus anderen Gründen nicht gibt: deshalb nämlich, weil sie glauben, sie könnten weiterhin ihre Ruhe und ihren Lebensstandard ungestört genießen, wenn sie andere ein Opfer bringen lassen. Diese Leute können nicht verstehen, wieso man nicht jene fernen östlichen Gebiete längst »abgeschrieben« hat – ein Ausdruck, der ihnen aus ihrer Erfolgsbuchführung offenbar geläufiger ist als der Begriff Verzicht. »Es hat sich doch gezeigt, daß wir die Gebiete gar nicht brauchen«, meinte neulich ein bekannter Politiker. Für meinen Einwand, »brauchen« sei keine Kategorie der Geschichte, hatte er wenig Verständnis. Übrigens war er von der CDU.

Bei der SPD hat ein Politiker einmal einen wahren Aufruhr gezeitigt, als er davon sprach, daß man auf die Ostgebiete unter Umständen verzichten müsse, wenn man dafür die Wiedervereinigung einhandeln könne – das ist lange her. Es war Carlo Schmid. Und Fritz Erler hat neulich auf der deutsch-französischen Tagung gesagt: »Die Anerkennung dieser Grenze ohne Gegenleistung ist unsinnig. Aber im Zusammenhang mit der Wiedervereinigung muß dieses Problem gelöst werden.«

Jahrelang war dieses Thema tabu. Und vielleicht war das gut. Aber jetzt, da es zum erstenmal offiziell aufgegriffen worden ist, sollte man sehr genau den Rahmen abstecken, in dem die Diskussion vernünftigerweise verlaufen muß, denn sie wird auf allen Seiten Illusionen zerstören.

Die sechziger Jahre

Nach dem U-2-Zwischenfall

Die geplatzte Pariser Gipfelkonferenz

Hamburg, im Mai 1960

Chruschtschow hat zwar nicht wie weiland Hermann Göring gesagt, er wolle Meier heißen, wenn es einem fremden Flugzeug gelingen sollte, die Landesgrenze zu überqueren, aber er hatte doch so oft die Verläßlichkeit des sowjetischen Radarsystems und der Luftabwehr gepriesen, daß die öffentliche Feststellung, solche Flüge fänden regelmäßig über sowjetischem Gebiet statt, ein schwerer Schlag für ihn sein mußte. Zunächst hatte er noch versucht, Präsident Eisenhower, den Partner seiner Entspannungspolitik, persönlich reinzuwaschen. Aber der Präsident verstand die Situation nicht: In seiner Pressekonferenz am 11. Mai erläuterte er die Notwendigkeit solcher Flüge, ohne sich von ihnen zu distanzieren.

Noch nie sind so viele Experten so vollkommen von einem Ereignis überrascht worden, wie alle in Paris versammelten Diplomaten, Sachbearbeiter und Journalisten von Chruschtschows dortigem Auftritt. Wenn man jetzt, eine Woche später, Inventur macht und sich fragt, was wir nun eigentlich durch diese Überraschung erfahren haben und was noch im Dunkel geblieben ist – also: was wissen wir und was wissen wir nicht? –, so ergibt sich folgendes Bild:

Wir haben erfahren,

1. daß Chruschtschow, wie er selber sagte, Rücksicht auf die öffentliche Meinung in seinem Lande nehmen muß – ein Geständnis, das noch kein sowjetischer Diktator ablegte;

2. daß der Stein des Anstoßes zwischen Ost und West nicht zwangsläufig Berlin ist;

3. daß also die Spannung in der Welt die gleiche wäre, auch wenn die Berlin-Frage nicht existierte;

4. daß Chruschtschow die Tatsache der US-Spionageflüge (die ihn so in Wut versetzte, daß er darüber die langerstrebte Gipfelkonferenz aufplatzen ließ) bereits in Camp David kannte, zu einer Zeit also, da er und Eisenhower sich noch mit *my friend* und *moj drug* anredeten;

5. daß die Entspannung für den friedliebenden Sowjetführer kein Ziel, sondern nur Mittel zu einem Zweck ist und daher preisgegeben wird, wenn irgendein anderer Zweck vordringlicher erscheint;

6. daß der Gruppe, die den Wettstreit auf das Gebiet wirtschaftlicher Konkurrenz verlagern will und die darum Rüstungserleichterung und Entspannung anstrebt, im Ostblock eine ebenfalls starke Gruppe gegenübersteht, die nicht abrüsten, sondern den Wettkampf weiter auf militärischem Gebiet führen will.

Wir haben nicht erfahren, ob das Schüren der Spannung in Paris den Beginn einer neuen *Epoche* darstellt oder nur Ausdruck einer vorübergehenden *Episode* ist.

1. Für die *Episode* spricht Chruschtschows Verhalten in Ost-Berlin. Obgleich man bedenken muß, daß es nicht Politik, sondern schon im Hinblick auf den angerufenen Sicherheitsrat Irrsinn gewesen wäre, anders zu handeln ...

2. Für die *Epoche* spricht, daß man sich kaum vorstellen kann, die Stalinisten, Militaristen, Chinesen oder wer immer sich als erfolgreiche *pressure group* betätigt hat, würden es dabei bewenden lassen, nur einen einzigen Zug in der entscheidenden Partie zu inspirieren. Ferner mag dafür sprechen, daß Chruschtschow sich nicht damit begnügte, die Konferenz auffliegen zu lassen, sondern daß er auch noch den Eisenhower-Besuch absagte, anstatt die Absage diesem selbst zu überlassen.

Also: Druck oder nicht Druck – das ist die Frage. Haben die Sowjets mehr von Spannung oder mehr von Entspannung zu erwarten? Für beide Auffassungen gibt es wohlfundierte Theorien und auch machtvolle Streiter.

Was lehren in dieser Hinsicht die letzten 18 Monate? Im November 1958 hatte Chruschtschow den Westen mit seinem auf sechs Monate befristeten Berlin-Ultimatum unter Druck gesetzt. Folge: die Außenministerkonferenz in Genf. Eine Konferenz, bei der der Westen sich bereit erklären mußte, zum erstenmal eine Delegation von ostdeutschen Beobachtern zuzulassen.

Der Westen hatte zunächst einen Drei-Phasen-Plan vorgelegt, der, so wurde versichert, nur als »Paket« behandelt werden würde; am Ende aber wurde das Paket doch aufgeschnürt und über eine Interimslösung für Berlin isoliert verhandelt. Da man sich aber über die Dauer der Interimslösung (Osten: 18 Monate, Westen: fünf Jahre) nicht einigen konnte, wurde die Konferenz nach sechs Wochen ergebnislos abgebrochen.

Um den Faden nicht abreißen zu lassen, offerierte Washington daraufhin zwei Konzessionen. Chruschtschow wurde nach den USA eingeladen, womit dessen langgehegter Wunsch in Erfüllung ging, und die USA erklärten sich bereit, auch seinen anderen Wunsch zu erfüllen, einer Gipfelkonferenz zuzustimmen.

Bei Chruschtschows Besuch in den USA machten dann beide Seiten in Camp David Zugeständnisse. Chruschtschow hob die Befristung des Berlin-Ultimatums auf, setzte allerdings hinzu, daß die Verhandlungen über Berlin nicht *ad infinitum* verlängert werden dürften. Mit anderen Worten: Die Drohung Berlin gegenüber wurde nicht zurückgenommen, aber verschoben. Eisenhower machte keine sachlichen Zugeständnisse, tat aber zwei Äußerungen, die die sowjetische Auffassung stärken mußten: Er nannte die Berliner Situation »abnormal« und er sagte: »Ich kann überhaupt nichts garantieren«, als er auf der abschließenden Pressekonferenz gefragt wurde, ob ein neuer Berlin-Status die Rechte der Alliierten und die Freiheit der Berliner garantieren werde. Und er ließ durchblicken, Amerika werde seine Rechte in Berlin nur mit Atomwaffen verteidigen können, aber ein Atomkrieg sei »undenkbar«.

Chruschtschows letzte Äußerung zu Berlin vor der Pariser Gipfelkonferenz fiel am 25. April in Baku. Er sagte dort: Wenn die Westmächte nicht bereit wären, mit der Sowjetunion eine gemeinsame Lösung für den Friedensvertrag mit der DDR zu suchen, »werden wir unseren eigenen Weg gehen und einen Friedensvertrag abschließen ... Damit würden die Westmächte das

Recht auf Zugang nach West-Berlin zu Land, zu Wasser und in der Luft verwirken.«

Auf seinem Rückflug nach Moskau sagte Chruschtschow schließlich in der Seelenbinderhalle in Ost-Berlin, eine Verewigung des Besatzungsregimes in West-Berlin werde die Sowjetunion nicht zulassen. Aber gleichzeitig hat er das Moratorium in der Berlin-Frage um sechs bis acht Monate, nämlich bis zu der von ihm vorgeschlagenen Gipfelkonferenz, verlängert.

Was folgt hieraus? Die Betrachtung der letzten 18 Monate zeigt, daß der Westen nicht stark genug ist, die Russen von Erpressungen abzuhalten und davon, daß sie immer wieder drohen, den politischen Status von Berlin zu verändern. Sie zeigt auch, daß andererseits Chruschtschow sich nicht stark genug fühlt, mit Gewalt das durchzusetzen, was er gern möchte. Ob man aber damit rechnen kann, daß es gelingen wird, Moskau *ad infinitum* davon abzuhalten, sein Versprechen in Pankow einzulösen? Schließlich hängt ja davon seine Glaubwürdigkeit im Satellitenbereich ab …

Und seit Paris? Seit Paris ist bei allen Beteiligten der Glaube an Gipfelkonferenzen ein wenig erschüttert, aber alle beteuern, daß sie nicht wieder in den Kalten Krieg zurückfallen wollten. In beiden Lagern sind freilich jene, die mit dem Vorwurf *Appeasement* immer gegen Verhandlungen waren, in ihrer Ansicht bestärkt worden.

Aber wie unberechenbar die Lage angesichts eines so sprunghaften Akteurs ist, das hat sich in Paris wieder gezeigt, wo dieselben Leute, die noch kurz zuvor sich sorgten, die Entspannungspolitik könne zu weit gehen, drei Tage später vor der Möglichkeit eines neuen Krieges zitterten.

Es gilt jetzt, die eingetretene Pause zu nutzen und die politischen Generalstabspläne zu überprüfen, einzelne Versionen durchzuspielen, Ideen, Vorschläge, Möglichkeiten zu untersuchen. Denn weder Rüsten noch Reisen (zum Gipfel) sind ein Ersatz für Politik. Daß äußerste Festigkeit der einzig mögliche Ausgangspunkt in einer solchen Situation ist, das ist gewiß. Aber sie allein (»wenn die Sowjets irgend etwas in Berlin ändern, dann knallt's«), genügt nicht.

Gefahr in Berlin

Es drohen die listigen Attacken – nicht der große Angriff

Hamburg, im September 1960

Hinterher weiß man immer ganz genau, was falsch und was richtig war. So genau, daß man darüber die Realität der Alternative und des Zweifelns vor der Entscheidung ganz vergißt. Heute – hinterher – meinen viele, es sei doch im Hinblick auf die prekäre Lage Berlins recht unzweckmäßig gewesen, die beiden Veranstaltungen, die Versammlung des *Heimkehrerverbandes* und den *Tag der Heimat,* dort abzuhalten.

Aber vorher? Wäre nicht der, der vorher Bedenken gegen diese Veranstaltungen erhoben hätte, dem Vorwurf ausgesetzt gewesen, er ermuntere die Sowjets und die SED durch solch voreiliges Nachgeben geradezu zu immer neuen Drohungen? Gemessen an normalen Maßstäben konnte man keine der beiden Tagungen als Herausforderung ansehen. Der Tag der Heimat wird seit zehn Jahren regelmäßig und unbeanstandet in Berlin begangen, und der Heimkehrerverband ist schließlich Mitglied des übernationalen und überparteilichen Weltfrontkämpferbundes, dem auch die Sowjetunion angehört – der also in Chruschtschows Augen doch unmöglich ein militaristischer Verein von Kriegshetzern sein kann.

Wie gesagt, hinterher, wenn man die Konsequenzen kennt, sieht sich alles immer ganz anders an. In bezug auf die Entscheidung, die noch vor uns liegt, die Frage nämlich, soll der Bundestag in Berlin tagen oder nicht, ist die Stellungnahme daher schon sehr viel weniger eindeutig.

Grundsätzlich gibt es zwei Einstellungen zu diesen Fragen:
1. Man entscheidet sich, alles, aber auch wirklich alles aus dem

Wege zu räumen, was den Sowjets auch nur im entferntesten einen Vorwand zur Gefährdung des Berliner Status liefern könnte. 2. Man kümmert sich überhaupt nicht um sie und stellt sich mit Willy Brandt auf den Standpunkt: »Wir dürfen uns durch keine Drohung einschüchtern lassen, sonst gerät man auf eine abschüssige Ebene, auf der es kein Halten mehr gibt.«

Den erstgenannten Standpunkt vertritt unter anderem die *Times,* die auch die Bundestagssitzung in Berlin »als unnütz und provozierend« *(unnecessary and provocative)* bezeichnet. Sie meint, die Berliner Veranstaltungen seien typisch für die Deutschen, die nie wüßten, wie weit sie gehen könnten.

Die Hoffnung, Ruhe und das Vertrauen der Sowjets zu gewinnen, wenn man alles Anstößige aus dem Wege räumt, erscheint trügerisch und irreal in einer Zeit, in der wir beispielsweise im Kongo sehen, daß Moskau alles tut, um einen friedlichen Ausgleich zu verhindern. Während die UN dort im Auftrag des Sicherheitsrates – also mit der Stimme der Sowjetunion – versucht, unter allen Umständen den Ausbruch eines Bürgerkrieges zu verhindern, lieferten die Sowjets Lastwagen und Flugzeuge (unter Umgehung der UN) direkt an die kongolesische Regierung, um so Lumumba zu ermöglichen, Kasai und Katanga anzugreifen.

Lehrt also die Erfahrung, von den langjährigen Abrüstungsverhandlungen über das Berlin-Ultimatum vom November 1958 und die Pariser Konferenz vom Mai 1960 bis zu den Interventionen in Afrika, daß es den Sowjets gar nicht um Entspannung, Koexistenz und Völkerverständigung geht, so muß der Versuch, alle Ärgernisse aus dem Wege zu räumen, einer Sisyphusarbeit gleichen. Dies der Grund, warum der zweite Standpunkt: keiner Drohung in Berlin nachzugeben, sehr viel einleuchtender erscheint.

Wahrscheinlich hat der Regierende Bürgermeister Brandt ganz recht, der eben in Berlin sagte: »Wir können der anderen Seite nicht das Recht einräumen, zwischen ihnen genehmen und nicht genehmen Veranstaltungen in West-Berlin zu entscheiden. Wenn sie damit in einem Fall Erfolg haben, gehen sie zum nächsten Angriff über.«

Sicher ist jedenfalls, daß sich irgendein Anlaß, Anstoß zu nehmen, immer finden läßt. Hätten die Heimkehrer und Vertriebenen nicht in Berlin getagt, dann würden die Sowjets und die SED irgendeine der anderen 30 Tagungen, die in diesem Jahr noch in Berlin stattfinden werden, als Provokation empfinden.

Dies nun freilich heißt gewiß nicht, daß es ganz gleich ist, was wir in Berlin tun, oder daß es gar keinen Zweck hat, darüber nachzudenken, was geschehen kann und was vermieden werden müßte. Im Gegenteil, dies ist sogar ganz außerordentlich wichtig. Nicht so sehr wegen der Kommunisten – obgleich es dumm ist, ihnen triftige Anlässe für ihr unvermeidliches Geschrei zu liefern –, sondern vor allem wegen unserer westlichen Alliierten.

Es war in diesen Tagen sehr deutlich (die Berichte unserer Korrespondenten in Paris und London bestätigen dies im einzelnen), daß zum mindesten Presse und Publikum in beiden Ländern gar kein Verständnis für unsere Handlungsweise in Berlin aufbringen, ja schlimmer, daß sie den Argwohn hegen, die Bundesrepublik könnte die Garantie für Berlin zu sogenannten Extratouren und nationalen Mätzchen benutzen.

Die Regierungen freilich, die es besser wissen, waren sehr deutlich in ihren Reaktionen. Ein britischer Sprecher in London wies gleich am ersten Tag nach Bekanntwerden der SED-Schikanen auf die Erklärung der Alliierten vom 23. Oktober 1954 hin, wonach jeder Angriff auf Berlin als ein Angriff auf die Verbündeten selbst behandelt wird.

Die Schwierigkeit ist nur, daß, wie auch die vergangene Woche wieder gezeigt hat, die Gefahr für Berlin ja nicht in einem »Angriff« auf die Stadt besteht, sondern in kleinen listigen Präzedenzfällen, die jeder für sich größere Aktionen nicht zu rechtfertigen scheinen und die alle miteinander dann doch eine Veränderung des Vier-Mächte-Status bewirken.

Darum muß man hoffen, daß die Westmächte umgehend und energisch auch in Moskau dagegen protestieren, daß die SED sich Kontrollkompetenzen anmaßt. Wir Deutschen aber, vielmehr die Mitglieder des Bundestages und sein Präsident – in dessen Händen die Entscheidung liegt – müssen die Frage, ob eine Tagung des Parlaments in Berlin abgehalten wird oder nicht, zusammen mit den Alliierten sehr gründlich erwägen. Auf keinen Fall sollten wir uns von vornherein einschüchtern lassen. Denn eben dazu war das Manöver der letzten Wochen bestimmt, aus dem die SED dann siegreich hervorgegangen ist.

Noch ein zweiter solcher Sieg, und sie werden nicht mehr aufhören, am Vier-Mächte-Status der Stadt zu knabbern – wie Wühlmäuse, mit spitzen Zähnen.

Kennedy sieht
die Welt mit neuen Augen

Aber der Spielraum
für seine »Friedensstrategie« ist klein

Hamburg, im Februar 1961

In allen Berichten wird in diesen Wochen der Wendepunkt gepriesen, der durch den Einzug Präsident Kennedys ins Weiße Haus markiert wird. In allen Sprachen lesen wir es: »Der Geist des Neubeginns« – »*a new approach*« – »*une nouvelle initiative*«. Gibt es konkrete Anhaltspunkte für solchen Optimismus? Und welches sind die Anzeichen, die für einen neuen Beginn, vor allem in den Beziehungen zwischen Moskau und Washington sprechen?

Der *new approach* begann mit dem Glückwunschtelegramm Chruschtschows an Kennedy vom 9. November 1960, in dem er die Zeiten glücklicher Zusammenarbeit mit Roosevelt beschwor: »Wir sind bereit, die freundschaftlichsten Beziehungen zwischen den Regierungen der Sowjetunion und der USA zu entwickeln.« Und ähnliche Worte sandte er noch einmal zu Neujahr und zur Amtseinführung.

In seiner Antwort sprach auch Kennedy die Hoffnung aus, daß sich die Beziehungen zwischen den beiden Völkern verbessern werden. In seiner Antrittsrede am 20. Januar 1961 sagte er: »Beide Seiten sollten zum ersten Male ernsthafte und präzise Vorschläge über die Inspektion und Kontrolle der Rüstung ausarbeiten.« Womit er entgegenkommenderweise zugab, daß dies auch auf amerikanischer Seite bisher nicht wirklich geschehen sei. Im übrigen enthielt allerdings seine programmatische Rede einige ganz unmißverständliche Warnungen: Die Amerikaner seien nicht bereit, der allmählichen Abschaffung der Menschenrechte tatenlos zuzusehen … Sie würden verhindern, daß die UN zu einem Forum für Schmähreden wird … Den neuen Staaten gab er die Zusicherung, daß die koloniale Kontrolle nicht beendet worden sei, um durch eine noch ungleich härtere Tyrannei ersetzt zu werden. Und schließlich: »Wir dürfen die Gegner nicht durch Schwäche in Versuchung führen.« Die *Iswestija* veröffentlichte den vollen Text der Rede, eine zweifellos bemerkenswerte Geste.

Am folgenden Tage, am 21. Januar, erfolgte die erste Kontaktaufnahme. Der US-Botschafter Thompson hatte eine zweistündige Unterredung mit Chruschtschow, und zwar auf dessen Wunsch. Chruschtschow teilte mit, er sei bereit, auf eine Diskussion des U-2-Zwischenfalls vor der UN zu verzichten und überdies die beiden RB-47-Piloten freizulassen, was die sowjetische Presse als Beginn eines neuen Kapitels bezeichnete: »Das Sowjetvolk erwartet, daß der Initiative der Sowjet-Regierung neue Schritte seitens der Vereinigten Staaten folgen.« Anschließend fuhr Thompson zur Berichterstattung nach Washington, und seither verlautet immer vernehmlicher, daß Chruschtschow zur Vollversammlung der UN, die am 7. März beginnt, nach New York reisen und bei dieser Gelegenheit Kennedy sprechen wolle.

Vier Tage später, am 25. Januar, hielt Kennedy seine erste Pressekonferenz ab, in der er ankündigte, er werde eine Vertagung der Genfer Atom-Stopp-Verhandlung vom Februar auf Ende März beantragen, um Zeit für eingehende Vorbereitungen zu gewinnen. Ein Entschluß, der von Radio Moskau lobend kommentiert wurde: Der freimütige Ton Kennedys habe erfreulich abgestochen von dem seines Vorgängers, »der oft die Kontrolle über sich selbst verloren hat«.

Kein Zweifel, es geht beiden, Kennedy und Chruschtschow, darum, die Atmosphäre zu entgiften und eine gewisse Beruhigung in den Beziehungen eintreten zu lassen. Aus diesem Grund hat Kennedy den Generalen und Admiralen des Pentagon bedeutet, daß sie nicht befugt seien, sich offiziell über amerikanische Außenpolitik zu äußern. Admiral Burke mußte sogar eine Rede umschreiben, in der er der Sowjetunion ständige Vertragsbrüche vorwerfen wollte.

Entgiftung der Atmosphäre und Verhütung des großen Krieges – ja, darum geht es beiden Seiten. Aber heißt das, daß wir wirklich vor einem neuen Kapitel der Geschichte stehen, vor einem neuen Beginn? Konkreter gefragt: Wie groß ist eigentlich für die beiden Giganten der Spielraum der Verständigung und die Möglichkeit, Kompromisse zu schließen? Um die Antwort gleich vorwegzunehmen: er ist minimal.

Der Spielraum ist minimal, denn seit Jahren hat die *brinkmanship* – also die Meisterschaft, am Rande des Abgrundes zu balancieren – Millimeterarbeit geleistet. Politisch und geographisch ist für keine der beiden Seiten ein Geschäft zu machen. Der *Status quo,* um dessentwillen einst eine Luftbrücke nach Berlin errichtet und um den in Korea ein lokal begrenzter Weltkrieg geführt wurde, bis man ihn am 38. Breitengrad wieder etabliert hatte, dieser *Status quo* liegt als Linie sowohl in Asien wie in Europa fest. Nur um den Kontinent Afrika, der – eben erst aus dem politischen Urbrei hervorgetreten – allmählich Gestalt gewinnt, wird noch viel gerungen werden. Dort gibt es sozusagen noch keinen *Status quo.*

Die Schwierigkeit ist eben, daß jede Konzession, die der eine macht, potentiell dem anderen zuwächst, so, als handle es sich um ein Null-Summen-Spiel. Darum ist ja auch in Abständen immer wieder der Vorschlag gemacht worden, gewisse Gebiete zu neutralisieren und sie damit dem Einfluß beider Rivalen zu entziehen. Das würde zwar das negative Interesse an Konzessionen verringern, erhöht aber auch nicht gerade das positive Interesse an ihnen.

Vielleicht gibt es nur ein Gebiet, auf dem gemeinsame Aktionen möglich sind und Erfolg versprechen, nämlich die Abrüstung. Die neuen Männer in Washington sind gewiß keine Träumer, die dem Phantom einer Welt ohne Waffen nachjagen. Sie wissen viel zu gut, daß ihr Land angesichts der weltweiten Bedrohung nicht schwach werden darf. Kennedys Rede vor den beiden Häusern am 30. Januar, in der er drei Sofortmaßnahmen für die Beschleunigung der Rüstungsproduktion anordnete, beweist dies sehr deutlich. Übrigens war es ja in der Vergangenheit keineswegs so, daß die Republikaner für »starke Politik« waren und die Demokraten dagegen opponierten. Vielmehr ist

Eisenhower von den Demokraten sehr oft als weichlicher Pazifist kritisiert worden: Besonders 1956, als er die Verbündeten aus Suez zurückpfiff, war der Ärger der Demokraten groß.

Die neuen Männer in den USA wissen aber auch, daß das Wettrüsten, sollte es ungehemmt fortdauern, eine apokalyptische Katastrophe wahrscheinlich macht. Jerome B. Wiesner, neben McCloy der Hauptberater des Präsidenten in Abrüstungsfragen, macht kein Hehl daraus: Je länger der Rüstungswettlauf dauert, so sagt er, desto größer wird die Wahrscheinlichkeit, daß an seinem Ende die Vernichtung der Menschheit steht.

Der zweite Ausgangspunkt für alle amerikanischen Überlegungen zum Thema Abrüstung ist die Erkenntnis, daß sich das Wettrüsten keineswegs auszahlt. Wiesner erklärte: »Wir haben erlebt, wie auf jede unserer Erfindungen die entsprechende sowjetische Gegenerfindung erfolgt. Der einzige sichtbare Erfolg war nur, daß beide Nationen immer vernichtendere Waffen hergestellt haben, gegen die es keine Verteidigung gibt.«

An diesem Punkt setzt die dritte Erwägung an, die das Denken der neuen US-Abrüstungsfachleute bestimmt: Die modernen Waffen haben die Sicherheit verringert, anstatt sie zu vergrößern. Sie haben sozusagen eine eigengesetzliche Problematik abseits der Politik geschaffen, anstatt der Politik zu dienen. Professor Schelling von der Harvard-Universität meint, die Waffenentwicklung der letzten sieben oder acht Jahre sei selber die Ursache für die alarmierenden Aspekte der gegenwärtigen Lage.

Das Ziel der Regierung Kennedy heißt also nicht totale Abrüstung, sondern Rüstungskontrolle; nicht Abschaffung der gegenseitigen Abschreckung, sondern ihre Stabilisierung auf einem die Sicherheit verbürgenden Niveau. Der Zauberlehrling aus der Raketenküche soll wieder unter Kontrolle gebracht werden.

Auch Chruschtschow stellt sicherlich aus ähnlichen Gründen die Abrüstung in den Vordergrund aller Verhandlungen. Ihm aber schwebt offenbar die totale Abrüstung vor. Es heißt, er habe bei der Unterhaltung mit Botschafter Thompson gesagt, er werde jede Form der Kontrolle akzeptieren, sofern auch der Westen die stufenweise totale Abrüstung als Ziel anerkenne.

Und sofern der erste Schritt auf diesem Wege so beschaffen sei, daß er nicht widerrufen werden könne.

Auch auf diesem Gebiet dürfte also der Verhandlungsspielraum nicht sehr groß sein, aber wenigstens sind die Interessen ähnlich gelagert. Viel wird von den Verhandlungsmethoden abhängen, und da allerdings könnte wirklich ein neues Kapitel beginnen. Vielleicht ist jetzt der Moment gekommen, auf westlicher Seite zu erwägen, ob die Allianz-Partner sich nicht entschließen können, die Amerikaner zu bevollmächtigen, zugleich auch in ihrem Namen zu sprechen, anstatt auf ein Mitspracherecht zu pochen und dadurch die Verhandlungen zu erschweren. Das wäre jedenfalls ein positiver Beitrag zum Neubeginn.

Quittung für den langen Schlaf

Die Politik des Nichtstuns kommt uns teuer zu stehen

Hamburg, im August 1961

Diesen 13. August wird man so bald nicht vergessen. Auch wer an diesem Tage nicht in Berlin war, wird diesen Sonntag vor Augen behalten, denn im Fernsehen konnte man ja miterleben, wie die Panzer am Potsdamer Platz und am Brandenburger Tor auffuhren, die Kampfgruppen ausschwärmten, die Volkspolizei Betonpfeiler einrammte, Stacheldraht quer durch Berlin spannte und den Asphalt aufriß.

Ich weiß nicht, ob je zuvor eine Nation am Bildschirm zuschauen konnte, wie für einen Teil ihrer Bevölkerung das Kreuz zurechtgezimmert wurde. Für einen Teil oder vielleicht doch für alle? Es heißt immer, der Frieden sei unteilbar und die Freiheit – und so ist vielleicht auch das Kreuz unteilbar. Die Leute haben es nur noch nicht gemerkt.

Der Regierende Bürgermeister von Berlin sagte in einer sehr bewegenden Sitzung des Abgeordnetenhauses: »Dies ist die Stunde der Bewährung für das ganze Volk.« Er hat recht, es geht uns alle an. Es ist nur ein Zufall, daß dieser Stacheldraht quer durch Berlin geht – im Grunde schneidet er dem deutschen Volk mitten durchs Herz.

Wenn's denn wirklich so schwer vorzustellen ist: Es könnte ja auch sein, daß Köln von Deutz auf diese Weise getrennt wäre, daß auf der einen Seite der Königsallee in Düsseldorf, des Mains in Frankfurt, der Alster in Hamburg, der Maximilianstraße in München Panzer und Maschinengewehre aufgefahren wären und kein Bürger lebend die andere Seite erreichte. Wirklich: Berlin ist kein isolierter Fall, Berlin geht uns alle an. Wenn wir hier

88

versagen, dann geschieht es uns recht, wenn auch wir uns eines Tages innerhalb und nicht mehr außerhalb jenes KZs befinden, das an diesem 13. August mit Stacheldraht seine letzten Ausgänge verbarrikadiert hat.

Besonders verwunderlich allerdings wäre dies gewiß nicht. Die Politik der letzten Wochen und Monate ist schlechterdings unverständlich. Zunächst war doch die Antwort auf Chruschtschows Drohungen mit dem Separatfrieden: »Verhandlungen kommen nicht in Frage«. Dann hielt Kennedy jene glänzende Rede, in der er ganz deutlich machte, worauf es ankommt, nämlich darauf, zweigleisig zu fahren: weiter zu rüsten und gleichzeitig zu verhandeln. Es folgte die Pariser Außenministerkonferenz, die diese Richtlinien im Detail ausarbeiten wollte.

Ihr Ergebnis: ein Katalog militärischer und wirtschaftspolitischer Maßnahmen und nebenbei gewisse Andeutungen, wenn Chruschtschow schön brav sei und sich ganz gesittet benähme, werde man vielleicht einmal – noch könne man nicht sagen, wann – mit ihm reden. Ob dieses angesichts der Kennedy-Rede und ihrer Richtlinien wirklich kuriose Ergebnis durch Bonner und Pariser Wünsche beeinflußt wurde oder ob es, wie die Dementis aus beiden Städten behaupten, dem Wunsch aller vier Teilnehmer entsprach, ist schwer festzustellen.

Verwunderlich freilich wäre es nicht, wenn sich das Gerücht bestätigte, Washington und London hätten einen festen Termin nennen wollen, doch hätten de Gaulle und Adenauer sich widersetzt. Das Weltbild jener beiden alten Herren, das vom 19. Jahrhundert geprägt wurde, mag ihnen die Vorstellung eingeben, es sei ihr erstgeborenes und angestammtes Recht zu bestimmen, wann Gespräche mit dem mächtigen Emporkömmling stattfinden: natürlich nur als Belohnung, nicht unter Druck! De Gaulle hielt es ja auch jahrelang für unter seiner Würde, mit Bourguiba in Tunis oder der FLN in Algier zu verhandeln.

Komisch ist allerdings – doch dies nur nebenbei –: wenn wir gerade mal nicht unter Druck stehen (wie zum Beispiel damals, als *Die Zeit* vorschlug, ganz Berlin zum Sitz der Vereinten Nationen zu machen), wird auch nicht verhandelt, »weil ja gar keine Veranlassung dazu besteht«.

Die Außenminister waren also übereingekommen, »äußerste Entschlossenheit« zu zeigen. Chruschtschow will keinen Krieg, so hieß es, und wenn wir ihm klarmachen, daß wir vor nichts zurückscheuen, dann wird er es nicht wagen, irgendwelche Verletzungen zu begehen. Das ist eine Politik, die unter bestimmten Umständen, und folgerichtig vertreten, durchaus Sinn haben kann. Sie wird aber gänzlich unsinnig, wenn schon zwei Tage später Kennedy, Rusk und auch Adenauer, jeder vor seinem entsprechenden Publikum, munter darüber plaudern, daß man sich demnächst mit dem Sowjetchef zu Verhandlungen zusammensetzen werde. Was übrigens die in Paris kundgetane Bereitschaft zu militärischen Maßnahmen anbetrifft, so sagte Bundeskanzler Adenauer in Kiel: »Es ist müßig, zur Zeit von einer Verlängerung der Wehrpflicht und von einer Einberufung von Reservisten in der Bundesrepublik zu sprechen.«

Also weder das eine noch das andere? Für beide Alternativen bringt man keinerlei Konsequenz auf: Die Kriegsdrohung, von vielen, nicht zuletzt von Strauß als Allheilmittel gepriesen, ist einfach eine unglaubwürdige Abschreckung und darum nichts wert. Und Verhandlungsangebote, die genau darum um so wichtiger wären, sind nur dann etwas wert, wenn sie präzis mit Terminangaben ausgesprochen werden. Wäre auf der Pariser Außenministerkonferenz oder auch vorher ein fester Terminkalender beschlossen worden, dann hätte Chruschtschow jetzt wahrscheinlich nicht das Risiko auf sich genommen, den Vier-Mächte-Status von Berlin mit brutaler Gewalt einseitig zu brechen.

Aber so? So hat Chruschtschow sich entschlossen, das Risiko zu laufen und das Kernstück aus dem Separatfriedensvertrag vorwegzunehmen. Und siehe da, außer wortreichen Protesten und gewissen wirtschaftlichen Drohungen passierte nichts. »Ja, wenn ich gewußt hätte, daß das so leicht ist …«, mag er heute denken.

Man fragt sich wirklich, wozu eigentlich die vielen westlichen Beratungen – bei denen, wie zuletzt in Paris, weit über hundert Sachverständige zusammenkamen – eigentlich dienen, wenn nicht dazu, einen Katalog *automatischer* Reaktionen auf sowjetische

Verletzungen aufzustellen. Seit Monaten hat Chruschtschow angekündigt, daß er den Vier-Mächte-Status außer Kraft setzen werde, und jetzt, nachdem er es getan hat, fangen die westlichen Alliierten an zu beraten, wie man diesen Rechtsbruch beantworten soll. Offenbar sind sie ganz verloren, wenn der Gegner nicht alles genauso macht, wie sie sich das vorgestellt haben. Wenn er mit Punkt drei beginnt statt mit Punkt eins, dann ergreift sie vollständige Ratlosigkeit.

Was da am 13. August in Berlin geschehen ist, das ist ein Markstein in der Nachkriegsgeschichte – so wie es 1948 der Fenstersturz in Prag war oder der Auszug der Sowjets aus der Kommandantur. Etwas Entscheidendes hat sich geändert. Jetzt beginnt eine neue Phase. Wir sind dem Abgrund ein gut Stück nähergerückt.

Und was tun wir? Antwort: gar nichts! Und was sagen wir? Ein Sprecher des Auswärtigen Amtes sagte am Tage danach, die Vorgänge in Berlin seien so ungeheuerlich, daß es genüge, das Ausland darüber zu *informieren*. Die NATO fand, die Impulse für ihre Haltung müßten von den drei westlichen Großmächten ausgehen, und in Washington versuchte man, sich darauf »herauszureden«, daß die sowjetzonalen Schritte ja nicht den freien Zugang von Westdeutschland nach West-Berlin betreffen, für den allein sie aufzukommen hätten.

Die Alliierten müssen jetzt ihre Beschlüsse fassen – und wir? Wir sollten sofort diesen gespenstischen Wahlkampf einstellen: Die Parteien müssen jetzt gemeinsam nachdenken und sich nicht gegenseitig bekämpfen. Zwei Minuten Arbeitsruhe ist nicht genug. Protestmärsche der Gewerkschaften müßten in Hamburg, im Ruhrgebiet, in der Pfalz stattfinden, Demonstrationen der Bevölkerung, Unterschriftensammlungen in der Arbeiterschaft. Warum fährt Minister Lemmer nicht nach Moskau? Diese an sich natürliche Reaktion für den zuständigen Minister liegt so außerhalb des bei uns Üblichen, daß sie ganz abwegig erscheint.

Warum werden die Vereinten Nationen nicht angerufen? Selten noch gab es einen Fall, der so geeignet war für dieses Gremium wie die Schande des Ulbricht-Staates. Ist nicht das

simpelste, das letzte aller Menschenrechte das Recht auf ungehinderte Flucht? Gewiß, man kann gegen jeden dieser Schritte
einwenden, daß er einen siegestrunkenen Diktator nicht entscheidend beeindrucken werde. Aber das Schlimmste, was ein
Staatsmann in einer solchen Situation tun kann, ist doch, nichts
zu tun, denn das kommt einer Bankrotterklärung gleich.

Ist es wirklich so leicht bei uns, das Recht und die Menschlichkeit aus den Angeln zu heben, ohne daß etwas passiert? Ist das
heute noch so einfach, wie es schon einmal war?

Nach der Explosion

Der Westen müßte endlich die Initiative ergreifen

Hamburg, im August 1961

Zehn Tage sind vergangen seit jenem Kanonenschuß von Berlin. Der Rauch beginnt sich zu verziehen, der Staub setzt sich. Läßt sich schon abschätzen, was eigentlich geschehen ist?

Die Kommentare der westlichen Alliierten versuchen im großen und ganzen die Bedeutung des Vorfalls zu bagatellisieren – natürlich nicht seine menschliche Seite, aber die politische. Im Grunde, so heißt es, hätten die Kommunisten nur genommen, was sie schon längst besaßen; das einzige, was geschehen sei, ist dies: Die juristische Realität ist der konkret-politischen angeglichen worden.

Wir, so sagen sie weiter, sind ja nicht für die Ost-Berliner verantwortlich. Ost-Berlin war nie in unsere Garantie einbezogen. Darum konnten und brauchten wir am 13. August nicht zu reagieren. Es wird ferner betont, der Gewaltakt Ulbrichts beweise nur die Schwäche (einige sagen: die Ohnmacht) seines Regimes. Und schließlich wird uns versichert, das Ganze sei nur eine Vorkrise gewesen, die richtige komme noch, und eben darum dürfe man sein Pulver nicht bereits im Vorgeplänkel verschießen. Nun, das letzte Argument klingt ein bißchen nach Entschuldigung für den Mangel an »adäquaten« Gegenmaßnahmen.

Was die Kommentare der sowjetischen Presse über die Reaktion der Berliner anbetrifft, so kann man nur staunen: Die Berliner haben Ulbricht immer wieder für seine Maßnahmen gedankt, die einzige Kritik die laut wurde: »Warum habt ihr das nicht schon viel früher getan?«

Und wie sind die Ereignisse zu beurteilen, wenn man sie mit

deutschen Augen betrachtet? Es stimmt, territorial hat die DDR nichts gewonnen. Die Volkspolizei stand schon vor dem 13. August am Brandenburger Tor. Nicht der Westen also hat etwas verloren, sondern die Zonenbewohner; sie wurden gezwungen, die Hoffnung, notfalls dem Gefängnis Ulbrichts entrinnen zu können, aufzugeben. Das ist wahrlich schlimm genug. Das ist eine Tragödie – nein, das bedeutet Tausende von Tragödien. Aber wo steckt das politische Faktum?

Was geschah am 13. August in Berlin? An jenem Tage haben die Sowjets ihren Anteil am Vier-Mächte-Status von Berlin an Ulbricht ausgehändigt, der nun damit tun kann, was er will. Dies ist das eine Faktum. Das andere hat vor allem symbolischen Charakter: Die Grundlage der Berliner Konstruktion, der Vier-Mächte-Status, von dem es jahrelang hieß, er müsse unter allen Umständen unbeschädigt durch die Zeiten gerettet werden (nur deswegen waren ja die Berliner Abgeordneten nicht abstimmungsberechtigt im Bundestag) – dieser Vier-Mächte-Status ist von Chruschtschow »wie ein Fetzen Papier« zerrissen und seinen Vertragspartnern vor die Füße geworfen worden; und die so provozierten Vertragspartner rührten sich nicht. Es war, als seien ihnen die Hände gebunden – wie gelähmt standen sie da. Nur wehklagen und protestieren konnten sie.

Was weiter ist mit jener Abriegelung West-Berlins am 13. August geschehen? West-Berlin ist ein Leuchtturm, so hieß es bisher. Und diese Funktion war sehr wichtig: 9 Millionen Karten für kulturelle Veranstaltungen wurden im letzten Jahr an Ost-Berliner und Zonenbewohner in West-Berlin verkauft. Und nun haben feindliche Partisanen die Fenster des Leuchtturms verklebt, so daß man den Schein draußen nicht mehr wahrnehmen kann. Das ist sehr schlimm.

West-Berlin war der einzige Platz, an dem die Nation sozusagen sich selbst begegnete. Dort flossen die lebendigen Ströme zusammen, von dorther kam viel Fruchtbares. Berlins Berechtigung und Berlins Bedeutung bestand genau in dieser Drehscheiben-Funktion, wohlgemerkt für beide Teile Deutschlands. Die Westdeutschen waren keineswegs die einzig Gebenden: Wir haben von unseren Landsleuten im Osten, von ihrer geduldigen

Schicksalsbereitschaft, ihren unbestechlichen Maßstäben, ihrer wortkargen Ruhe, der Bescheidenheit und Unbeugsamkeit unendlich viel lernen können. Das ist nun nicht mehr möglich, und das ist viel schlimmer, als die meisten ahnen.

Ja, und nun? Was soll jetzt geschehen? Man könnte sich fragen, ob es nun, da der schlimmste Teil des Separat-Friedensvertrages bereits vorweggenommen wurde, ob es da überhaupt noch sinnvoll ist, dem zweiten Teil durch Verhandlungen zuvorzukommen. Was eigentlich »bedeutet« der Separatfrieden zwischen der DDR und dem Ostblock? Er bedeutet für den größeren Rahmen Deutschlands genau das gleiche, was der *Coup* vom 13. August für Berlin war, nämlich dies: daß der letzte Schatten der Vier-Mächte-Verantwortung für die Wiedervereinigung von der Sowjetunion – die sich zuletzt 1955 in Genf auf dieses Ziel verpflichtete – an Ulbricht abgegeben wird. Das heißt, daß der Anspruch damit nicht einmal theoretisch mehr besteht. Und da Fiktionen in der Politik oft ebenso wichtig sind wie Fakten, ist auch dies eine sehr schlimme Sache.

Sollen doch, so argumentieren manche Leute, Chruschtschow und Ulbricht zu dem bereits begangenen Rechtsbruch noch weitere hinzufügen; wir denken nicht daran, ihnen dafür auch noch Konzessionen zu machen. Gewiß, man kann so argumentieren, aber es wäre töricht. Denn man darf nicht die wichtigsten Dinge seinen Widersachern und dem Zufall überlassen. Man muß wissen, was und vor allem *wann* was geschieht, und eben darum muß der Westen die Initiative ergreifen. Es scheint, daß darüber auch alle Beteiligten einig sind. Doch gibt es hinsichtlich des Wie wiederum zwei Möglichkeiten: entweder Viererverhandlungen oder die Einberufung einer Friedenskonferenz.

Viererverhandlungen haben die bekannten Vor- und Nachteile. Vorteile: nur einer der Partner ist ganz unberechenbar. Nachteile: propagandistisch geht von ihnen für alle außerhalb der Blöcke stehenden Völker entweder überhaupt keine oder nur eine negative Wirkung aus, denn niemand kann ja aus eigener Anschauung die sowjetischen Propagandatiraden entlarven.

Gegen die Friedenskonferenz wird geltend gemacht, man werde es dann mit 40 bis 50 Unberechenbaren zu tun haben, von

95

denen viele die Gelegenheit benutzen würden, irgendein Lieblingsschäfchen ins trockne zu treiben. Vielleicht würden, so heißt es, sogar die ehemaligen Kolonialgebiete der kriegführenden Großmächte mitreden wollen, und dann hätte man es wahrscheinlich mit 80 Delegationen zu tun. Die zuletzt erwähnte Befürchtung ist gewiß unbegründet. Die neuen Staaten werden eher bemüht sein, sich herauszuhalten, denn ihr Bestreben geht ja dahin, aus beiden Blöcken Vorteile zu ziehen, also es mit niemandem zu verderben.

Sicherlich bergen solche Monster-Veranstaltungen Gefahren, die man im vorhinein nicht ganz übersehen kann. Aber sie bieten auch Vorteile, nämlich einen Resonanzboden von riesigem Ausmaß, der der guten Sache dienstbar gemacht werden könnte. Was gewährleistet denn in der heutigen Welt Erfolg? Einmal, wie schon zu allen Zeiten, die Macht (Raketen, Divisionen, Produktionskapazitäten), aber zum andern, und das ist neu, auch eine ganz besondere Art von Propaganda – eine seltsame Mischung von Reklame, Moral, Werbung und Klischees –, die bestimmte Assoziationsketten schmiedet. Auf Stichworte wie Kolonialmächte, Neutralismus, Kommunismus fallen automatisch eine Reihe von Klappen, entsteht ein ganz bestimmtes Bild. Diese Bilder mitzuprägen und diesen Vorgang nicht den anderen zu überlassen, das ist auch Politik.

Die Wechselwirkung von nackter Macht und moralischer Propaganda – das ist offenbar das Wesen der Politik dieses Jahrhunderts. Daß wir, der Westen einschließlich der Bundesrepublik, dies noch immer nicht erfaßt haben, das konnte man in diesen Wochen sehr deutlich sehen. Es ist doch wirklich grotesk: da fährt Chruschtschow neben dem von allen ängstlich betrachteten Pulverfaß der Welt Panzerkanonen und Maschinengewehre auf, da wurden Volksarmee und Volkspolizei mobilisiert, und 22 sowjetische Divisionen stehen in Bereitschaft rund um Berlin, und in der Zone läßt Ulbricht im Schutze von Maschinenpistolen Kirchen zumauern und die Wohnungen entlang der Sektorengrenze gewaltsam räumen – vor den Augen aller Welt. Und dennoch wagen die Kommunisten zu behaupten, sie täten all dies zur Erhaltung des Friedens.

Chruschtschow hat einen 14 Seiten langen Brief an Nehru und einen elf Seiten langen an Nasser geschrieben. Delegationen der DDR fahren in Asien und im Nahen Osten herum, um den neuen Staaten den Standpunkt Ulbrichts in der Berlin- und Deutschlandfrage nahezubringen. Am 1. September beginnt die große Konferenz der Neutralen in Belgrad, die Chefs von Ghana, Mali, Marokko treffen sich am 28. zur Vorbesprechung bei Nasser. Hoffentlich ist die Bundesrepublik ähnlich bemüht wie der Osten, diese Politiker über das zu informieren, was wirklich geschehen ist!

»Es ist später, als du denkst«, sagt ein chinesisches Wort. Der Westen muß endlich die Initiative ergreifen. Er sollte nicht soviel von Verhandlungen reden, sondern zu einer Friedenskonferenz nach West-Berlin einladen. Das wäre die richtige Kulisse für Verhandlungen, die nicht einer Kapitulation gleichen. Eine mögliche Grundlage für diese Verhandlungen böte der Sechspunktevorschlag, den *Die Zeit* am 11. August veröffentlicht hat.

Aus Romantikern wurden
Pragmatiker

Nicht an Freiheit fehlt es – aber an Ware

Krakau, im September 1962

Von 1945 bis 1962, das sind 17 Jahre – ein halbes Leben. Nach 17 Jahren also zum erstenmal wieder unter östlichem Himmel. Es ist September, aber der Sommer war auch hier naß und kalt, und so stehen allenthalben noch Hocken auf den endlosen Feldern. Am Horizont steigen sie bis in den Himmel hinauf.

Große, alte Alleen, Kopfsteinpflaster in den Dörfern, Sonnenblumen in den Vorgärten der hellgetünchten Häuser, Pferdeäpfel auf allen Straßen, Scharen von schneeweißen Gänsen auf den Stoppelfeldern. Das ist der Osten. Seit Jahren sah ich nicht so viele Pferdefuhrwerke und so wenige Autos.

Das eigentliche »Vaterland« ist wohl doch durch die *Landschaft* verkörpert und nicht durch die *Nation*. Alle diese östlichen Landstraßen von Posen bis Warschau und vom Rand der Masurischen Seen im Norden bis hinunter zu den bewaldeten Hügeln der Karpaten sind mir unendlich vertraut. Ja, das Land ist vertraut. Aber wie würde es mit den Menschen sein?

Ich kannte quälende Gespräche mit polnischen Bürgern, welche die Bundesrepublik bereisen: Noch keine zehn Minuten, und man ist unweigerlich bei dem Thema »Globke«, »Reinefarth«, »Oberländer« und »Nazigenerale«, und dann folgt automatisch die Diskussion über die Grenze, die wiederum das Thema Revisionismus auslöst. Aber diesmal hatte ich mich ganz umsonst gewappnet. Vielleicht, weil alle jene Themen inzwischen überlagert worden sind von der *einen* Sorge, die durch die Stichworte »Atomwaffen« und »deutsch-französische Allianz« gekennzeichnet wird. Diesen Zweifeln begegne ich hier auf Schritt und

Tritt, gleichgültig, ob das Gespräch mit Professoren, Ministern, Journalisten oder irgendeinem zufälligen Passanten geführt wird.

Vielleicht aber wurden mir jene alten Themen auch deshalb erspart, weil die Polen bei sich daheim das gastlichste, ritterlichste Volk der Welt sind. Nie wird man angesprochen auf das, was in der Hitler-Zeit hier angerichtet wurde. Aber wenn man nach der Ausbildung, der Studienzeit, der Heimatstadt fragt, dann stellt sich heraus, daß jeder, wirklich jeder Pole ein Schicksal hat.

Gerade heute, da ich diese Zeilen schreibe, führte mich ein Angestellter der Lenin-Hütte, Akademiker und Mitglied des Arbeiterrats, durch das riesige Kombinat Nowa Huta; den ganzen Vormittag hatten wir Hochöfen, Walzstraßen, soziale Einrichtungen besichtigt, dann stellte sich gesprächsweise heraus, daß er vier Jahre in einem KZ zugebracht hat. Seine Frau befand sich währenddessen in einem anderen Lager; der Schwiegervater ist in Auschwitz umgekommen, der Bruder von der SS erschossen worden: »Aber meine Frau und ich haben uns wiedergefunden, und nun ist alles schon lange her ...«

Ich besuchte einen Professor in Warschau. Als ich mich bei seiner Frau für den »Überfall« – es wurde wie immer sogleich Kaffee aufgetragen – wortreich entschuldigte und sie mich nicht recht verstand, sagte er: »Meine Frau spricht nicht gut Deutsch, sie hat es nur im Lager in Auschwitz gelernt.« Und da sah ich auch schon die eintätowierte Lagernummer auf dem linken Arm der schönen, eigentümlich strahlend wirkenden Frau – sie muß damals ganz jung gewesen sein.

Ich aß mit einem jungen Journalisten: »... nein, ich habe nur das Untergrund-Abitur.« In der Besatzungszeit waren nämlich alle höheren Schulen geschlossen, denn die Polen sollten ja auf den Stand eines primitiven Volkes zurückentwickelt werden. Da bildeten die Polen ihre Jugend heimlich in Kellern und Privathäusern aus.

Ich ging mit einem Schriftsteller durch Warschau: »Sehen Sie, dort, in jener Kirche lag ich 14 Tage verwundet – während des Warschauer Aufstandes.« Bei einem solchen Gang durch Warschau kommt man aus dem Schaudern nicht heraus.

An mehreren Stellen Warschaus sind heute große Schaukästen

mit Photographien aufgestellt: Man sieht auf ihnen riesige Schutthalden, Gebirge von Trümmern, Schluchten, die einst Straßen waren, ganz selten einmal einen Turm, ein Haus, das stehen blieb und als Wegweiser in der neuerstandenen Szenerie dient. Um so großartiger ist, wie der Wiederaufbau der alten Hauptstadt nach Stichen und Gemälden von Canaletto vor sich ging, der einzigen Vorlage, die erhalten geblieben war. Unvorstellbar, die Kosten, die der Neubau im alten Stil – Renaissance, Barock, Empire – verursacht hat. »Das hat den industriellen Aufbau des Landes um zwei Jahre verzögert, aber es ist wichtig, um das Geschichtsbewußtsein des Volkes wachzuhalten.«

Das ist aber auch die einzige Konzession, der einzige Tribut, den das neue Polen der romantischen Tradition zollt. In allen anderen Sachen herrscht ein erstaunlicher Pragmatismus. Man staunt über die politische Klugheit, mit der dieses Land, das jahrhundertelang in Gefahr war, zwischen den östlichen und den westlichen Nachbarn zerrieben zu werden, sich außenpolitisch arrangiert und auch innenpolitisch jede Akkumulation von Druck vermeidet.

In den öffentlichen Lesehallen der Städte kann man amerikanische, englische, französische und westdeutsche Zeitungen lesen. Zwei wichtige Buchhandlungen vertreiben ausschließlich internationale Literatur – die eine wissenschaftliche, die andere belletristische Werke. Jedermann redet, wie ihm der Schnabel gewachsen ist: schimpft, glossiert, spottet – Angst vor Denunziation gibt es offenbar nicht, ebensowenig wie politische Gefangene. Theater, Zeitschriften, Diskussionen sind erstaunlich frei und von hohem intellektuellen Niveau.

Staat und Kirche Polens bestehen im Grunde auf ihrem Totalitätsanspruch an den Menschen. Aber die Machtverhältnisse sind so, daß beide genau wissen: Alles würde zusammenbrechen, wenn einer von beiden versuchen wollte, den anderen von der Bühne zu verdrängen. Nicht, daß die Kirche materielle Macht hätte! Aber sie besitzt die Loyalität des Volkes, und das hält der Macht des Staates die Waage, da die Regierung diesem Umstand nun einmal Rechnung tragen muß.

Auch mit den Bauern hat der Staat es schwer. Die Bauern sind konservativ und finden, daß der Kommunismus vielleicht für die Städter gut sein mag, keinesfalls aber für sie selber. Es war leicht, die Bauern gegen den Großgrundbesitz zu mobilisieren, aber sehr schwer, sie für das »vergesellschaftete« Eigentum zu erwärmen. Da der Bauer aber einstweilen noch ein sehr wesentliches Element des Staates darstellt, läßt man ihm seinen Willen und hofft auf den Säkularisierungsprozeß, der sich im Zuge der Industrialisierung zwangsläufig einstellen müsse: polnischer Pragmatismus. Im Landwirtschaftsministerium sagte man mir, daß nur 1,2 Prozent der landwirtschaftlichen Nutzfläche, das sind 1800 Betriebe, in Kolchosen zusammengefaßt seien. Vor 1956 – vor Gomulka – waren es 13 Prozent: 10 000 Betriebe.

Die Majorität der Polen hat sich ganz offensichtlich mit dem Regime abgefunden. Ja, sie würden es wahrscheinlich sogar preisen, wenn es dem System gelänge, den Lebensstandard der Bevölkerung zu heben. Hier liegt die eigentliche Anfechtung, nicht, wie wir immer meinen, an einem Mangel an Freiheit. Ich habe niemanden darüber klagen hören, daß man in Polen nicht genug Freiheit hätte. Wohl aber stellte jedermann, gleichgültig welcher Kategorie – der eine klagend, der andere gleichgültig oder auch resigniert –, fest, daß er sehr wenig, allzu wenig verdiene und für dieses Verdienst sehr wenig und meist nur Waren ungenügender Qualität kaufen könne. Und in der Tat sind beispielsweise Textilien und Schuhe, die vergleichsweise das Dreifache kosten wie bei uns, in der Qualität etwa so beschaffen wie die unseren im Jahre 1949.

Viele Menschen üben zwei Berufe aus, einen Hauptberuf und außerdem noch irgendeine Nebentätigkeit – dennoch sind die Taschen der meisten von Mitte des Monats an leer. Im vorigen Jahr wurde das Mindesteinkommen von 600 auf 700 Zloty erhöht (etwa 100 bis 120 DM). Von dieser Maßnahme wurden damals 1,5 Millionen Leute betroffen! Der Wiederaufbau der Städte und die rasche Industrialisierung des Landes ohne Hilfe von außen konnte eben nur auf Kosten des Lebensstandards bewerkstelligt werden.

Wahrscheinlich wäre eine große Verbitterung unvermeidlich, wenn die Bevölkerung nicht gleichzeitig eine gewisse Dankbarkeit empfände gegenüber einer Regierung, die es fertigbrachte, Polen nach 1956 eine verhältnismäßig große Unabhängigkeit innerhalb des Ostblocks zu sichern. Ein Pole, mit dem ich ein langes Gespräch über die wirtschaftlichen Verhältnisse hatte, sagte plötzlich gedankenversunken: »Die armen Tschechen ...«

»Wieso die armen Tschechen? Die haben es doch viel leichter mit ihrer Schwerindustrie als Sie.«

»Ich will Ihnen eine Geschichte erzählen, dann werden Sie gleich sehen, warum: Auf einer einsamen Insel strandet ein Schiff. Die Überlebenden sind zwei Männer und eine Frau. Es erhebt sich die komplizierte Frage der Dreiecksbeziehung. Wenn es Deutsche sind, kämpfen beide Männer so lange, bis einer Sieger bleibt, den der andere dann respektiert. Wenn es Spanier sind, kämpfen sie so lange, bis einer draufgeht und dem andern die Frau bleibt. Wenn es Engländer sind, machen sie ein *gentlemen's agreement:* Jeder bekommt die Frau jeweils 14 Tage. Wenn es Russen sind, fallen alle drei in tiefe Melancholie. Und wenn es Tschechen sind, dann basteln die drei aus den Schiffstrümmern einen Sender zurecht und morsen nach Prag, die möchten bitteschön in Moskau anfragen, was in dieser Situation zu tun sei.«

Thema Nummer eins bleiben doch immer die Stichworte »Atomwaffen« und »deutsch-französische Allianz«. Mit dem Redakteur einer führenden kommunistischen Zeitung hatte ich folgende Unterhaltung, die sich weniger präzis in vielen Abwandlungen fast täglich mit vielen anderen Leuten wiederholte.

»Sie müssen verstehen! Wir haben wirklich Angst vor der Bundesrepublik. Erst hieß es, die Deutschen würden demilitarisiert. Dann stellte Bonn 300 000 Mann auf; jetzt hat Strauß 500 000 zugesagt, und für die Zukunft ist schon von 700 000 die Rede.«

»Ja, aber unsere Divisionen sind doch integriert, da kann doch gar nichts passieren: Die Amerikaner wollen ja genausowenig den Krieg wie die Russen.«

»Integriert? Sie sehen doch: Seit mehr als einem Jahr wird davon geredet, man müsse von Amerika unabhängig werden, man müsse Handlungsfreiheit haben. De Gaulle hat damit angefangen, und Strauß hat dieses Motiv eifrig aufgegriffen. Noch sagt er Europa, aber schon meint er Deutschland.«

»Aber Sie können sicher sein, daß die Amerikaner das Monopol nicht aus der Hand geben werden.«

»Dann werden eben die Franzosen und die Deutschen sich zusammentun. Die Deutschen geben das Geld, und die Franzosen produzieren. Sie sehen es ja, de Gaulle hat bei seinem Besuch in der Bundesrepublik die Allianz schon vorgeschlagen.«

»Aber die Produktion vor allem der Trägerwaffen ist doch viel zu teuer! Das können auch beide Länder zusammen sich gar nicht leisten. Verglichen mit Rußland und Amerika sind sie doch nur wie Hornissen, die einen Elefanten bedrohen.«

»Alle Produktion fing teuer an, war aber nach ein paar Jahren erschwinglich für jedermann – nicht nur das Auto. Überdies die Gefahr, daß die Deutschen, die im Schatten der Allianz aufgerüstet wurden, sich plötzlich als Potential verselbständigen, ist sehr real. Bonn will es zwar nicht sehen, aber eines Tages werden die Russen und Amerikaner sich einigen. Das ist einfach unvermeidbar, und zwar auf Kosten der Deutschen. Und dann werden die Deutschen ›Verrat‹ schreien. Und dann dauert es nicht lange, und es gibt in Deutschland eine radikale nationalistische Bewegung, die, wenn das Land auch noch über Atombomben verfügt, die ganze Welt in Brand oder mindestens unter Druck setzen kann.«

»Sagen Sie: Was ist eigentlich wichtiger für die Normalisierung der Beziehungen Bonn–Warschau: die Grenzanerkennung oder der Atomverzicht?«

Nach langer Pause: »Der Atomwaffenverzicht.«

Die Unterhaltung mit einem katholischen Politiker erweiterte dieses Thema um einen zweiten Aspekt, der ebenfalls in verschiedenen Abwandlungen immer wiederkehrte, jeden Tag mehrmals. Er sagte:

»Erklären Sie mir um Gottes willen, warum Deutschland zu jedem Vorschlag nein sagt. Alle zerbrechen sich den Kopf, wie man die Spannung mildern, die Gefahr eines Zusammenstoßes verringern könne; nur Deutschland versteift sich darauf, nichts zu tun. Aber die Welt steht doch nicht still. Noch hat keiner erfunden, wie man die Zeit anhalten kann. Deutschland wird hereinfallen ...«

»In der Bundesrepublik ist man genauso behext durch die Angst vor den sowjetischen Kommunisten wie in Polen durch die Angst vor der Bundesrepublik.«

»Aber jetzt ist doch der Zeitpunkt gekommen! Wer die Sowjetunion kennt, kann nur immer wieder staunen über die Konzessionen, die Chruschtschow im Innern gemacht hat. Er wäre auch zu außenpolitischen Zugeständnissen bereit, wenn er dadurch Ruhe an der europäischen Front bekäme. Chruschtschow will keinen Krieg. Er kann ihn sich gar nicht leisten, weil der Gegensatz zu Peking ihn in eine Art Zwei-Fronten-Situation gebracht hat.«

»Die Schwierigkeit liegt eben darin, den *circulus vitiosus* zu durchbrechen: Das Mißtrauen erzeugt Angst. Die Angst veranlaßt den Rüstungswettlauf. Und dieser wiederum schafft neues Mißtrauen. Dieser tödliche Kreislauf lähmt jede Aktivität.«

»Man muß nicht immer auf das Militärische starren. Es gibt ja keinen Krieg! Man hätte Deutschland neutralisieren sollen. Nur so hätte Ihr Land wiedervereinigt werden und dann zusammen mit uns und einigen osteuropäischen Staaten eine Art Pufferzone bilden können. Die Menschen sind so beschränkt und kurzsichtig geworden. Ach, wo sind die Zeiten hin, da es noch ein habsburgisches Reich gab, in dem so viele Gegensätze nebeneinander lebten!«

Das sagte wohlgemerkt der Pole, nicht ich.

Das Gesetz,
nach dem Tito angetreten

Sein Regime lernte balancieren,
ehe es gehen lernte

Belgrad, im Oktober 1962

Wenn man von Polen nach Jugoslawien reist, ist man darauf gefaßt, dort mit geringen Nuancen die gleiche Überraschung noch einmal zu erleben, nämlich ein Land, dem zwar der äußere Wohlstand fehlt, das sich aber im übrigen gar nicht so wesentlich von westlichen Ländern unterscheidet. Dann aber gesellt sich zu der ersten Überraschung noch eine zweite: Lebensform, Wirtschaftsstruktur und Atmosphäre sind in den einzelnen osteuropäischen Ländern ganz verschieden.

Schon in Warschau hatte ich festgestellt, daß beispielsweise die wirtschaftliche Kooperation der im *Comecon,* also der östlichen EWG, zusammengefaßten Staaten nur sehr lose ist. Keinerlei Arbeitsteilung: Ungarn, das weder über Kohle noch Eisen verfügt, hat seine eigene Stahlindustrie aufgebaut, ungeachtet der Tatsache, daß die nachbarliche Tschechoslowakei ein Land der Schwerindustrie ist, und so aufgebaut, als gelte es, die Sowjetunion *en miniature* nachzuahmen.

Auf meine Frage, ob Polen, wenn es neue Handelsverträge einginge, diese bei *Comecon* anmelden müsse, lautete die Antwort im Warschauer Handelsministerium schlicht: »Nein.« Auch die sowjetische Währungsreform, die vor zwei Jahren stattfand, ist im Kreise des *Comecon* zuvor nicht beraten worden.

Der erste Eindruck in Belgrad: alles ist hier viel großartiger und luxuriöser als in Polen, die Straßen, der Verkehr, die Beleuchtung – freilich ist auch das Defizit der Handelsbilanz, also die Differenz zwischen Einfuhr und Ausfuhr sehr viel größer als in Polen. Eine Diktatur braucht eben Glanz und Aufwand, egal, ob sie es sich leisten kann. Aber ist denn nicht auch Polen nach westlichen Begriffen eine Diktatur? Mag sein, aber ich habe dort nie Sirenen gehört, wenn der Chef durch die Straßen fährt.

In Jugoslawien hofft keiner von denen, die ich sprach, darauf, daß in 15 Jahren die beiden heute rivalisierenden Systeme, das östliche und das westliche, als Standardtyp verschwunden sind und etwas Neues, Drittes entstanden sein wird. Hier lautet die Antwort auf eine solche Frage: »Es gibt kein automatisches Hineinwachsen der kapitalistischen Gesellschaft in die sozialistische, und da der Fortschritt beim Sozialismus liegt, kann die sozialistische Gesellschaft der kapitalistischen nicht entgegenkommen.«

Offenbar, so dachte ich, ist der Wunsch der Polen, aus ihrer Enge herauszukommen, Anschluß an den Westen zu finden, sehr viel stärker als der der Jugoslawen. Aber andererseits: Auf meine Frage »Kann man sich vorstellen, daß Ihr Land sich eines Tages in irgendeiner Form der EWG assoziiert?« lautete die Antwort des polnischen Außenministers: »Nein, das geht aus politischen Gründen nicht.« Sein Kollege in Belgrad meinte: »Ja, warum nicht, vielleicht wird man es nicht gerade assoziieren nennen, aber im Prinzip, warum sollte man dies nicht erwägen?«

Im freiheitssüchtigen Polen wird in der zentralen Planungsstelle, in der 2000 Leute sitzen, ein Plan für die Wirtschaft des Landes ausgearbeitet, der dann von einer dezentralisierten Verwaltung durchgeführt wird. 80 Prozent der Staatseinnahmen entspringen in Polen der unternehmerischen Tätigkeit des Staates oder, wie man dort sagt, dem vergesellschafteten Kapital. In Jugoslawien konkurrieren die einzelnen Betriebe miteinander nach dem Rentabilitätsprinzip. Sie liefern nicht wie in Polen den Gewinn an die Staatskasse ab, sondern sie werden besteuert.

In einem Betrieb, der nicht rentabel arbeitet, können daher die Löhne gekürzt werden, und zwar so stark, daß, wie mir ein führender Gewerkschaftler sagte, der Unterschied im Lohnniveau zwischen zwei Betrieben 100 Prozent betragen kann; freilich kann er nie unter den Mindestlohn sinken, der 9500 Dinar im Monat ausmacht (etwa 50 DM). Der Durchschnittslohn in der Industrie beträgt 25 000 Dinar (etwa 140 DM), der Direktor

106

eines Großbetriebes verdient 120 000 bis 130 000 Dinar (etwa 720 DM).

Jene unerwartete Verschiedenheit zwischen Polen und Jugoslawien, die mich zunächst so verblüffte, hat zwei Gründe, die, wenn man sie analysiert, jene Unterschiede ganz verständlich erscheinen lassen.

Erstens: Die jugoslawischen Kommunisten haben einen unvorstellbar harten Kampf um die Befreiung ihres Landes geführt, sie haben sich die Freiheit und die Einheit ihres Landes – wie auch die kommunistische Regierungsform – selbst erstritten. Sie ist ihnen nicht wie den Polen durch die Rote Armee »beschert« worden. Darum identifizieren sie sich sehr viel vorbehaltloser mit dem marxistischen System als die Polen. Freilich warnte mich ein langjähriger Beobachter: »Das gilt nur für die dünne Führungsschicht, die auch heute noch durch die Partisanen des Zweiten Weltkrieges repräsentiert wird – alles andere ist *Kraft durch Freude* und ein bißchen Fichte und Hegel.«

Zweitens: Jugoslawien, das lange als Ketzerstaat verschrien war und jetzt von Moskau umworben wird, ist sehr viel unabhängiger als Polen, das Mitglied im Warschauer Pakt und im Comecon ist. Daher kann Tito es sich auch leisten, sein eigenes Wirtschaftssystem zu entwickeln und von ferne ein wenig mit der EWG zu liebäugeln.

Merkwürdigerweise weiß man in der Bundesrepublik sehr wenig über das, was in Jugoslawien während des Krieges geschehen ist: Etwa 10 Prozent der Bevölkerung sind gefallen, vernichtet worden oder geflüchtet. Zahllose Dörfer wurden dem Erdboden gleichgemacht. Die Hälfte aller Viehbestände in diesem vorwiegend bäuerlichen Lande fiel dem Krieg zum Opfer. Nicht eine einzige Eisenbahnstrecke war mehr in Betrieb, als schließlich im Herbst 1944 Hitlers Armeen aus dem Lande getrieben wurden. Zeitweise haben die Partisanen 26 deutsche Divisionen gebunden. Sie, die Partisanen, wurden aufgeboten und geführt von der kommunistischen Partei, die seit 1921 verboten gewesen war, sich aber im Untergrund zu einer straff-disziplinierten Kaderpartei entwickelt hatte. Zu Beginn des Krieges hatte die KP nur 12 000 Mitglieder. Sie wurden gleich nach dem Überfall Hitlers auf Rußland aktiv: Ende 1941 hatte sie schon 80 000 Partisanen unter Waffen, 1944, beim Ende des Krieges, waren es 800 000.

»Unter Waffen ...« – das klingt so, als hätte ein Kriegsministerium sie mobilisiert und ausgerüstet und eine staatliche Kleiderkammer sie mit Uniformen versehen. Aber davon war gar keine Rede. Schlecht ausgerüstet, in unzureichender Kleidung, ohne genügende ärztliche Fürsorge kämpften sie vier Sommer und drei Winter lang in den Wäldern und Bergen gegen modernste Waffen und mit der Gewißheit, daß Gefangenschaft den Tod bedeutet. Trotz riesiger Verluste – 350 000 Tote, 400 000 Verwundete – wurden die müden, verhungerten Partisanen immer wieder zur äußersten Leistung angespornt, von Tito, dem Kroaten, von Aleksandar Ranković, einem Schneider aus Serbien, von Edvard Kardelj, einem Lehrer aus Slowenien und von Koča Popović, dem Sohn eines reichen Bankiers, der als Student in Paris französische Verse geschrieben und den Surrealisten nahegestanden hatte. Die Berichte jener Zeit lesen sich wie ein altes Heldenepos.

Und wie ein modernes, entmythologisiertes Märchen erschien es mir, als ich diese vier Männer mit ihren elegant angezogenen Frauen beim Empfang von Breschnew, dem Generalsekretär der KPdSU, auf dem Flugplatz von Belgrad sah. Da standen sie auf dem roten Teppich, streng nach internationalem Protokoll aufgereiht: Marschall Tito, Aleksandar Ranković, der Leiter der Geheimpolizei, Vizepräsident Edvard Kardelj und Außenminister Popović. Nur einer fehlte, der damals der jüngste und verwegenste der Partisanenführer gewesen war, der Montenegriner Milovan Djilas. Ihn haben seine damaligen Mitstreiter vor kurzem für acht Jahre ins Gefängnis gesperrt.

Jener Krieg war damals so besonders grausam, weil sich in den nationalen Kampf gegen die Hitlersche Besatzungsmacht ein heimlicher Bürgerkrieg zwischen den katholischen Kroaten, deren nationale Organisation, die *Ustaša*, den Achsenmächten nahestand, und den orthodoxen Serben mischte. Die Serben hatten auch eine nationalistisch-serbische Kampforganisation, die *Cetniki*, die sich seit den Zeiten des 1934 in Marseille ermordeten Königs Alexander bekämpften.

108

Häufig wurde während des Krieges in Kroatien die gesamte orthodoxe Bevölkerung eines Dorfes in der Kirche zusammengetrieben, eingeschlossen und dann das Gebäude angesteckt. Wie schon seit Jahrhunderten ging es wieder einmal um Politik und Religion in diesem Teil der Welt, in dem die Bevölkerung gewöhnlich nicht nach ethnischen Merkmalen kategorisiert wurde, sondern entsprechend ihrer Religionszugehörigkeit. Wer katholisch war, galt kurzerhand als Kroate, und die Orthodoxen wurden oft, auch wenn sie Kroaten waren, einfach zu den Serben gerechnet. Die Rache der Serben für jene im Kriege begangenen Greueltaten der *Ustaša* war fürchterlich.

Dies eine haben die heutigen Kommunisten tatsächlich fertiggebracht: Zum erstenmal ist Jugoslawien zu einer nationalen Einheit integriert worden. Zum erstenmal sind die sechs autonomen Republiken Serbien, Kroatien, Slowenien, Bosnien-Herzegowina, Montenegro und Mazedonien gleichberechtigt. Zum erstenmal auch ist der religiöse Konflikt beseitigt, dies allerdings mit radikalen Mitteln: Beide Kirchen sind entmachtet und in den Hintergrund gedrängt worden.

Die Beziehungen der Partisanen zu Moskau waren von Anfang an sehr gespannt. Während des Krieges haben sie paradoxerweise mehr Hilfe vom Westen als vom Osten bekommen, auch waren sie von den Engländern früher anerkannt worden als von Moskau. Stalin war wütend, als die Jugoslawen 1943 während der Konferenz von Teheran, ohne ihn vorher konsultiert zu haben, eine provisorische Regierung ausriefen.

Jenes Balancieren zwischen Ost und West, welches das Wesen des Titoschen Regimes ausmacht, hat also schon sehr früh begonnen, lange bevor man damit materielle Vorteile erringen konnte. Das Regime lernte sozusagen balancieren, ehe es gehen lernte. Auch heute ist neben manchem Schein und Trug dies ganz gewiß ehrlich gemeint: der Wunsch, von beiden Blöcken unabhängig zu sein. Ein Wunsch, den wir mit allen Kräften unterstützen sollten. Bonn könnte viel zu seiner Verwirklichung beitragen, wenn es sich entschließen würde, einen langfristigen Handelsvertrag mit Belgrad abzuschließen.

Aktive Ostpolitik ist unverzichtbar

Welches der beiden Systeme
ist für den Wettkampf besser gerüstet?

Hamburg, im Januar 1963

Etwa die Hälfte der heute in der Bundesrepublik lebenden Deutschen wurde zwischen 1928 und heute geboren. Die Ältesten von ihnen waren also 20 Jahre alt, als 1948 deutlich wurde, daß die Kriegsallianz zwischen den Westmächten und der Sowjetunion zerbrochen war und einer tödlichen Rivalität zwischen Ost und West Platz gemacht hatte. Die Hälfte unserer heutigen Bevölkerung kennt mithin die Welt nicht anders als gespalten.

Nun ist die Welt natürlich nie eine Einheit in Harmonie gewesen, und Politik war, solange man denken kann und seit Geschichte geschrieben wird, immer Machtkampf. Aber es war ein Kampf zwischen dynastischen Geschlechtern, zwischen völkischen oder religiösen Gruppen oder zwischen nationalen Staaten. Ein Kampf, dessen *ultima ratio* der Krieg war.

Das grundsätzlich Neue der heutigen Situation ist, daß der Kampf um Herrschaftsformen geht – also um gesellschaftliche Strukturfragen: kollektivistische oder individualistische Organisation; und um wirtschaftliche Strukturfragen: zentrale Planwirtschaft oder liberale Marktwirtschaft. Die politische Dynamik richtet sich also nicht mehr auf nationale, sondern auf ideologische Probleme. Und ebenfalls ein Novum ist es, daß der Krieg im Zeitalter des Gleichgewichts der Schrecken nicht mehr die *ultima ratio* darstellt, er nicht mehr ein Mittel zur Durchsetzung einer bestimmten Politik oder zur Lösung von Konflikten ist.

Was folgt daraus? Daraus folgt, daß es in diesem Ringen um Herrschaftsformen keine Sieger und Besiegten geben kann und man daher miteinander koexistieren muß. Karl Kraus freilich wußte schon in der »prae-ideologischen« Phase, daß es in modernen Kriegen weder Sieger noch Besiegte gibt. Er schrieb einmal nach dem Ersten Weltkrieg: »Krieg ist zuerst Hoffnung, daß es einem besser gehen wird, hierauf die Erwartung, daß es dem anderen schlechter gehen wird, dann die Genugtuung, daß es dem anderen auch nicht besser geht, und hernach die Überraschung, daß es beiden schlechter geht.«

Nun ist die Koexistenz in dieser gespaltenen Welt gewiß nicht mit reibungslosem Zusammenleben gleichzusetzen: Die Rivalität wird bleiben. Und zwar sowohl in der Rüstungspolitik, weil ja die Abschreckung *à jour* gehalten werden muß, wie auch auf wirtschaftlichem Gebiet. Vor allem auf wirtschaftlichem Gebiet, denn dorthin wird sich der eigentliche Kampf um die Beherrschung der Welt verlagern. Es wird um Wachstumsraten und Investitionsquoten, um Kapazitäten und Exportziffern gehen und letzten Endes um den Lebensstandard.

Denn der Lebensstandard ist der Angelpunkt, um den sich heute überall alles dreht, die Wirtschaft und auch die Politik. Hunderte von Millionen Menschen in Asien, Afrika, Lateinamerika, die generationenlang geduldig das Los der Hungernden und Benachteiligten religiös-fatalistisch oder politisch-passiv, in jedem Falle aber wortlos, ertrugen, sind heute zum Bewußtsein des Lebensstandards erwacht und stellen ihre Forderungen.

Sie stellen ihre Forderungen an beide Systeme. Der Westen wird nie wieder in jenen Zustand zurückfallen können, den man Ausbeutung nannte, er wird – unabhängig vom Marktmechanismus – das, was man Vollbeschäftigung nennt, aufrechterhalten müssen, weil ja Massenarbeitslosigkeit politisch den Ruin des Systems bedeuten würde. Und der Osten muß ohne KZ und mit einem Minimum an Terror auskommen, einfach, weil die Bevölkerung ein gewisses Maß an Liberalisierung und einen gewissen Lebensstandard verlangt. Die ganze Entstalinisierung ist ja doch nichts anderes als die Antwort auf jenes Verlangen. Die Sowjetregierung will sich von den stalinistischen Methoden distanzieren, sie versucht sie als Entartung abzustempeln, um auf diese Weise das kommunistische System als solches zu retten.

Die Tatsache, daß der Lebensstandard das Ziel aller Wünsche

ist – in Ost, West und bei den Neutralen –, übt eine doppelte Wirkung aus. Einmal stimuliert sie die Rivalität zwischen den beiden Systemen, zum anderen aber zwingt sie zur Koexistenz. So sehr man auch oft die beherrschende Bedeutung, die dem Lebensstandard heute eingeräumt wird, unter geistigen Aspekten bedauern mag, so sehr ist sie im Hinblick auf die politische Situation zu begrüßen. Eben weil sie beiden rivalisierenden Herrschaftsformen Grenzen setzt, die nicht überschritten werden dürfen, ohne daß das eigene Regime gefährdet wird, und weil der Wunsch, besser zu leben, immer noch sinnvoller ist oder mindestens weniger gefährlich als die Sucht nach nationalem Ruhm.

Nun erhebt sich natürlich die Frage, welches der beiden Systeme für den Wettkampf besser gerüstet ist – das östliche oder das westliche. Solange das sowjetische Regime die Akkumulation des Kapitals und den Aufbau seiner Industrie unter Terror betreiben konnte (das heißt: dem Arbeiter nur einen sehr geringen Anteil seiner Leistung zu vergüten brauchte), hat es Außergewöhnliches zu leisten vermocht. Noch nie ist in so kurzer Zeit soviel geschaffen worden. Ob aber jetzt die Ausweitung der industriellen Kapazität im gleichen Tempo fortgesetzt werden kann, erscheint mehr als zweifelhaft. Mindestens solange die Sowjetunion gleichzeitig die Last der immer kostspieliger werdenden Rüstung tragen muß, dürfte es ihr kaum gelingen, die Investitionsrate in der gleichen Proportion aufrechtzuerhalten. Und da das Kolchos-System mit dem individuellen Bauerntum und dem privatwirtschaftlichen Großbetrieb ohnehin nicht konkurrieren kann, sieht es im Augenblick so aus, als würde bei gleichbleibender Rüstungsanstrengung der Westen auf lange Sicht im Vorteil sein.

Wenn die Voraussetzungen dieser Betrachtung stimmen, wenn der Machtkampf um Herrschaftsformen und Gesellschaftssysteme geht, wenn ferner der Krieg als Mittel zur Durchsetzung einer bestimmten Politik ausscheidet, wenn daher Koexistenz die einzige Realität ist und wenn überdies der Kristallisationspunkt aller Interessen innerhalb der gespaltenen Welt der *Lebensstandard* ist, dann kann der Westen dieses neue Jahr verhältnismäßig zuversichtlich beginnen. Die Frage ist nur, ob diese Feststellung

112

auch für Deutschland zutrifft. Für die USA, für England und alle Länder des europäischen Festlandes ist dies alles, was sie wünschen: kein Krieg, keine Expansion des Kommunismus, keine wirtschaftliche Überflügelung durch ihn.

Wir teilen dieses Interesse, aber wir Deutschen haben noch andere Sorgen: Die Unmenschlichkeit des Systems zwischen Elbe und Oder und hinter der Mauer in Berlin. Und diese Sorge nimmt uns keiner ab, auch unsere Allianzpartner nicht, die ja am 13. August 1961 sehr deutlich demonstriert haben, daß sie für die Deutschen in Ost-Berlin und in der Zone nicht verantwortlich sind. Wir haben also eigene Sorgen und darum auch eigene Aufgaben. Es wird in Zukunft nicht genügen, sich darauf zu verlassen, daß die Allianz und der Große Bruder jenseits des Atlantiks die Wacht an der Elbe stellen und wir neben der Aufgabe, fest mit den Partnern zusammenzustehen, keine eigene Initiative zu entfalten brauchen. Für die abgelaufene Phase des Kalten Krieges mag diese Faustregel noch vertretbar gewesen sein; für die neubeginnende Ära rivalisierender Koexistenz genügt sie nicht mehr.

Wir, das Volk an der Nahtstelle, die nun zur endgültigen Demarkationslinie zwischen den Interessenssphären zu vernarben droht, stehen heute vor der Aufgabe, die Kontakte über diese Trennungslinie herüber und hinüber sicherzustellen. Und das kann nur geschehen, wenn wir nicht ausschließlich nach Westen blicken, sondern wenn wir im Rahmen der allgemeinen Koexistenz eine aktive Ostpolitik betreiben. Das Argument, die Hallstein-Doktrin habe sich doch bisher als so nützlich erwiesen, daß es unverantwortlich wäre, sie preiszugeben, ist gar kein Argument, sondern eine Doktrin. Denn noch nie hat sich, was in einer bestimmten politischen Phase erfolgreich war, als das für alle Zeiten Richtige erwiesen.

Augenblicklich wird in Warschau über ein langfristiges Handelsabkommen verhandelt. Das ist erfreulich, aber für sich allein noch nicht genug. Rege menschliche und kulturelle Kontakte müssen folgen, und das ist nur möglich, wenn die Beziehungen normalisiert und Botschafter ausgetauscht werden.

Unsere Regierung meint offenbar, wir brauchten weiter nichts zu tun als abzuwarten, und argumentiert, hätten wir im vorigen Jahr Konzessionen gemacht, würden wir das jetzt – nach Kuba – sicherlich bedauern. Sie meint offenbar, die Situation werde sich weiterhin zugunsten des Westens bessern und denkt: Warum also im letzten Akt Eintrittsgeld bezahlen? Aber das ist eine Politik, die von falschen Voraussetzungen ausgeht, denn – und darüber sollten wir uns zu Beginn dieses neuen Jahres ganz klar sein – die Erfolge der Amerikaner in Kuba kommen uns keineswegs automatisch zugute.

Moskaus Zweifrontenkrieg

Der Austausch von Nichtangriffs-Deklarationen ist notwendig

Hamburg, im Juli 1963

Chruschtschow ist das zugestoßen, was jeder Staatsmann mehr als alles andere fürchtet, was Staatsmänner immer und zu allen Zeiten zu vermeiden trachten: Er ist in einen Zweifrontenkrieg geraten. Kalter Krieg an zwei Fronten – das ist keine angenehme Situation.

Im November 1958, als Nikita Chruschtschow die Welt mit seinem Berlin-Ultimatum erschreckte, konnte er sich noch schmeicheln, eine Milliarde Kommunisten, ein Drittel der Menschheit, hinter sich zu haben. Danach sind mit einem Schlage 700 Millionen Chinesen aus Reih und Glied getreten und verselbständigen sich nicht nur, sondern ziehen sogar gegen ihn zu Felde, mit Flugblattaktionen und all jenen Vorwürfen und Beleidigungen, die bisher nur gegen Klassenfeinde und Häretiker vorgebracht wurden. Chruschtschow wird des »Revisionismus« und des »Großmacht-Chauvinismus« bezichtigt. Der Protagonist friedlicher Koexistenz wird angeprangert, zusammen mit dem Präsidenten der USA den »revolutionären Befreiungskampf der Völker« zu sabotieren und die »Restauration des kapitalistischen Systems in den kommunistischen Ländern« voranzutreiben. Der Vorwurf lautet also: Verrat und Revisionismus. Schwer zu sagen, was von beidem in kommunistischer Vorstellung gravierender erscheint.

Wenn man es recht bedenkt, ist es nicht nur ein Zweifrontenkrieg, der Chruschtschow Sorgen macht. Schon lange, ehe er genötigt wurde, sich im Osten gegen die Chinesen zu wehren, hatte er leichtfertigerweise im eigenen Lande den Kampf gegen den Westen auf zwei Ebenen aufgenommen. Das war damals, als er beschloß, die sowjetischen Kräfte nicht nur im Wettrüsten mit Amerika zu messen, sondern auch voreilig verkündete, die Sowjetunion werde die USA wirtschaftlich binnen kurzem überholen. Eine Prophezeiung, die sich sehr bald als falsch erwies: zu groß waren die Anforderungen, die der Rüstungswettlauf und auch die Versuche im Kosmos an die Finanzkraft und das Menschenreservoir der UdSSR stellen.

Nun ist zu der ökonomischen Belastung und der ständigen militärischen Rivalität mit dem Westen auch noch die ideologische Rivalität mit den Chinesen gekommen. Mahnend hat Moskau erklärt, es dürfe »keinesfalls zwei kommunistische Bewegungen, zwei kommunistische Parteien in einem Lande und zwei verschiedene kommunistische Theorien und Wahrheiten« geben. Wie aber, wenn es doch dazu käme? Wie, wenn Moskau dann nur noch die Hauptstadt der Sowjetunion wäre und nicht mehr das Zentrum der kommunistischen Bewegung in aller Welt?

Noch weiß niemand, wie hinter den verschlossenen Türen in Moskau die Verhandlungen zwischen der chinesischen und der russischen Delegation verlaufen – kein Sterbenswort dringt nach außen. Begleitet aber werden diese Auseinandersetzungen der Chefideologen beider Konfessionen durch scharfes Getrommel in den feindlichen kommunistischen Metropolen. Es scheint, daß es im Grunde nicht nur um ideologische Differenzen geht, sondern auch um machtpolitische: Ein Vorwurf der Russen lautet, die Chinesen hätten »die Meinungsverschiedenheiten aus dem Bereich der Beziehung zwischen den Staaten herausgetragen«, indem sie den Brief Pekings vom 14. Juni, in dem die Vorwürfe gegen Chruschtschow zusammengefaßt waren, entgegen allen Gepflogenheiten veröffentlicht und verbreitet haben.

Das sowjetische Außenministerium hat sich offiziell darüber beschwert, daß »chinesische Brigaden« unterwegs aus dem Expreßzug Peking–Moskau ganze Stapel dieser Druckschrift aus dem Fenster geworfen haben. Überdies sei der Text des Briefes beim Aufenthalt auf sowjetischen Bahnhöfen in russischer Sprache über den Zuglautsprecher verlesen worden. Und schließlich hat es Moskau verständlicherweise sehr erbost, daß die fünf aus der Sowjetunion ausgewiesenen Chinesen daheim wie ruhmbedeckte Guerillakrieger gefeiert werden.

An der Ostfront ist also der Kalte Krieg besonders kalt. Und wie steht es auf der anderen Seite, ist dort alles beim alten? Im Westen nichts Neues? Doch – im Westen hat sich eine neue Entwicklung angebahnt.

Seit Kuba stehen Washington und Moskau in regelmäßigem, geheimem Gedankenaustausch. Im März dieses Jahres empfing Papst Johannes XXIII. Chruschtschows Schwiegersohn Adschubej und dessen Frau in Privataudienz; am selben Tag definierte der Papst in einer Pressekonferenz vor Journalisten, zu denen auch Adschubej gehörte, die Stellung der Kirche als »supranationale Neutralität«. Der *Osservatore Romano* schrieb damals, es sei denkbar, daß der Vatikan Konsulate in Osteuropa errichten werde, und Adschubej erklärte in Mailand, es sei möglich, daß seine Regierung die Aufnahme diplomatischer Beziehungen wohlwollend erwägen werde. Zuvor hatte der Kreml den ukrainischen Erzbischof Monsignore Slipyj, der seit 1940 im Gefängnis war, freigelassen; auch über die Ausreise Kardinal Mindszentys, der seit dem ungarischen Aufstand von 1956 Asyl in der amerikanischen Botschaft in Budapest gefunden hat, wurde verhandelt.

In der am 11. April 1963 veröffentlichten Enzyklika *Pacem in terris* forderte Papst Johannes XXIII., man solle nicht Zuflucht zu Waffen, sondern zu Verhandlungen nehmen und versuchen, die Kriegspsychose zu bannen. An einer Stelle heißt es wörtlich, »daß der wahre Frieden unter den Völkern nicht durch die Gleichheit der militärischen Apparatur, sondern nur durch gegenseitiges Vertrauen fest und sicher bestehen kann«. Wie groß diese Schwenkung des Vatikans ist, kann man nur ermessen, wenn man sich an das Exkommunizierungs-Dekret des Vorgängers von Johannes XXIII. erinnert.

Auch Präsident Kennedy hat die Politik der US-Regierung neu formuliert. In seiner großen Rede in der Georgetown University in Washington am 19. Juni 1961 sprach er eindringlich von der Friedensstrategie: »Wir müssen unsere Haltung und unsere Anschauungen hinsichtlich des Kalten Krieges und hinsichtlich der Sowjetunion überprüfen – sowohl als Individuen wie als Nation.« Und er fügte hinzu, daß es keinen Patentschlüssel zum Frieden gäbe und auch keine Zauberformel. Der echte Friede sei vielmehr die Summe vieler einzelner Handlungen und das Gemeinschaftswerk vieler Nationen.

Kein Zweifel, die Weichen sind gestellt. Es könnte sein (und vielleicht muß man sogar sagen: es ist wahrscheinlich), daß wir an einer Wende stehen. Nicht an einer dramatischen Wende, wo mit einem Schlage alles anders wird, aber doch an einem Punkt, der später einmal eine deutliche Zäsur in der Mitte des 20. Jahrhunderts markieren wird. Wenn nur jetzt das Spiel richtig gespielt wird: mit Stärke und Geschmeidigkeit! Zu befürchten ist, daß sich bei uns Stimmen erheben werden, die sagen: Jetzt immer feste drauf – jetzt muß er weich werden – nur jetzt keine Zugeständnisse machen!

Chruschtschow seinerseits, der die Situation und ihre Bedeutung sicherlich besser übersieht, als irgend jemand im Westen es könnte, scheint entschlossen zu sein, den Chinesen gegenüber nicht nachzugeben. Er war von Moskau abwesend: Der Chef hat es nicht nötig, sich selbst mit den Abgesandten Pekings herumzustreiten. Und er hat Spaak gegenüber betont, für ihn gehe es weiter um Koexistenz und Entspannung. Binnen kurzem werden wir mehr wissen. Die Besprechungen Harrimans und Lord Hailshams über die Einstellung atomarer Tests, die in der nächsten Woche in Moskau beginnen, werden sehr aufschlußreich sein.

Chruschtschow hat es nicht leicht. Macht er Anstrengungen auf dem Wege zur Koexistenz, so werden die Chinesen um so lauter »Verräter« schreien. Nimmt er Rücksicht auf ihre Vorwürfe und die Einheit der kommunistischen Lehre, dann verspielt er Wohlwollen und Bereitschaft des Westens. Er müßte schon einen Erfolg mit seiner Koexistenzbemühung vorweisen können, der wenigstens für seine eigene Gefolgschaft im Warschauer Pakt so eindrucksvoll ist, daß sie bei der Stange bleibt.

Eigentlich gibt es nur eine Aktion, die diese Voraussetzung erfüllen könnte: den Austausch von Nichtangriffs-Deklarationen. Wohlgemerkt, nicht *einen* Nichtangriffspakt, der alle

Unterschriften auf einem Papier vereinen würde, sondern *zwei* Deklarationen, eine von den NATO-Mächten und eine von den Warschauer-Pakt-Staaten. Es ist gar nicht einzusehen, wieso der Einwand stichhaltig sein sollte, eine solche Deklaration diente der Anerkennung und Verewigung der Teilung Deutschlands. Wir haben doch stets zwei Dinge erklärt: erstens, wir erkennen den Eisernen Vorhang nicht an; und zweitens, wir werden niemals versuchen, ihn mit Gewalt zu beseitigen. Genau dies und nicht mehr würde aber, objektiv genommen, eine gegenseitige Nichtangriffserklärung bedeuten. Nur subjektiv für Chruschtschow, dem sie eine gewisse Ruhe im Westen gewähren könnte, bedeutet sie mehr.

Wenn man sich einmal fragt, was eigentlich die Menschen unserer Tage in aller Welt im Innersten bewegt, so sind es ganz gewiß nicht Dogmen und Heilsbotschaften, sondern ziemlich illusionslose, handfeste Interessen. Vor allem anderen wohl: der Lebensstandard. Es ist ein pragmatisches Jahrhundert, in dem wir leben. Die Mehrzahl der Menschen will keine Kreuzzüge, und niemand will Märtyrer sein. Alle wollen Ruhe, Sicherheit und Wohlstand. Das weiß auch Chruschtschow, und darum handelt er entsprechend. Auch er ist Pragmatiker und glaubt darum an Koexistenz. Gerade das trägt ihm ja den Vorwurf »Revisionist« von seiten der Chinesen ein.

Eigentlich wäre es eine ganz natürliche Entwicklung, wenn der Eiserne Vorhang eines Tages nicht mehr quer durch Europa liefe, sondern wenn er die Pragmatiker vor den Dogmatikern schützte.

Die Atomversuche werden eingestellt

Egon Bahrs »Wandel durch Annäherung« entspricht
Kennedys »Friedensstrategie«

Hamburg, im August 1963

Man ist es gewohnt, daß die gleichen Begriffe und Vorgänge in
Ost und West total verschieden ausgelegt werden. Daß aber die
Wertung gewisser Ereignisse auch innerhalb des Westens ganz
unterschiedlich ist, das ist neu und wurde zum erstenmal deut-
lich bei den Kommentaren zum Moskauer Abkommen über die
Einstellung der Atomversuche.

Kennedy warnte, man sollte nicht glauben, daß nun das Gol-
dene Zeitalter angebrochen sei – aber, so sagte er, »wenn beide
Seiten durch diesen Vertrag Vertrauen und Erfahrung in friedlicher Zusammenarbeit gewinnen, dann kann dieser kurze und
einfache Vertrag wirklich zu einem geschichtlichen Markstein
auf der uralten Suche der Menschen nach Frieden werden«.

Macmillan warnte ebenfalls vor allzu großem Optimismus,
fuhr dann aber fort: »Nun, da die erste Bresche in die Mauer des
Mißtrauens geschlagen ist, die Ost und West trennt, kann man
hoffen, daß wir Schritt für Schritt weiterkommen in unserem
Bemühen, die Spannung zwischen den beiden großen Militärla-
gern zu verringern, die waffenstarrend einander gegenüberlie-
gen.«

Neben diesem verhaltenen Optimismus wirkt de Gaulles lapi-
dare Feststellung, das Abkommen habe praktisch keine Bedeutung, wie eine kalte Dusche: »Keiner der Unterzeichner-Staaten
hat sich verpflichtet, Atomwaffen nicht anzuwenden, die Lage
hat sich damit in keiner Weise geändert.«

Der General hält jede Regelung, die er nicht erfunden oder
ausgehandelt hat, für belanglos. Frankreich, so meinte er, werde

niemals Abmachungen beitreten, die über seinen Kopf hinweg in die Wege geleitet wurden. Er will stets mit den Großen zusammen am Tisch sitzen. Aber wenn diese zu Tisch rufen, dann hat er gerade etwas anderes vor (er hätte ja nach Moskau mitreisen können), erwartet dann aber, daß, wenn es ihm paßt und er zu sich einlädt, jene, die er eben erst vor den Kopf gestoßen hat, freudig herbeieilen werden. Im Augenblick habe Frankreich weder Lust, sich dem Drei-Mächte-Abkommen über die partielle Einstellung der Kernwaffenversuche anzuschließen, noch einem Nichtangriffspakt zwischen dem Warschauer-Pakt-System und der NATO beizutreten. Frankreich werde aber noch vor Ende des Jahres die drei großen Atommächte zu einer Abrüstungskonferenz einladen. Man kann sich vorstellen, mit welcher Spannung und welchem Entzücken die Drei dieser Einladung entgegensehen.

Das Moskauer Abkommen sei vollständig belanglos. Wie steht es damit? Ist es belanglos oder ist es ein Markstein? Für sich allein genommen und selbst wenn ungünstigstenfalls keine weiteren Schritte folgen sollten, bedeutet es doch immerhin, daß die weitere Verseuchung der Atmosphäre verhütet wird. Und das ist schon sehr viel.

Wenn China und Frankreich darauf bestehen, mit Atomwaffen zu experimentieren, dann erhöht das nur in geringem Maße die Gefahr (sowohl hinsichtlich der Experimente wie der Wirksamkeit der Waffen). Denn das atomare Geheimnis allein nutzt noch nicht viel, zu seiner wirksamen Anwendung gehören noch zwei weitere Faktoren, die nur unter größtem finanziellen Aufwand zu erstellen sind: die Trägerwaffen und die elektronischen Steuerungsgeräte.

De Gaulle gegenüber gibt es rein schematisch zwei Möglichkeiten der Handlungsweise: entweder Nachgeben oder Druck. Nachgeben würde bedeuten, daß die Amerikaner sich bereiterklären, Frankreich die atomaren Kenntnisse auszuhändigen, die es selbst sich nur unter großen finanziellen Opfern erarbeiten kann – sofern de Gaulle sich seinerseits bereiterklärt, dem Moskauer Abkommen beizutreten. Dieser Regelung steht aber nicht nur die Mac-Mahon-Gesetzgebung in USA entgegen, die genau

das verbietet, sondern doch wohl auch der ausgeprägte pädago-
gische Sinn der Amerikaner, die es sicherlich mehr schmerzen
würde als die Engländer, für Erpressungen auch noch Überpreise
zu bezahlen.

Die Alternative – nämlich Druck – braucht gar nicht erst herbeigeführt zu werden. Dafür hat de Gaulle schon alle Weichen
selbst gestellt. Wenn erst einmal 80 oder 90 Länder dem Abkommen beigetreten sind und wenn, was zwangsläufig geschehen
wird, Algerien und Marokko die Experimente in der Sahara
untersagen, dann wird es für Frankreich auf die Dauer sehr
schwierig werden, gegen den Druck der UN und der »Anrainer«
im Pazifik zu experimentieren. Bismarck hat ein Leben lang versucht, Frankreich zu isolieren. De Gaulle ist in wenigen Jahren
das gelungen, was der große deutsche Staatsmann nie erreicht
hat.

Doch zurück zur Frage: Markstein oder belanglos? Alle Versuche, zu irgendeinem Arrangement zwischen Ost und West
– auch dem unbedeutendsten – zu kommen, scheiterten bisher
an dem Mißtrauen beider Seiten. Daß etwas geschehen müsse,
wußte jeder – in Genf, in New York, in Camp David, in Paris.
Aber jeder glaubte, der andere werde die Gelegenheit doch nur
dazu benutzen, den Partner des Abkommens übers Ohr zu
hauen. Und so wuchs die Spirale von Mißtrauen und Wettrüsten
weiter, ohne daß noch irgend jemand zu sagen gewußt hätte,
welches von beidem Ursache und welches Wirkung war. Was
fehlt, ist eben Vertrauen. Und Vertrauen stellt sich nicht von
selber ein. Es kann sich aber unter Umständen bilden, wenn
praktische Gelegenheiten dafür geschaffen werden.

Bei einer Unterhaltung mit dem polnischen Außenminister
über den Plan, der seinen Namen trägt, antwortete Rapacki im
vorigen Jahr auf meinen Einwand, daß angesichts der Raketen-
entwicklung die atomwaffenfreie Zone doch wohl militärisch
belanglos geworden sei: »Gerade das macht den Plan ja politisch
wieder so interessant. Wenn niemand das Risiko läuft, selbst
einen Vorteil einzubüßen oder versehentlich dem anderen einen
einzuräumen, dann ist es viel leichter, sich auf etwas Gemeinsames zu einigen. Und«, so fügte er damals hinzu, »im Moment

kommt es doch allein darauf an, einmal einen Anfang zu machen.«
Nun, ein solcher Anfang könnte das Moskauer Abkommen sein,
zeigt es doch, daß beide es wichtiger finden, den Atomkrieg zu
vermeiden als die Rivalität auf die Spitze zu treiben.

De Gaulle hat offenbar im Gegensatz zu Rapacki das Wesen
unserer Zeit überhaupt nicht verstanden. In seinem Repertoire
gibt es nur: Kanonenboote, Prestigegesichtspunkte und, als Konzession an die neue Zeit, den Traum von der *force de frappe*.

Wie wird es nun weitergehen? Die Russen haben den dringen-
den Wunsch nach einem Nichtangriffspakt geäußert, wobei
Chruschtschow sagte, der Inhalt sei wichtiger als die Form, was
doch wohl bedeutet, daß er nicht auf einem *Pakt* besteht, der alle
Unterschriften vereinen und damit die Anerkennung der DDR
heraufbeschwören würde, sondern daß er sich auch mit zwei
getrennten Erklärungen zufriedengäbe. Nun hat die Bundesre-
blik schließlich oft genug feierlich und offiziell erklärt, daß sie
auf Gewalt verzichtet und nicht von Aggressionen träumt. Aber
wenn es die Russen beruhigt und wenn dabei noch einmal betont
wird, daß die Wiedervereinigung unser oberstes Ziel bleibt, dann
ist nicht einzusehen, warum ein solcher »Nichtangriffspakt«
nicht ernsthaft diskutiert werden sollte.

Die Diskussion wird allerdings alle alten Argumente des Für
und Wider von neuem aufwärmen: entweder sich ganz auf die
Abschreckung verlassen und keine Abmachung treffen, keine
Kontakte und kein Osthandel, oder aber möglichst viele Kontakte anbahnen und auf Evolution hoffen. Früher, in der Dulles-
Ära, war diese Kontroverse durch die Stichworte: »starke Politik« oder »Verhandeln« gekennzeichnet.

Kennedys neue Strategie des Friedens läßt sich in die Erkenntnis zusammenfassen: Man kann die kommunistischen Regime
nicht aus der Welt schaffen, sondern sie nur durch Evolution
verändern. Seine Darlegungen wurden in Deutschland mit großem Jubel aufgenommen, was nicht hindert, daß gerade in Berlin, wo die Begeisterung am größten war, jetzt die alte Kontroverse wieder aufgebrochen ist, und zwar zwischen Egon Bahr,
dem SPD-Sprecher des Berliner Senats, und Franz Amrehn, dem
Führer der CDU-Opposition.

Bahr hatte in einem Vortrag in der Evangelischen Akademie in Tutzing gesagt, daß die gutgemeinten Ratschläge der Menschen aus der Zone: »Brecht den Handel ab, wir schnallen uns gern unseren Gürtel noch enger«, keine Lösung brächten. Im Gegenteil, daß man aus Erfahrung wisse, zunehmende Spannung stärke Ulbricht nur und vertiefe die Spaltung. Bahr sagte, daß, wenn man die Mauer als ein Zeichen der Schwäche, also der Angst und des Selbsterhaltungstriebes der Kommunisten interpretiere, sich die Frage erhebt, ob man dem Regime die Sorgen nach und nach so weit nehmen könne, »daß auch die Auflockerung der Grenzen und der Mauer praktikabel wird. Das ist eine Politik, die man auf die Formel bringen könne, Wandel durch Annäherung.«

Der Führer der Opposition, Amrehn, sprach daraufhin von nicht zu übersehenden »Aufweichungstendenzen, denen von Anfang an der entschiedenste Widerstand entgegengesetzt werden muß«. Und Richard Nixon sagte auf seiner Pressekonferenz in Berlin zum Thema Nichtangriffspakt: »Jeder Pakt dieser Art würde die Spaltung Deutschlands und die Kluft zwischen Ost und West vertiefen.« Die Opposition in Berlin benutzt also die gleichen Argumente wie Nixon, der einstige Gegenkandidat Kennedys.

Es ist nicht leicht für den Staatsbürger, sich eine sachliche und fundierte Meinung zu bilden, weil in einer Demokratie auch die großen Fragen der Nation häufig unter parteipolitischem Aspekt dargestellt werden: Hat die Regierung, in diesem Fall die SPD in Berlin, Stellung bezogen, so stellt die dortige Opposition, in diesem Fall die CDU, die Alternative als ihre Position heraus. Erstens, weil man ja die Unterschiede betonen muß, und zweitens, weil man von jener legitimen Grundhaltung aus dem anderen am ehesten Leichtgläubigkeit, Unverantwortlichkeit, mangelnde Vaterlandsliebe oder was immer vorwerfen kann.

Es wird also nicht leicht sein, sich in den kommenden Diskussionen ein Urteil zu erarbeiten, das unbeeinflußt von Emotionen ist. Wichtig wird sein, sich dabei Kennedys Erkenntnis vor Augen zu halten, daß man die kommunistische Herrschaft nicht beseitigen kann, aber versuchen sollte, sie zu verändern.

Versöhnung: ja – Verzicht: nein

Die Oder-Neiße-Gebiete:
ein innen- und außenpolitisches Problem

Hamburg, im September 1964

Am Sonntag wurde in Berlin der Tag der Heimat begangen. In der Bundesrepublik wird man ihn am 13. September feiern – mit Ministerreden und Grußbotschaften aus aller Welt. Zum Pfingsttreffen der Sudetendeutschen in Nürnberg im Mai 1964 hat sogar Senator Humphrey eine solche Grußbotschaft geschickt.

Auch jetzt werden wieder Reden gehalten und Grußbotschaften geschickt werden. Und es wird auch wieder Ärger geben. Denn das, was bei diesen Gelegenheiten in den Äther und in die Presse rund um die Welt eingeht, gibt eigentlich immer Anlaß zu Ärger, entweder weil der Redner Seebohm heißt, oder auch nur, weil die östlichen Nachbarn Heimweh mit Revisionismus verwechseln – was natürlich ein wenig auch an ihrem eigenen schlechten Gewissen liegt.

Wieso werden eigentlich die Vertriebenenverbände von Bundeskanzler, Ministern und Parteiführern so behandelt, als handele es sich um fremde Großmächte, die bei Laune gehalten werden müssen? Wäre es nicht viel besser, die Flüchtlingsvereinigungen würden als das behandelt, was sie im Grunde doch sind, als Heimatvereine, die persönliche Kontakte und alte Traditionen pflegen möchten, die Nachrichten aus dem Verwandten- und Bekanntenkreise austauschen, gemeinsam Advent feiern und heimatliche Lieder singen wollen?

Zweifellos wäre das viel besser, aber die Parteien, und zwar ausnahmslos alle Parteien, schielen seit Jahren begehrlich auf dieses, wie sie meinen, ergiebige Wählerstimmenreservoir, vor dem sie ihre ritualen Verbeugungen üben.

Begonnen damit hat Konrad Adenauer, als er 1953 nach der Wahl zum zweiten Bundestag den Führer des Gesamtdeutschen Blocks, Waldemar Kraft, ins Kabinett nahm und auf diese Weise die Partei, die eher zur SPD tendierte, auf seine Seite brachte. Erinnern wir uns: Im Januar 1950 hatte Kraft in Rendsburg den BHE, den Bund der Heimatvertriebenen und Entrechteten, gegründet, sechs Monate später, im Juli, war dieser Bund mit 23 Prozent aller Stimmen bereits die zweitstärkste Partei in Schleswig-Holstein und sein Gründer zum Finanzminister und stellvertretenden Ministerpräsidenten in Kiel geworden. Es folgte noch im gleichen Jahr der Durchbruch in Hessen und Bayern. Innerhalb von drei Jahren hatte der BHE, der sich in Gesamtdeutscher Block umgetauft hatte, 78 Abgeordnete in sechs Länderparlamenten und acht Minister in vier Länderregierungen. Und zwar koalierte er je nach Gegebenheiten in Kiel mit der CDU, in Hannover mit der SPD, in Hessen mit der FDP.

Es mag also verständlich gewesen sein, daß damals die drei klassischen Parteien sich allerlei Erfolg von ihrem Werben um die Flüchtlinge versprachen. Aber allmählich stellte sich dann heraus, daß nur die Funktionäre politische Ambitionen hatten und es den Flüchtlingen selbst vor allem um Heimatzusammenkünfte ging – heute spielt der Gesamtdeutsche Block als Partei überhaupt keine Rolle mehr. Haben nun damit die Landsmannschaften endlich ihren politischen Nimbus verloren? Könnten die Politiker sie jetzt sich selbst überlassen?

Es scheint, daß der Moment dafür verpaßt ist. Man könnte sogar im Gegenteil meinen, daß es heute, da allenthalben ehrgeizige Leute wieder kleine Trommeln aus verstaubten Ecken hervorziehen, besonders wichtig ist, sich um die Flüchtlingsverbände zu kümmern. Heute, da sich wieder mancherwärts kleine Zentren nationalistischer Gernegroße bilden, die die »Erniedrigten und Beleidigten« zusammentrommeln möchten (die *Deutsche National- und Soldatenzeitung* hat im vorigen Jahr die *Schlesische Rundschau* und den *Sudetendeutschen* aufgekauft), muß man helfen, die maßvollen, geduldigen, vernünftigen Kräfte und Funktionäre innerhalb des Bundes der Vertriebenen zu schützen und zu stärken und Radikale zu beschwichtigen.

Eine Voraussetzung dafür scheint mir zu sein, daß man das Thema der Grenze ruhen läßt. Alle die wohlmeinenden Befürworter, die die Notwendigkeit eines offiziell ausgesprochenen Verzichts auf die Gebiete östlich der Oder-Neiße vertreten, schaden nur der Sache, der sie nutzen wollen. Sie tragen nicht zur Verständigung bei, sondern liefern den Radikalen nur Stoff zum Agitieren.

Die Flüchtlingsverbände haben in der *Charta der Vertriebenen* im Jahre 1950 in Stuttgart erklärt, daß sie erstens auf Rache verzichten und daß sie zweitens an der Schaffung eines geeinten Europas, in dem die Völker ohne Furcht und Zwang leben können, mitarbeiten wollen. Der Bundestag und die Bundesregierung haben sich feierlich zu diesem Gewaltverzicht verpflichtet, und was vielleicht noch wichtiger ist als alle Erklärungen: Es gibt keinen Vertriebenen – auch unter den radikalsten Vertretern nicht –, der zur Rückgewinnung jener Gebiete der Gewalt das Wort redet. Sie alle sind gewillt – da man ja den heutigen Zustand nur mit Gewalt ändern kann –, sich mit dem bestehenden Zustand abzufinden, aber sie sind nicht bereit zu verzichten.

Dies ist eine Einstellung, die jedem östlichen Menschen von der Elbe bis zum Schwarzen Meer im Grunde selbstverständlich ist. Polen, Ungarn, Rumänen und Ostdeutsche haben seit Jahrhunderten so gedacht. Die Russen sprechen heute noch von dem heiligen russischen Boden, obgleich sie sonst mit Heiligkeit nicht viel im Sinn haben.

Man kann sich mit Verlusten *abfinden,* auf Vermögenswerte kann man auch *verzichten,* aber niemand, der aus dem Osten stammt, wird auf Land verzichten. Man kann sich mit dessen Verlust abfinden, man kann den Menschen zumuten, ein Leben lang darum zu trauern, ohne je auch nur einen Stein aufzuheben gegen den, der die Heimat raubte, aber man kann ihnen nicht auch noch zumuten, diesen Verzicht auszusprechen. Das wäre so, als verlangte man von ihnen, ihre Toten zu verraten.

Wer für die Anerkennung der Oder-Neiße-Linie eintritt, begründet dies im allgemeinen entweder mit politischen oder moralischen Argumenten. Das politische Argument heißt, wir könnten doch vielleicht die Wiedervereinigung damit erkaufen,

127

daß wir auf die Gebiete jenseits der Oder-Neiße verzichten. Aber wer so denkt, verwechselt die Kontrahenten: Die Wiedervereinigung können wir nur von Moskau bekommen, jene Gebiete aber würden wir Warschau schenken. Eine solche Schenkung wäre übrigens gar nicht so sehr im Sinne der Sowjets, die ja die Polen gerade deshalb an sich gebunden wissen, weil diese eine Rückendeckung für die den Deutschen abgenommenen Gebiete brauchen. Darum lautet ein anderer Vorschlag, man solle doch versuchen, die Polen von den Sowjets zu lösen, indem man den gewünschten Territorialverzicht abgibt. Wer darauf spekuliert, vergißt aber, daß es für die polnische Regierung Selbstmord bedeuten würde, sich ganz von Moskau zu lösen, denn wenn das geschähe, würde in dem Ringen zwischen Staat und Kirche die Regierung auf lange Sicht doch wohl den kürzeren ziehen.

Das moralische Argument lautet entweder, wir haben den von Hitler begonnenen Krieg verloren und müssen nun eben dafür zahlen. Dazu wäre zu bemerken, daß vor allem die Flüchtlinge bereits bezahlt haben. Oder es lautet, die Polen haben durch den von uns entfachten Krieg ihre Gebiete ostwärts der Curzon-Linie an die Sowjetunion verloren und mußten darum im Westen entsprechend entschädigt werden. Dies ist richtig, es ist nur zu bedenken, daß die Polen jene Gebiete 1921 mit Waffengewalt von Rußland losgerissen hatten, obwohl dort nur ein Viertel der Bevölkerung polnischer Nationalität war. Die 1945 an die Sowjetunion abgetretenen Gebiete haben denn auch nur 1,7 Millionen Polen verlassen, um sich im heutigen Polen anzusiedeln, während eine halbe Million Ukrainer und Weißruthenen in umgekehrter Richtung nach Osten in die Sowjetunion einwanderten.

Wir haben einen Gewaltverzicht ausgesprochen. Kein Pole, der heute in Ostpreußen, Pommern oder Schlesien lebt – und fast die Hälfte von ihnen ist ja dort schon geboren, empfindet also das Land als seine Heimat –, braucht Sorge zu haben, die Deutschen würden eines Tages versuchen, ihn mit Gewalt von Haus und Hof zu vertreiben. Wir haben unser Wort verpfändet, keine Gewalt anzuwenden. Die Polen trauen dem Gewaltverzicht nicht und verlangten deshalb einen Territorialverzicht von uns?

Ja, aber wenn sie uns den Gewaltverzicht nicht glauben, warum sollten sie uns dann den Territorialverzicht glauben? Wie kann ein Pole überhaupt glauben, daß man auf 700 Jahre Geschichte einfach verzichtet?

In diesem Dilemma kann vielleicht nur eines helfen: eine alliierte Garantie des Gewaltverzichts. Es ist wichtig, daß unsere östlichen Nachbarn ohne Sorge an Deutschland denken können, daß sie wieder ein gewisses Vertrauen zu fassen vermögen. Unsere eigenen Versicherungen scheinen nicht geglaubt zu werden, wie auch die Reaktionen in Prag zeigen, das immer neue Versicherungen verlangt. Schließlich sagte doch Bundeskanzler Erhard: »Ich erkläre ausdrücklich und eindeutig, das Münchner Abkommen vom Jahre 1938 ist von Hitler zerrissen worden. Die Bundesregierung erhebt gegenüber der Tschechoslowakei keinerlei territoriale Forderungen und distanziert sich ausdrücklich von Erklärungen, die zu einer anderen Deutung geführt haben.«

Wenn denn den Versicherungen der Bundesrepublik kein Glaube geschenkt wird, dann sollte man doch einmal den Gedanken einer westlichen Garantie des Gewaltverzichtes der Bundesrepublik ernsthaft erwägen.

Revision auf leisen Sohlen

In Prag begann die zweite Phase der Entstalinisierung:
der wirtschaftliche Revisionismus

Prag, im September 1964

Der erste Eindruck in Prag: Noch nie habe ich so viel Menschen, sei es am frühen Morgen, sei es am späten Abend, über die Bürgersteige der Hauptstraßen wandern sehen. Man meint ständig, gerade sei ein Fußballspiel zu Ende gegangen und nun ströme alles wieder heim.

Die erste Antwort, die ich bekam: »Ja, Sie können Westzeitungen kaufen, gleich rechts um die Ecke, aber natürlich nur fortschrittliche.« Ein paar Tage lang kaufte ich also *L'Humanité*, Frankreichs fortschrittliche KP-Zeitung. Dann ließ ich es bleiben, weil sich der Zeitaufwand als sinnlos erwies. Ich weiß jetzt also weder, was in den letzten acht Tagen in Vietnam oder Zypern passiert ist, noch ob das Berliner Passierscheinabkommen zustande kam oder wie die Umfragen für Johnson und Goldwater stehen. Aber das, was hier vor sich geht, ist ohnehin aufregend genug.

Was vor sich geht? Die große, grundsätzliche, vielleicht die entscheidende Debatte über die *zweite Phase der Entstalinisierung:* den Wirtschaftsrevisionismus.

Erinnern wir uns, was sich bisher in der Tschechoslowakei ereignet hat. Im Dezember 1962, beim XII. Parteikongreß, wurde zum ersten Male in der bis dahin so konformistischen ČSSR Opposition laut. Die Führung der KP sah sich genötigt zu versprechen, daß die politischen Prozesse der Stalin-Ära und der folgenden Jahre überprüft würden. Von da an ging es Schlag auf Schlag.

Im März 1963, bald nach dem Rücktritt des Präsidenten des Obersten Gerichtes, der im Slansky-Prozeß als Hauptankläger aufgetreten war, forderte das slowakische Parteiorgan *Prawda* die öffentliche Rehabilitierung der Opfer des Personenkults. Und nun zeigte sich, daß – wie auch anderwärts – in der ČSSR zwei Dinge hatten zusammenkommen müssen, um eine Initialzündung hervorzubringen. In diesem Fall war es einmal eine nationale Frage, nämlich die Beschwerde der Slowakei, zu kurz gekommen zu sein, und zum anderen – wie sich eigentlich erst jetzt herausstellt – die katastrophale wirtschaftliche Lage der ČSSR, die es der Führung nicht erlaubte, nach altem Brauch hart zurückzuschlagen.

Heute werden widerspenstige Intellektuelle aus der Partei exkommuniziert, wie in diesem Sommer der junge Philosoph Ivan Svitak, der seinen Lehrstuhl schon vor längerer Zeit verloren hatte, aber niemand wird mehr wegen politischer Häresie eingesperrt; und während die Wirtschaft früher ebenfalls durch Drohungen und mit Terror in Gang gehalten wurde, muß heute darüber nachgedacht werden, was man für ökonomische Anreize bieten kann, um eine höhere Arbeitsproduktivität und bessere Qualität der Produktion zu erzielen. Doch ehe wir zum Thema »wirtschaftliche Anreize« kommen, also zu den Erscheinungsformen des wirtschaftlichen Revisionismus, rasch ein paar Worte zum Ablauf des so entscheidenden Jahres 1963.

Auf dem Kongreß des slowakischen Schriftstellerverbandes in Bratislava, dem ehemaligen Preßburg, im April 1963 sowie auf dem Kongreß des tschechoslowakischen Schriftstellerverbandes im Mai 1963 in Prag und schließlich auf der entscheidenden Tagung des slowakischen Journalistenverbandes Ende Mai 1963 in Prag gingen die Wogen hoch. Nicht nur Klagen wurden laut, sondern auch Forderungen. Die Bestrafung der Terroristen wurde gefordert, aber auch eine Revision der Geschichtsschreibung: Die Slowaken verlangten, daß ihrem Aufstand gegen die deutsche Okkupation im August 1944 eine gerechte Würdigung widerfahren und die Befreiung des Landes nicht weiterhin als das eindeutige Werk der Sowjetunion dargestellt werde. Diese Forderung hat sich durchgesetzt: inzwischen hat die Akademie der Wissenschaft in Bratislava den Auftrag erhalten, eine neue Fassung der Geschichte des Aufstandes zu schreiben.

Im August 1963 kam dann schließlich auch der Bericht über die Revision der politischen Prozesse. Die Führung gab zu, daß sie Fehler, ja mehr noch, daß sie Unrecht begangen hatte. Gleich darauf wurde die Absetzung des höchst unpopulären Ministerpräsidenten Široký bekanntgegeben.

Alle hier erwähnten Debatten wurden regelmäßig von der slowakischen Kulturzeitschrift *Kulturny Zivot* in Bratislava abgedruckt, deren Chefredakteur Ladislav Mňačko vor kurzem jenen Brief an Hochhuth schrieb, den *Die Zeit* (Nr. 36/1963) veröffentlicht hat.

Diese bisher nie dagewesene Tatsache einer öffentlichen Debatte über Mißstände, diese Forderungen und Anklagen spornten die Journalisten und Schriftsteller immer weiter an, neue Versuche zu unternehmen, den Raum der Freiheit zu erweitern, während die Führung der Partei und Novotný selbst immer von neuem vor Liberalismus, Opportunismus und Revisionismus warnten. Aber es sind mehr drohende Warnungen als warnende Drohungen geblieben. Dennoch scheint es, daß jener Liberalisierungsprozeß im Bereich von Kultur und Politik vorübergehend zum Stillstand gekommen ist.

Dafür spielen sich um so entscheidendere Fortschritte auf wirtschaftlichem Gebiet ab. Auch sie werden öffentlich diskutiert und geben vielen Menschen neue Hoffnungen, vor allem den geistigen Menschen. Die meisten anderen sind wohl mehr an Taten als an Debatten interessiert. Ein Arbeiter, neben dem ich spätabends in der leeren Elektrischen saß, meinte lapidar: »Mir ist es egal, ob Mao oder Novotný hier regieren! Mir geht es darum, daß das Fleisch billiger wird.«

Ich weiß nicht, ob diese Äußerung typisch war, jedenfalls aber spürt man deutlich eine gewisse Bedrückung, wenn man nicht gerade die Jugend beim Twist beobachtet. Und genau wie in der DDR hat man den Eindruck, daß das Volk in einer völlig anderen Sphäre lebt als die Funktionäre, in deren Augen sich die Welt ganz anders ausnimmt als die normale Wirklichkeit und für die die Argumente des gesunden Menschenverstandes so verwerflich sind wie Sabotage.

Dennoch ist der gesunde Menschenverstand gegenwärtig

dabei, sich auch in den Reihen der Funktionäre bemerkbar zu machen. Wahrscheinlich gibt es kein kommunistisches Land, in dem die ökonomische Theorie mit solcher Verve und Offenheit diskutiert wird wie augenblicklich in der ČSSR. Anlaß: die katastrophale Lage der Wirtschaft. Seit 1960 ist die Situation permanent schlechter geworden, während das allgemeine Niveau in den meisten Nachbarländern sich doch eher gehoben hat.

»Wie kann man sich diese isolierte Entwicklung in der ČSSR erklären?« fragte ich einen Wirtschaftsjournalisten.

Er zuckte die Achseln. »Könnte man sich vorstellen«, so versuchte ich auszuhelfen, »daß die kommunistische Planwirtschaft, wenn sie auf ein hochentwickeltes Industrieland sozusagen oben draufgestülpt wird, Schaden stiftet, während sie zur Industrialisierung eines rückständigen Agrarlandes durchaus ihre Vorzüge haben mag?« Er nickte zustimmend: »Ja, so wird es wohl sein.«

Und dann folgte eine Reihe kritischer Bemerkungen, wie ich sie zuvor und seither mehrfach gehört habe und die sich zu folgender Analyse zusammenfassen lassen:

Erstens, das Plansystem ist zu scharf gehandhabt worden; bis zum letzten Betrieb wurde alles in der Zentrale bestimmt, und das ergab natürlich viele Fehldispositionen. Zweitens waren die Kennziffern, also das Soll der Produktion, gewöhnlich auf Mengen abgestellt, so daß die Betriebe, um hohe Gewichtsabnahmen zu erreichen, nach Herzenslust Material verbrauchten. Die Devise lautete jahrelang: So schwer wie möglich und so viel wie möglich.

Resultat: Die Qualität vieler Waren ist so schlecht, daß heute riesige Magazine mit unverkäuflicher Ware gefüllt sind. Die Ziffern, die über diese Bestände kursieren, sind phantastisch. Es soll sich um Milliardenwerte handeln.

Der erste und der zweite Fehler kumulierten sich sehr oft zu einem dritten: zu Fehlinvestitionen, weil derjenige, der ohne Rücksicht auf wirtschaftliche Gesichtspunkte sein Soll erfüllt oder gar übererfüllt, im Rahmen dieses Systems natürlich den Vogel abschießt. Wenn dieser Schützenkönig dann, des Ruhmes voll und neuer Taten durstig, den Antrag auf Erweiterung seiner

Fabrik stellt, dann besteht, vielmehr bestand bisher eine gute Chance, daß diese Investition zustande kam.

Die einzig denkbare Kontrolle in einem solchen System wäre theoretisch ein *homo oeconomicus,* dem diese Mißwirtschaft auf die Nerven fällt und der nach oben meldet: »So geht's nicht weiter! Wir könnten *hier* Material sparen, müßten *dort* rationalisieren, dies oder jenes ganz anders machen.« Aber ein solcher Mann wäre als Störenfried im allgemeinen Planerfüllungssystem ein Selbstmörder. »Außerdem«, so sagte ein unerbittlicher Kritiker des Systems und seiner Landsleute, »müssen Sie bedenken, daß die alle ja nichts von der Sache verstehen. Die entscheidenden Leute sind verdiente Kommunisten, aber keine Fachleute. Und sie wissen ganz gut, daß sie sich an den Posten klammern müssen, der ihnen einmal verliehen worden ist. Verlieren sie den Posten, dann bekommen sie nie wieder einen. Darum haben sie nur ein Bestreben: alles, was oben angeordnet wird, unter allen Umständen durchzuführen, auch wenn sie gemerkt haben sollten, daß es Blödsinn ist, und eben darum lautet ihre Devise weiterhin: Plan erfüllen und Ware für die Magazine produzieren.«

Die ČSSR hat ihren eigenen Liberman. Er heißt Professor Ota Šik. Šik ist ein ungewöhnlich liebenswürdiger Mann etwa Anfang Vierzig mit klaren durchdringenden Augen und einem scharfen, präzis funktionierenden Verstand. Er hat den Auftrag, die neuen Vorschläge für den Umbau der Wirtschaft in seinem Institut, das der Akademie der Wissenschaften angeschlossen ist, auszuarbeiten.

»Nein«, sagte Professor Šik, »der Unterschied ist nicht notwendigerweise so, wie Sie es formulieren, daß im *Kapitalismus* der Markt, im *Sozialismus* der Plan regiert. Auch bei uns wird in Zukunft der Markt eine wichtige Rolle spielen. Wir werden nur noch die Perspektivplanung, also die langfristige Planung, über fünf bis zehn Jahre oder noch länger aufstellen. Sie wird sich vorwiegend mit den Investitionen befassen und auch in gewisser Weise mit der Verteilung, also mit der Frage, wieviel konsumiert und wieviel investiert werden soll. Und diese Pläne werden nicht mehr von oben diktiert werden, sondern sie sollen nur auf Grund der Einsicht in die Notwendigkeiten, die die Führung hat, aber unter genauer Beobachtung der Informationen von unten konzipiert werden.«

Viel ist die Rede von ökonomischen Anreizen. Was immer das heißen mag: so viel ist klar, daß Rentabilität und Profit die entscheidende Rolle bei der Steuerung der Wirtschaft übernehmen sollen. Was wiederum heißen würde, daß die Preise den objektiven Marktgegebenheiten entsprechen müssen. Es ist sogar geplant, den Zins als Preis für Kapital wieder einzuführen, den Zins, der als arbeitsloses Einkommen vom Marxismus geradezu verabscheut wurde.

Die ersten, die das orthodoxe marxistische Schema durchbrochen haben, waren 1950 die Jugoslawen. Nach 1956 folgten dann die Polen mit dem »Polnischen Wirtschaftsmodell«. Beide gingen in ihren Bestrebungen von drei grundsätzlichen Forderungen aus. Erstens: Dezentralisierung und weitgehende finanzielle Unabhängigkeit der einzelnen Unternehmen. Zweitens: Schaffung marktähnlicher Bedingungen zwischen den staatlichen Produzenten und dem staatlichen Großhandel, der den Warenvertrieb besorgt. Drittens: Ersatz bürokratischer Direktiven durch wirtschaftliche Anreize.

War die erste Phase der Entstalinisierung durch *politische* Maßnahmen gekennzeichnet, wie Beseitigung des Terrors und Rehabilitierung der Opfer des Personenkults, so scheint die zweite Phase charakterisiert durch *wirtschaftlichen* Revisionismus, dessen Folgen – so müßte man meinen – noch weit tiefer in die Politik eingreifen werden als die erste Phase. Denn wenn man die Entscheidung darüber, wo investiert wird, aus der staatlichen Plankommission, also aus den Händen der politischen Führung, in die Kompetenz der neuen Manager (in der DDR sind es die Generaldirektoren der VVB) übergibt, diese sich aber letzten Endes nach Angebot und Nachfrage richten, so bedeutet das doch nichts anderes, als daß die Bevölkerung über den Marktmechanismus selbst bestimmt, wieviel produziert wird – eine im marxistischen Bereich fast unvorstellbare Revolution.

Wir Westler mit unserer pragmatischen Zuversicht und theoretischen Unschuld können uns gar nicht vorstellen, was der Marxist alles preisgeben und revidieren muß, wenn er bereit ist, dieses neue Modell zu akzeptieren; das ganze Marxsche Wert-system stimmt dann plötzlich nicht mehr. In der Redaktion der Zeitung *Hospodářské*, in der sich der öffentliche Teil der Diskussion abgespielt hat, sprach ich mit einem führenden Journalisten. Er war alles andere als ein Dogmatiker, aber auch er konnte sich die Wirtschaft ohne Plan nicht vorstellen:

»Wir brauchen ein gewisses Maß an Planung, denn wir müssen doch die soziale Frage lösen.«

»Vielleicht wird der Markt sie besser lösen als der Plan es bisher tat ...«

»Nein, der Markt schafft Ungerechtigkeiten. Er ermöglicht es, daß einzelne Leute andere ausbeuten.«

»Und wenn dabei dennoch ein Maximum an Wohlstand für die Mehrheit herauskäme?«

»Wenn der Kapitalismus die soziale Frage löst, dann bin ich bereit, ihn nicht mehr Kapitalismus zu nennen! Entscheidend wird letzten Endes auf globaler Ebene« – so fügte er hinzu – »die Frage sein, wohin die Dritte Welt sich wendet. Was meinen Sie?« Er sah mich gespannt an.

»Ich denke, diese Länder werden von uns das Geld nehmen und von euch das System, um erst einmal eine gewisse Entwicklungsstufe zu erreichen, denn mit eurem System kann man besser akkumulieren – man könnte auch sagen: ausbeuten – und dann werden sie sich letzten Endes dem Kapitalismus zuwenden.«

»Mein Gott, Sozialismus als Übergangsstufe zum Kapitalismus ...«

Er schlug die Hände zusammen, und allgemeines Gelächter war die Quittung für diese Häresie.

Der stellvertretende Direktor eines politisch-ökonomischen Instituts dagegen meinte, daß die Ära des atomaren Zeitalters überhaupt erst unter Anwendung intensiver Planung ihre vollen Möglichkeiten entfalten werde – die Entwicklung im Westen, nicht zuletzt in Brüssel, beweise dies. Die derzeitige Adaptation von gewissen Elementen, die man als kapitalistisch bezeichne, hätten nichts mit einem prinzipiellen Kurswechsel zu tun. Es habe sich lediglich herausgestellt, daß man in der zurückliegenden Phase den objektiven Gegebenheiten nicht genügend Rechnung getragen habe, und das versuche man jetzt eben zu korrigieren.

Unter den Intellektuellen habe ich zwei ganz verschiedene Reaktionen auf diese zurückliegende Phase angetroffen: überzeugte Kommunisten, die der Meinung sind, der Marxismus-Leninismus sei nur vulgarisiert und pervertiert worden, es werde schließlich aber möglich sein, den idealen Endzustand der klassenlosen Gesellschaft – der Gesellschaft ohne Fehl – zu errichten. Was seien schließlich schon ein paar Jahrzehnte im Angesicht der Menschheitsgeschichte: ein Versuch, der noch nichts besage! Man müsse es eben immer wieder versuchen. Der so sprach, ein echter Idealist, war in den Jahren des Slanskij-Prozesses viele Jahre im Gefängnis gewesen.

Die ganz andere Reaktion – die eines resignierenden Mannes – hörte sich so an: »Ich war knapp 20, als der Krieg zu Ende ging. Damals habe ich begeistert das Regime, unter dem heute 90 Prozent meiner Landsleute leiden, mit aufgebaut. Jahrelang habe ich Narr aus Patriotismus alle Fehler mit zugedeckt, jede Kritik unterdrückt, das junge Pflänzlein sollte ja behütet und geschützt werden. Jetzt sehe ich, was wir angerichtet haben. 20 Jahre sind einem unter den Händen zerronnen, nichts ist besser geworden. Ich bitte Sie, 20 Jahre nach dem Kriegsende kostet ein Auto noch so viel wie zwei Jahresgehälter eines Abteilungsleiters, und eine Sekretärin braucht ein Monatsgehalt, um sich einen halbwegs anständigen Mantel kaufen zu können. Es wird auch in Zukunft nicht erträglicher werden. Die Partei hat alles fest in der Hand, sie kann den Hahn auf- und zudrehen, wie es ihr gefällt. Wenn sie jetzt der Wirtschaft mehr Freiheit gewährt, dann wird sie auf geistigem Gebiet jeden Fortschritt stoppen aus Angst, sonst Einfluß zu verlieren.«

Und noch eine Stimme sei zitiert, weil sie mir besonders beherzigenswert erscheint. Einer der Avantgardisten sagte: »Immer wenn einer von uns kritisiert oder opponiert, dann wird der Betreffende im Westen als guter, weil antikommunistischer Mensch apostrophiert. Aber das ist erstens falsch, weil wir innerhalb des Systems kritisieren, zweitens schadet es uns, weil dadurch die individuelle Aussagemöglichkeit noch mehr beschränkt wird. Könnt ihr denn nicht endlich verstehen, daß wir den Kommunismus nicht beseitigen und euren Kapitalismus etablieren wollen, sondern daß wir unsinnige Versteinerungen an diesem System beseitigen möchten?«

Ein Aufatmen
geht durch Ungarn

Die Pragmatiker geben den Ton an

Budapest, im Oktober 1964

Was heißt Stalinismus? Diese Frage wird in jedem sozialistischen Lande anders beantwortet. In Ungarn nennt man all das stalinistisch, was gegen die »Wirtschaftlichkeit« verstößt. Höchste Wachstumsraten, optimale Ausnutzung der Investitionen, Weltmarktqualität – das sind die Forderungen des Tages. Und wie bei uns jede Unterhaltung sogleich ins Politische gleitet, führen hier die meisten Gespräche schon nach fünf Minuten in den ökonomischen Bereich.

»War der Stalinismus eigentlich eine Panne, die man hätte vermeiden können, oder ist er ein dem System immanentes Risiko?« Ein führender Ökonom an der Akademie der Wissenschaften – überzeugter Kommunist – antwortete:

»Wirtschaftlich gesehen, bestand der Fehler Stalins darin, daß er die Methoden einer bestimmten Epoche der UdSSR zur Therapie für alle anderen sozialistischen Länder verallgemeinerte, ohne Rücksicht auf deren jeweiligen Entwicklungsstand zu nehmen. Das war ein Mangel an Wissenschaftlichkeit, denn Marx und Lenin hatten uns ja die Bedeutung der Entwicklungsstufen gelehrt. Die Menschen sind eben immer ungeduldig und unterschätzen die Zeit, die notwendig ist, um große Veränderungen herbeizuführen. Das war in der Aufklärung genauso. Damals meinte man, es genüge Vernunft zu fordern und sie zum Zentrum aller Dinge zu erklären – und schon werde sie von allen angewandt.«

Der Professor, ein Mann von Mitte Vierzig, hochintelligent, sehr kultiviert, brillant in seinen Formulierungen, ging, während er nachdenklich dozierte, im Zimmer auf und ab. Dann blieb er stehen und sagte: »Auf die Aufklärung folgten schließlich die Romantik und der Historismus – auf den Dogmatismus folgt nun der Pragmatismus.« Sein Gesicht war unbeweglich und ließ nicht erkennen, ob er dies bedauerte oder ob ihn die Feststellung mit Genugtuung erfüllte. Aber ich glaube, für jeden überzeugten Marxisten ist der Pragmatismus doch wohl eine Kategorie niederer Lebensart.

Darum antwortete denn auch ein Philosoph – ebenfalls überzeugter Kommunist trotz mancherlei Unbilden, die er zu erleiden hatte – auf die gleiche Frage noch dezidierter: »Nein, der Stalinismus ist kein Fehler des kommunistischen Systems.«

»Aber das System ist doch auf einen Endzustand ausgerichtet und muß daher gegen jegliche Häresie und gegen jeden Liberalismus unduldsam vorgehen. Ist der Stalinismus nicht eben darum doch eine immanente Gefahr?«

»Nein. Marxismus als Gesellschaftssystem ist der höchste Grad der Wissenschaftlichkeit. Er läßt keinen Raum für Emotionen. Aber Stalin war ein Gewaltmensch und kein Theoretiker. Lenin hatte ganz recht, als er den ›Sozialismus in einem Lande‹ durchsetzte – gegen Trotzki und Sinowjew, die behaupteten, dies sei nicht möglich. Aber nach 1945, als so viele Länder zum Sozialismus übergingen, da hätte man jede einzelne Situation analysieren müssen und nicht alles über einen Leisten schlagen dürfen. Stalin nach 1945 war wie Bismarck nach 1871: Er hatte keine Theorie.«

»Sehen Sie«, fuhr der Philosoph listig zwinkernd fort, »der Bismarck hatte vollständig recht, aus dem preußischen Zollverein einen Staat zu machen, aber nach 1871 hatte er nicht begriffen, daß nun die nächsthöhere Stufe des Imperialismus beginnen mußte. Der phrasenhafte Hohlkopf, der Kaiser, hat die Sache viel besser erfaßt.«

Soweit die überzeugten Marxisten. Es gibt deren offenbar in allen sozialistischen Ländern Europas nicht allzu viele. Das Publikum und neuerdings auch das Gros der Funktionäre ist nicht an dem höchsten Grad der Wissenschaftlichkeit interessiert, sondern daran, eine Gesellschaft zu schaffen, in der mehr verdient wird und mehr gekauft werden kann, eine Gesellschaft, die es dem Westen in bezug auf Produktion und Konsumtion gleichtut.

Ungarn hat früher als die Tschechoslowakei mit dem wirtschaftlichen Revisionismus begonnen. Schon im Jahre 1957, also ein Jahr nach dem Aufstand, hat man mit Experimenten in einzelnen Betrieben und auch schon mit den ersten Systemänderungen begonnen. Und auf dem VIII. Parteitag im November 1962 wurde dann schließlich offiziell die Priorität der Wirtschaftlichkeit verkündet. Die Ungarn haben nicht lange diskutiert, sondern gehandelt.

Heute ist Ungarn das einzige Land im sozialistischen Lager, das den Zins wieder eingeführt hat (am 1. Januar 1964). Allerdings spricht die entsprechende Verordnung nicht von Zins, sondern schlicht von einer Abgabe. Und zwar müssen alle Unternehmen eine Abgabe von 5 Prozent auf ihr Anlagevermögen (nur Gebäude, nicht Grund und Boden) und auf ihr Umlaufvermögen (Maschinen, Ausrüstungen und Rohstoffe) entrichten. Ferner kann man in Ungarn jetzt wieder kleine Häuser als Privatbesitz sowie Eigentum an Neubauwohnungen erwerben. Und schließlich werden Handwerker ermutigt, wieder kleine Betriebe aufzumachen, um so dem Mangel an Reparaturwerkstätten abzuhelfen.

»Warum haben Sie eigentlich den Zins wieder eingeführt?« fragte ich einen Funktionär.

»Um die Betriebe zur Wirtschaftlichkeit zu erziehen. Sehen Sie, die haben bisher oft ohne Sinn und Verstand und ganz bedenkenlos Investitionsmittel angefordert. Jeder wollte die größte und neueste Fabrik haben, gleichgültig, ob sie wirtschaftlich produzierte oder nicht. Und ebenso ging es mit Maschinen. Da wurden teuere Anlagen gekauft, die dann manchmal nur mit einer Schicht und zeitweise auch gar nicht benutzt wurden. Jetzt müssen die Betriebe rechnen, und jetzt werden sie es sich zweimal überlegen, ob und wo sie investieren.«

Das ist in der Tat ein Novum, dessen umwälzende Konsequenzen sich noch gar nicht absehen lassen, denn es bedeutet, daß Investitionen nun nicht mehr nach politischen, sondern nach wirtschaftlichen Gesichtspunkten vorgenommen werden.

»Haben Sie noch mehr Neuerungen eingeführt, um wirtschaftliche Anreize zu geben, von denen hier so viel gesprochen wird?«

»Ja, viele. Beispielsweise die Beteiligung der Arbeiter am Mehrgewinn. Es gibt ferner für die Betriebe Zuschüsse bei Qualitätsverbesserungen oder Rückvergütungen bei technischem Fortschritt. Und man hat, was sehr wichtig ist, in der Landwirtschaft die obligatorischen Ablieferungen abgeschafft und steuert die Produktion jetzt nur noch durch die Preisfestsetzung. Mancherwärts ist man sogar bei den Bauern zu garantierten Löhnen übergegangen und zur Rentenzahlung an die Alten.«

Das planwirtschaftliche System hat zu vielen Auswüchsen geführt, man sollte sich deshalb aber nicht zu der Vorstellung verleiten lassen, in den Ostblockländern sei jahrelang nichts Vernünftiges geschehen. Die heutige Generation hatte und hat noch immer eine schwere Bürde zu tragen. Sie mußte in wenigen Jahrzehnten das leisten, was in den hochindustrialisierten Ländern Westeuropas in 150 Jahren geschaffen worden ist. Aber die sozialistische Wirtschaft bietet den Menschen auch einige Vorteile, die es bei uns nicht gibt. So kosten die Wohnungen praktisch nichts. Ich habe sehr anständige »besitzbürgerhaft« wirkende Neubauwohnungen in Budapest gesehen, von denen es Tausende gibt: zwei Zimmer, Küche, Bad, Abstellraum, wofür der Arbeiter 20 Mark im Monat zahlt. Und für 15 Pfennig fährt er mit der Elektrischen quer durch die ganze Stadt.

Das kommunistische Ideal hieß eben, zunächst einmal jedem die elementaren Notwendigkeiten des täglichen Lebens so billig wie möglich zugänglich zu machen, wozu natürlich auch die Erziehung gehört. Seit dies erreicht ist, verlangt die Bevölkerung mehr. Sie sieht die Vorteile im Westen sehr deutlich, während jene verblassen, die sie selbst genießt. Und nun wird es schwierig für die Regierung, denn beide »Errungenschaften« gleichzeitig zur Verfügung zu stellen ist nicht möglich. So ist der schwere Konflikt verständlich, in den die Ostblockregime geraten sind. Die überzeugten kommunistischen Theoretiker wollen nur ganz minimal vom System der Planwirtschaft abweichen, die Praktiker, die das Ganze in Gang halten müssen, denken pragmatisch.

Ein hoher Ministerialbeamter äußerte sich ganz undogmatisch. »Mir ist es egal«, sagte er, »nach welchem Muster produziert und exportiert wird, die Hauptsache ist doch, daß ein Maximum an Leistung dabei herauskommt und die Mehrheit der Menschen dabei zufriedengestellt wird.«

Ist die Mehrheit in Ungarn zufrieden? Es ist schwer, diese Frage als Fremder zu beantworten (ich weiß nicht einmal, ob ein »Eingeweihter« sie objektiv richtig beantworten könnte). Alles hat nicht nur zwei Seiten, sondern viele Facetten; die meisten Dinge sind nicht nur doppelbödig, sondern haben viele verschiedene ineinandergeschobene Schichten. Die Frage, ob die Ungarn zufrieden sind, wird wahrscheinlich immer zugleich mit Ja und mit Nein beantwortet werden müssen.

Ich sprach mit drei Arbeitern, die eine Leitung auf einem Berg verlegten, von dem aus man einen majestätischen Blick auf die Donau und auf die Stadt Budapest hat. »Ich sprach mit ihnen …« ist übrigens nicht ganz richtig: Wir rauchten zusammen, ans Sprechen war nicht zu denken, denn sie konnten nur ein paar Brocken Russisch, und ich wußte in ihrer Sprache nicht einmal, was »gut« heißt. Also sagte ich nach einiger Zeit, indem ich mit weit ausholender Geste auf Budapest deutete: *Charascho,* das einzige russische Wort, das ich kenne. Meine Huldigung wurde zunächst mit Schweigen quittiert. Dann sagte einer der Arbeiter: »*Charascho* nix gut – *gut* ist gut.« Und dann lachten alle drei unbändig.

Ich habe häufig solche Andeutungen gehört oder bin gewissen Metaphern begegnet, vor allem auch im Gespräch mit jungen Menschen, wobei russisch und kommunistisch sehr oft identifiziert wird. Einmal stieg ich aus einer Elektrischen zusammen mit einer Frau, die offenbar vom Lande kam und die mir auf deutsch den Weg beschrieb, nach dem ich mich erkundigt hatte.

»Wo kommen Sie her?« fragte sie hastig.

»Aus Hamburg.«

»Lassen Sie sich nichts vormachen, es geht uns sehr schlecht. Sie pressen uns aus.« Eine Sekunde später war sie im Gedränge verschwunden.

Auch das also gibt es. Aber ich muß sagen: Im ganzen spürt

man doch sehr deutlich, daß der schwere Druck von diesem Lande gewichen ist. Wer heute etwa aus der DDR nach Ungarn kommt, wird wahrscheinlich meinen, er sei gen Westen gereist. Gewiß, es gibt noch wenig Autos, die Ware, die man in den Schaufenstern sieht, ist teuer und in der Qualität nicht gleichwertig mit der der westlichen Länder, aber die Atmosphäre wirkt normal und entspannt. Nirgends in den Büros und Ämtern blickt der KP-Chef auf die Schreibtische hernieder; die Leute, die dort sitzen, sind als Fachleute ausgewählt worden und nicht, weil sie verdiente Mitglieder der Partei sind.

Man spürt: die meisten Menschen in Budapest atmen auf. Sie sprechen frei und ohne Vorbehalte, sie genießen, daß es vorangeht, daß sie sich wieder ein bißchen hübsch anziehen, sich dies und jenes leisten können. In diesem Jahr sind bis zum 1. September eine Million Ungarn im Ausland gewesen, davon etwa 400 000 im Westen – zwar mit einer minimalen Devisenzuteilung, aber jeder hat irgendwo Freunde und Verwandte, und so arrangiert man sich eben. Und die Fähigkeit, sich zu arrangieren, ist unwahrscheinlich groß bei diesem Volk, das während vieler Jahrhunderte immer von Fremden beherrscht wurde und das immer – zur Türkenzeit genauso wie in der sowjetischen Phase – mit allen Fasern nach Westen strebte und zu Europa gehörte.

Wir Deutsche, deren Sprache viele Ungarn wie ihre Muttersprache sprechen, sollten alles tun, um ihnen dabei zu helfen – sowohl im wirtschaftlichen wie im kulturellen Bereich. Mit vielen unserer Verbündeten hat die ungarische Regierung Kulturabkommen geschlossen. Noch in diesem Jahr werden mit Hilfe der *Ford Foundation* 25 bis 30 Wissenschaftler nach Amerika gehen, im nächsten Jahr werden Gastprofessoren aus England, Frankreich, Italien nach Ungarn kommen.

Und die Bundesrepublik? Mit der Humboldt-Stiftung klappt es noch nicht so richtig, sagte in höflichem *understatement* der Chef der Organisation, die die kulturellen Beziehungen mit dem Ausland pflegt.

Das Geheimnis Rumäniens

Die Entrussifizierung ersetzt die Liberalisierung

Bukarest, im Oktober 1964

Eine halbe Autostunde nördlich von Ploesti, etwas abseits der großen Straße nach Brasow (dem alten Kronstadt), liegt Doftana – ein paar Häuser, kaum ein Dorf. Man stapft einen Berg hinauf über holpriges Kopfsteinpflaster, das offensichtlich noch aus dem vorigen Jahrhundert stammt. Aus jener Zeit nämlich, da das große finstere Gefängnis errichtet wurde, in dem die rumänische Monarchie ihre politischen Widersacher einzusperren pflegte, bis schließlich 1940 ein großes Erdbeben wesentliche Teile des Baus vernichtete.

Es war ein Sonntag, ein herrlicher Herbsttag. Ich kam aus Sinaia, einem beliebten Ausflugsort, wo es von Besuchern wimmelte, die das ungewöhnlich häßliche, mit vielen Türmchen verzierte Schloß König Carols bewunderten. In Doftana dagegen war es ganz still. Das Interesse an diesem Platz ist offenbar nicht groß. Auch in Bukarest war er nicht erwähnt worden, als ich dort im Außenministerium den Plan für meine Reise zusammenstellte. Und doch scheint mir nachträglich, daß Doftana wenigstens eine gewisse Erklärung für das Geheimnis Rumäniens bietet, das mir von Tag zu Tag rätselhafter wurde.

In der Tschechoslowakei und in Ungarn hatte ich mit graduellen Unterschieden die gleiche Entwicklung und eine sehr ähnliche Problematik beobachtet: Dort waren die Regierungen bestrebt, mit Hilfe eines gewissen wirtschaftlichen Revisionismus, den man als die zweite Phase der Entstalinisierung bezeichnen könnte, vom Dogma der Planwirtschaft wegzukommen, um der ökonomischen Situation besser gerecht zu werden. Jeder dort hoffte, dieser Pragmatismus im wirtschaftlichen Bereich werde schließlich, vielleicht sogar automatisch, zur Liberalisierung auf politischem und kulturellem Gebiet führen. Ganz anders in Rumänien.

In Rumänien spricht niemand davon, daß das wirtschaftliche System durch Dezentralisierung oder durch die Einführung von Profit, Zins und Rentabilität reformiert werden müsse. In Rumänien ist man mit der Planwirtschaft sehr zufrieden. Und in der Tat sind in Rumänien, das während der letzten Jahre die höchsten Wachstumsraten der Welt aufzuweisen hatte (im Durchschnitt von 1950 bis 1963: 13 Prozent), Aufbauleistungen erzielt worden, die sich mit unserem berühmten Wirtschaftswunder durchaus messen können. Nur ja nichts ändern ist daher die Devise der rumänischen Regierung.

Die Folge, oder besser die Kehrseite: Man hat das Gefühl, daß sich auch auf innenpolitischem Gebiet hier in den letzten Jahren sehr viel weniger geändert hat als in Ungarn oder der Tschechoslowakei. Es wird nicht so frei gesprochen und geschrieben wie beispielsweise im nachbarlichen Ungarn. Kein Büro, kein offizieller Raum, wo nicht das Porträt des KP-Chefs Gheorghiu-Dej an der Wand hinge.

Ich fragte den Direktor eines großen Unternehmens in Galatz, ob eigentlich aus den an die Sowjetunion abgetretenen Gebietsteilen, Bessarabien und der Nordbukowina, also aus den nahegelegenen Provinzen, Einwohner nach Rumänien geflüchtet oder umgesiedelt worden seien. Die Antwort: Diese Frage könne er nicht beantworten, da sei er nicht zuständig. Ich fragte einen Universitätsprofessor, wie es eigentlich mit der russischen Sprache stehe, ob sie als Fremdsprache in der Schule noch obligatorisch sei? Jedermann weiß (und auch ich wußte), daß Russisch als Pflichtfach abgeschafft ist, aber der Professor lehnte die Beantwortung mit der Begründung ab, da sei er nicht zuständig, da müßte ich im Unterrichtsministerium nachfragen.

Was mir als das Geheimnis Rumäniens erschien? Erstens: daß das Plansystem, das in der ČSSR zum vollständigen Immobilismus der Wirtschaft geführt hat, in diesem Lande eine so große wirtschaftliche Dynamik auslöste. Zweitens: daß die Regierung in Bukarest es sich leisten kann, nach dem alten Schema weiterzuregieren, während rundherum fast alle osteuropäischen Staaten eine gewisse Liberalisierung zulassen müssen.

Im vergessenen Doftana fand ich die Antwort auf die Frage, warum das so ist. Bei einem Gang durch das riesige Gefängnis – es hatten sich noch vier oder fünf Leute dazugesellt – kamen wir auch an einzelnen Zellen vorbei, die mit kleinen Schildern markiert waren. Da stand: Gheorghiu-Dej, Emil Bodnaras, Chivu Stoica, George Apostol, um nur die wichtigsten der Leute, die heute Rumänien führen, zu nennen. Von den neun Mitgliedern des Politbüros haben sieben jahrelang in Doftana gesessen.

Die meisten von ihnen waren als Zwanzigjährige 1933, nach dem großen Streik der Eisenbahnarbeiter in Grivita, zu zehn und zwölf Jahren Gefängnis verurteilt worden; sie sind erst 1944 beim Einmarsch der Russen befreit worden. Die Führung des Landes ist also eine homogene Gruppe, die erst zehn Jahre zusammen im Gefängnis und dann weitere 20 Jahre zusammen in der Regierung gesessen hat. Und schließlich gehörte auf seine Weise auch der gegenwärtige Ministerpräsident Ion Maurer zu dieser Gruppe: Als Anwalt verteidigte er damals seine heutigen Kollegen vor den Gerichten König Carols.

Die KP Rumäniens war 1924 verboten worden. Als sie nach 20 Jahren wieder aus dem Untergrund auftauchte, hatte sie nur noch etwa 1000 Mitglieder. Im Gefängnis von Doftana hatte sich die Parteiführung allerdings bereits konstituiert. Dort waren die Pläne für die Zerschlagung der bürgerlichen Gesellschaft und für den kommunistischen Aufbau Rumäniens geschmiedet worden. Die Häftlinge von Doftana waren es, die dann nach ihrer Befreiung die Partei organisierten und die Kader nach ihren Vorstellungen formten. Sie waren es, die die wichtigsten Posten im Politbüro und dem Zentralkomitee besetzten. Seither regieren sie das Land.

Ich weiß nicht, ob es anderswo noch ein Politbüro gibt, von dessen Mitgliedern 80 Prozent seit 30 Jahren eine verschworene Gemeinschaft bilden und seit 20 Jahren unverändert die Führung der Partei innehaben. Ich könnte mir vorstellen, daß das Fehlen jeglicher Rivalitätskämpfe und Intrigen in der KP Rumäniens ein

Grund dafür ist, daß dieses Land und seine Wirtschaft mit so großer Umsicht und Konsequenz regiert und aufgebaut worden sind.

Freilich, auch die rumänische KP hatte einmal – es war 1952 – gewisse Machtkämpfe zu bestehen. Damals wurden Ana Pauker und Vasile Luca gestürzt, die beide zusammen 1936 verhaftet worden waren und viele Jahre in der Sowjetunion zugebracht hatten; mit ihnen stürzte damals der mächtige Innenminister Georgescu.

Heute sitzt niemand mehr im rumänischen Politbüro, der in der Moskauer Emigration war. (Nur ein einziger – Bodnaras – war, nachdem ihm 1942 die Flucht gelungen war, zwei Jahre lang in Rußland. Alle anderen haben die Jahre des Widerstands ausschließlich in Rumänien zugebracht – genauer in rumänischen Gefängnissen.) Und diese nationale Geschlossenheit der Parteiführung seit 1952 mag ein weiterer Grund für die Erfolge der kommunistischen Führung in Rumänien sein.

Es scheint, daß die Parteisäuberung, die durch den Sturz von Ana Pauker charakterisiert ist, nach und nach in eine Art vorzeitige Entstalinisierung umgemünzt worden ist. Heute sieht es fast so aus, als käme man deshalb in Bukarest um die, wie manche Leute meinen, längst fällige Distanzierung von der stalinistischen Ära herum.

Ganz sicherlich aber dient dieser Distanzierung die Entrussifizierung, die seit dem vorigen Jahr Schritt für Schritt durchgeführt wird – nie als ein offener Affront gegen Moskau, sondern mit immer wieder anderen sachlichen Begründungen. Russisch als Pflichtfach in der Volksschule wurde nur deshalb abgeschafft, wie mir der stellvertretende Unterrichtsminister sagte, weil die von langer Hand vorbereitete Schulreform des Jahres 1964 das Fazit der bisherigen Erfahrungen zog: nämlich, daß eine obligatorische Sprache (Russisch) und dazu eine fakultative (Englisch oder Französisch) für die Volksschule einfach zuviel ist. Darum habe man beschlossen, den Kindern von nun an nur noch eine Sprache zuzumuten. Die aber dürften sie unter den drei bisherigen auswählen.

Übrigens wirkt sich das so aus, daß in der achtjährigen Grundschule etwa 35 Prozent Französisch, der Rest zu gleichen Teilen Englisch und Russisch lernt. In der vierjährigen Oberschule kommt eine zweite Sprache hinzu – zur Wahl stehen Französisch, Englisch, Russisch, Deutsch. Die Majorität wählt Deutsch.

Jene Entrussifizierung, in deren Verlauf viele Straßen, Plätze und Kinos umgetauft und das von den Russen gestiftete Maxim-Gorki-Institut der rumänischen Sprachhochschule eingegliedert worden ist, wurde erstmalig bemerkt, als plötzlich auf den im Juni 1963 ausgegebenen Münzen nicht mehr *Ruminia* stand – der russische Name für Rumänien –, sondern wieder *Romina,* die rumänische Bezeichnung.

Kein Zweifel: Noch kaum eine Maßnahme der Regierung war bei der Bevölkerung so populär wie die Entrussifizierung. Und hierin liegt die Antwort auf die Frage, wie es kommt, daß die Regierung in Bukarest es sich leisten kann, ohne Liberalisierung auszukommen: Sie ersetzt eben die Liberalisierung durch Entrussifizierung. Ob das allerdings auf die Dauer ausreichen wird, ist eine andere Frage.

Nun ist es sicherlich nicht so, daß der rasche wirtschaftliche Aufstieg Rumäniens allein der Kontinuität einer nationalbewußten Führung zuzuschreiben ist. Eine wesentliche Voraussetzung war zweifellos auch die Tatsache, daß Rumänien über flüssiges Gold verfügt, nämlich über Öl. Dieses Öl stellt eine internationale Währung dar, die es Rumänien erlaubt, seit 1958 ganz systematisch einen Teil seiner industriellen Ausrüstung im Westen zu kaufen. Während der letzten fünf Jahre wurden für rund zwei Milliarden D-Mark industrielle Anlagen im Westen gekauft; während der nächsten fünf Jahre soll hierfür die doppelte Summe ausgegeben werden.

Außerdem sind die Rumänen sehr geschickt. Sie sind Pragmatiker – manche sagen: Opportunisten. Sie haben von vornherein ihre nationale Wirtschaftspolitik sehr genau überdacht und dann das Plansystem dazu benutzt, ihre Einsichten und Beschlüsse konsequent durchzuführen – während viele andere sich der Planung nur bedienten, um das entsprechende Dogma bis zur totalen Absurdität durchzuexerzieren.

Und die Rumänen haben schließlich sehr früh eingesehen, daß

die Industrialisierung eines unterentwickelten Landes – und das war Rumänien bis zum Ende des Zweiten Weltkrieges – nur dann Sinn hat, wenn die neue Industrie von allererster Qualität ist und die produzierten Güter auf dem Weltmarkt konkurrieren können. So ist beispielsweise die Industrie in einem erstaunlich hohen Grade automatisiert worden, damit das Land zunächst einmal mit wenigen Spezialisten auskommen und die Kader in Ruhe ausbilden kann.

Schließlich aber ist den Rumänen offenbar als einzigen das Kunststück gelungen, die Überbürokratisierung ihrer Planwirtschaft zu vermeiden. Sie selbst sagen, wenn man sie nach dem Grund dafür befragt, sie hätten sich eben nie auf eine übertriebene Zentralisierung eingelassen.

Während der ganzen Zeit des wirtschaftlichen Aufbaus hatten die Rumänen politisch den Musterschüler gespielt: Nie eine Divergenz mit Moskau, keinerlei Opposition, keine Eigenmächtigkeit. Das blieb so bis 1963, als Moskau verlangte, Bukarest solle seine wirtschaftlichen Fortschritte mit dem *Comecon* teilen, ja, seinen Aufschwung zugunsten der anderen sozialistischen Länder bremsen. Danach benutzten die Rumänen den Streit zwischen Moskau und Peking, um sich ihre politische und wirtschaftliche Souveränität zu erkämpfen.

Rumänien geht seinen eigenen Weg. Und wenn nicht alles trügt, so wird es dies auch in Zukunft tun. Eine rumänische Zeitung war als einzige im ganzen osteuropäischen Bereich mutig genug, schon gleich am Tage nach Chruschtschows Sturz in einem Leitartikel Stellung zu diesem Ereignis zu nehmen. Sie bedauerte das Ausscheiden des verdienten Kreml-Chefs und kritisierte die Art und Weise, wie man ihn ohne Dank für seine elfjährige Tätigkeit entließ.

Dies aber war nun gewiß nicht Opportunismus, sondern der Beweis für eine souveräne Haltung.

Auch im Osten ist Europa

Die Bundesrepublik hat keine Alternativen
zum Kalten Krieg entwickelt

Hamburg, im Oktober 1964

Wenn es zutrifft, daß Chruschtschow gestürzt wurde, um die Desintegration des kommunistischen Lagers aufzuhalten, so scheint es heute bereits mehr als zweifelhaft, ob seine Absetzung wirklich geeignet war, den Weg zu diesem Ziel zu ebnen. Die Osteuropäer haben jede Gelegenheit benutzt, um ein wenig unabhängiger von Moskau zu werden.

Diese Situation beweist, wie unrecht jene hatten, deren »Freiheitsbewußtsein« sich seit Jahren dagegen auflehnt, daß die Beziehungen zum kommunistischen Osteuropa und daß vor allem der Handel wesentlich ausgedehnt wird. Ihr Argument lautete stets: Wenn wir diesen Ländern Kredit einräumen, wenn wir ihnen lebenswichtige Güter liefern, dann kommt das nur den Russen zugute – weil sie entweder dem betreffenden Lande dann entsprechend mehr abpressen oder ihm ihrerseits nun weniger zu liefern brauchen. Welcher Irrtum! Die Erfahrung zeigt jetzt deutlich, daß jede ihnen gewährte Hilfe, jede Lieferung nicht der Stärkung des kommunistischen Lagers diente, sondern daß jede derartige Aktion ein Pflasterstein auf dem Wege zur größeren Selbständigkeit war. Wir, die Deutschen, können uns kaum rühmen, viele solche Pflastersteine geliefert zu haben. Dies stellt man mit Bedauern fest, wenn man durch Osteuropa reist.

Warum das so ist? Auf diese Frage gibt es eigentlich nur eine Antwort: Weil die Bundesrepublik nie eine durchdachte Alternativpolitik zum Kalten Krieg entwickelt hat. Die wertvollen Jahre nach dem XX. und XXI. Parteikongreß vergingen, der erste Elan von Chruschtschows Entstalinisierung, 1956 die Reaktionen in

Polen und Ungarn verpufften, ohne daß Bonn die Entwicklung zur Kenntnis nahm. Kuba lehrte uns, daß der große Krieg nicht stattfindet, mithin Koexistenz die logische Folgerung sein müsse, Kennedy entwickelte die Friedensstrategie, die SPD die Politik des Wandels durch Annäherung, aber erst 1963/64 gelang es Außenminister Schröder, die Etablierung von Handelsmissionen in einigen östlichen Ländern durchzusetzen.

Für viele Politiker in Bonn blieb in allen Stürmen der Veränderung das alte Weltbild unkorrigiert bestehen, nämlich die Vorstellung, daß Kommunismus sich immer und für alle Zeiten in Terror und KZ manifestieren müsse, und die Überzeugung, daß nur die liberale Marktwirtschaft in der Lage sei, wirtschaftliche Erfolge zu zeitigen.

Ich kann nicht leugnen, daß diese Auffassung, in der Grundkonzeption jedenfalls, im Westen so suggestiv geworden ist, daß jeder, der nach Osten reist, dort Überraschungen erlebt. Ich fand am überraschendsten die Verschiedenheit zwischen den einzelnen osteuropäischen Ländern. Während die Tschechen das planwirtschaftliche System total reformieren möchten, wollen die Rumänen es unangetastet lassen. In Polen ist die gesamte Weltpresse in öffentlichen Lesehallen jedermann zugänglich, in Ungarn steht sie nur den Gästen der großen internationalen Hotels zur Verfügung, in der ČSSR und in Rumänien bekommt kein normaler Sterblicher je eine westliche Zeitung zu sehen. Sehr merkwürdig hat mich berührt, daß jedes dieser Länder in einer Art Isolation für sich lebt. Die großen Professoren und Schriftsteller von Warschau, Belgrad, Bukarest sind in Budapest oder Prag meist unbekannt. Professor Šik, der bedeutende »Liberman der ČSSR«, hatte noch nie den Namen des gleichfalls bedeutenden bulgarischen »Liberman« gehört. Professor Petku Kunin – wer das sei?, fragte er mich. Dabei huldigt Professor Kunin, der 1947 als Industrieminister in Sofia die Industrie verstaatlichte, der dann 15 Jahre im Gefängnis saß und jetzt, nach seiner Rehabilitierung, darangeht, die Planwirtschaft Bulgariens zu reformieren, genau den gleichen Ideen wie Šik.

Dieser in den sozialistischen Ländern plötzlich ausgebrochene Reformeifer läßt viele im Westen meinen, die Marxisten hätten ihre Unzulänglichkeit eingesehen und täten jetzt die ersten Schritte auf dem Wege zur kapitalistischen Bekehrung. Das ist ein Irrtum. Das Lebensgefühl der sozialistischen Staaten weist mindestens subjektiv keine Zeichen von Schwäche auf. Die Welt sieht sich eben von der anderen Seite des Vorhangs ganz anders an. Dort sieht man das Auseinanderbrechen der NATO, die Schwierigkeiten der EWG, den Autoritätsschwund Amerikas – mit einem Wort: das Dilemma des Westens – viel deutlicher als die eigenen Probleme.

Daher das ungebrochene Lebensgefühl: In Budapest erlebte ich den ersten Besuch Titos seit den Ereignissen von 1956, die das Verhältnis der beiden Länder schwer getrübt hatten. In seiner Begrüßungsrede sagte der ungarische KP-Chef Kadar: »In den vergangenen zwei Jahrzehnten haben gigantische Veränderungen überall in der Welt stattgefunden. 1945 gab es nur ein sozialistisches Land, heute sind es 14 Staaten, die ein Drittel der Menschheit umfassen.« Und Tito antwortete: »Heute sind es nicht zwei unterentwickelte agrarische Länder, sondern zwei sozialistische Länder, deren Völker eine hochentwickelte Industrie und eine differenzierte Volkswirtschaft geschaffen haben.« Schwäche? Inferioritätskomplexe? Nein. Man ist mit Recht stolz auf das, was geschaffen wurde, und man glaubt, wahrscheinlich zu Unrecht, daß es in der gleichen Progression so weitergehen werde.

Im Westen hat man über Chruschtschow gelacht, der davon träumte, die USA wirtschaftlich nicht nur einzuholen, sondern zu überflügeln. Im Osten aber argumentiert man so: Rußland stand vor dem Ersten Weltkrieg an fünfter Stelle unter den Industrienationen (hinter den USA, Großbritannien, Deutschland, Frankreich). Heute ist es dank des sozialistischen Systems an die zweite Stelle aufgerückt. Und weiter: 1928 betrug die Industrieproduktion der Sowjetunion ein Zehntel der US-Produktion – heute bereits mehr als die Hälfte. Da die Investitionsrate der Sowjetunion mit 25 bis 30 Prozent im Jahr wesentlich über der der USA liegt, die nur 10 Prozent beträgt, sei – so geht die Beweisführung weiter – das jährliche Gesamtwachstum etwa doppelt so groß wie das der USA. Und daher lautet die Schlußfolgerung: Man kann sich genau ausrechnen, wann Rußland die Vereinigten Staaten einholen, wann die Planwirtschaft den Kapitalismus ausstechen wird.

Eine Überraschung vergaß ich zu erwähnen. Man weiß, daß das Zugehörigkeitsgefühl zum Westen sehr stark ist – zum Westen als Begriff. Wenn man differenziert, zeigt sich freilich, daß unter den heutigen Regimen das Geschichtsbild doch sehr anders geworden ist. Von England wissen die meisten sehr wenig; Frankreich übt seine traditionelle Faszination nur noch auf Rumänien aus, und Amerika erscheint anziehend und abstoßend zugleich. Wirklich überraschend aber war es zu erleben, daß das Mißtrauen gegen Deutschland offenbar nur noch sozusagen von den *Profis,* oft sogar mit einiger Mühe, aufrechterhalten wird.

Überall ist das Interesse wach und der Wunsch lebendig, engere Beziehungen mit der Bundesrepublik einzugehen – schon um die eigene Wirtschaft zu fördern. In Prag, wo noch keine Handelsmission besteht, sagte ein Funktionär, und seine Stimme drückte Bedauern aus: »Den letzten beißen die Hunde. Die anderen haben das allgemeine Tohuwabohu ausgenutzt, da fiel die Sache nicht so auf. Aber jetzt blickt alles auf uns wegen der Berlin-Klausel. Wir haben leider den richtigen Moment verpaßt.«

Um so größer ist die Enttäuschung jener Länder, daß Bonn, wie sie sagen, ganz uninteressiert ist. Zum Beweis wird angeführt, daß es für einen Osteuropäer vier Wochen und länger dauert, ein Visum für die Bundesrepublik zu bekommen, während wir umgekehrt das Visum innerhalb von zehn Minuten an der Grenze oder auf dem Flugplatz in Prag, Budapest oder Bukarest erhalten.

Ich fragte den führenden Germanisten Bukarests, der auch stellvertretender Erziehungsminister und mithin eine sehr wichtige Persönlichkeit ist, ob er wie seine Kollegen aus Prag und Budapest zum Germanistenkongreß nach Essen kommen werde. Nein, er kommt nicht, weil er nicht eingeladen wurde! Dabei befinden sich augenblicklich in Rumänien 120 Germanisten in Ausbildung. Das ist die höchste Zahl, die irgendeines der osteuropäischen Länder in dieser Fakultät aufzuweisen hat.

Im ungarischen Handelsministerium sagte man mir: »Die Grundeinstellung Bonns gegenüber dem Osthandel ist negativ. Wenn die Ware Qualitätsmängel hat, ist man unbesorgt und macht uns keine Schwierigkeiten. Ist sie aber konkurrenzfähig, dann werden Mengenregulierungen, die als Abschöpfung getarnt sind, eingeführt.« Zum Beweis legte er einen Ausschnitt aus der *Welt* vor. Dort wurde aus Brüssel gemeldet: »Weil Dänemark und Finnland sonst in Schwierigkeiten mit dem Absatz von Eiern geraten, wird die Abschöpfung bei ungarischen Eiern verdoppelt.«

Ein leitender Ministerialdirektor meinte: »Vielleicht liegt es auch daran, daß das Auswärtige Amt keine Spezialisten für Osthandel hat und darum allen Einwendungen der Fachverbände und Gruppeninteressen ausgeliefert ist. Die Leute, die den negativen Standpunkt vorbringen, haben stets leichtes Spiel. In Bonn ist man eben ganz und gar auf den Westen ausgerichtet.«

Es ist richtig: Unser Weltbild endet am Eisernen Vorhang. Zu Stalins Zeiten war das begreiflich. Aber heute? Wir haben wahrscheinlich den günstigsten Zeitpunkt Mitte der fünfziger Jahre verpaßt. Damals hätte man politisch manches tun können. Heute, Mitte der sechziger Jahre, bietet sich auf wirtschaftlichem Gebiet noch einmal eine Gelegenheit, etwas zu tun, weil diese Länder uns als Partner brauchen.

Man muß nur hoffen, daß wir uns nicht einreden lassen, Südamerika liege uns doch viel näher als Osteuropa.

Bonn entschlußlos
und ohne Mut

Viele Gelegenheiten sind verpaßt worden

Hamburg, im September 1966

Da war nun also ein leibhaftiger Minister der Bundesregierung in Rumänien, der erste, der seit Kriegsende in ein osteuropäisches Land vordrang. Seine Reise war eine wohlüberlegte, ganz außerordentliche Maßnahme, die dem höchst bedeutsamen Anlaß entsprach: Weichenstellung für die Aufnahme diplomatischer Beziehungen mit Bukarest. Minister Schmücker wurde auf das herzlichste empfangen, nicht nur vom Handelsminister und vom Außenminister, sondern auch vom Ministerpräsidenten und, was niemand erwartet hatte, sogar von Rumäniens starkem Mann, dem KP-Generalsekretär Ceauşescu.

Während die Erneuerung des Handelsvertrages und eines Kulturabkommens mit Moskau in diesem Jahr scheiterte, während ein Abkommen über die Errichtung von Handelsmissionen mit Prag seit Jahren nicht zustande kommt, während die Beziehungen zu Polen immer frostiger werden, zeichnet sich ab, daß Rumänien bereit ist, diplomatische Beziehungen ohne besondere Bedingungen aufzunehmen. Diplomatische Beziehungen, die Budapest mit einem Blick auf die in Ungarn noch immer stationierten russischen Divisionen ohne die Genehmigung Moskaus nur schwer eingehen könnte; die Prag nur bereit ist zu etablieren, wenn Bonn das Münchener Abkommen annulliert, und Warschau nur dann, wenn Oder und Neiße als Grenze anerkannt, auf Nuklearbeteiligung endgültig verzichtet und die Existenz eines zweiten deutschen Staates ausdrücklich bestätigt wird.

Man sollte meinen, daß Bonn alles daransetzen werde, die Bukarester Gelegenheit beim Schopf zu ergreifen, und daß natür-

156

lich vor jener spektakulären Ministerreise alle Konsequenzen bis ins letzte durchdacht worden sind. Aber davon ist offenbar keine Rede. Aufs äußerste verblüfft liest man die Feststellung des außenpolitischen Sprechers der CDU/CSU-Fraktion, Majonika, es gebe noch »eine Reihe von Fragen«, die geklärt werden müßten, ehe Bonn und Bukarest Botschafter austauschen könnten. Man dürfe nichts übereilen, heißt es in Bonn. Aber hatten wir nicht mehr als zehn Jahre Zeit, über diese Fragen nachzudenken?

Wenn das Kabinett Erhard, das bis an den Hals in der Patsche sitzt, es tatsächlich dahin kommen lassen sollte, daß die Aufnahme diplomatischer Beziehungen mit Bukarest solange hinausgezögert wird, bis der vereinte Druck aller anderen sozialistischen Länder unter Führung des großen Bruders in Moskau die Rumänen nötigt, von ihrem Plan abzulassen, dann hätte die Bundesregierung wirklich ihren letzten Kredit verspielt. Hat sie denn noch immer nicht gemerkt, was sie mit ihrer chronischen Entschlußlosigkeit und ihren fortzeugend neue Skrupel gebärenden juristischen Bedenken schon alles verpaßt und verpatzt hat? Es gibt Beweise für diesen Vorwurf:

Im November 1958 erfanden die Sowjets, die bis dahin nichts gegen die Einbeziehung West-Berlins in die Verträge der Bundesrepublik mit anderen Staaten gehabt hatten, die Drei-Staaten-Theorie. Damit war der Stein des Anstoßes geschaffen, an dem die Verträge mit den Oststaaten gewöhnlich hängenbleiben, weil die Bundesrepublik sich daraufhin gezwungen sah, allergrößten Wert auf die 1952 von den Alliierten formulierte Berlin-Klausel zu legen. Beim ersten deutsch-sowjetischen Handelsvertrag im Frühjahr 1958 hatte Mikojan noch keinerlei Einwendung gegen die Einbeziehung West-Berlins geltend gemacht. Zwei Jahre später, beim zweitenmal, lehnte er dies kategorisch ab. Die Zeit hat also nicht für uns gearbeitet.

Ferner: Wladyslaw Tykocinski, der langjährige Chef der polnischen Militärmission in West-Berlin, der sich im Mai 1965 nach Westen absetzte, berichtete kürzlich, die polnischen Diplomaten wären Ende 1958 zum erstenmal angewiesen worden, die Frage diplomatischer Beziehungen zwischen Warschau und Bonn mit der Vorbedingung zu koppeln, Bonn müsse die Westgrenze Polens anerkennen. Also wieder ein Stück Verschlechterung durch Nichthandeln und Verschleppen, denn offenbar wäre man ja vor 1958 ohne diese ausdrückliche Anerkennung ausgekommen.

Soll das nun etwa noch einmal praktiziert werden? Soll es immer so weitergehen?

Man darf doch nicht vergessen, daß nicht nur wir eine Reihe Fragen bedenken müssen: die Hallstein-Doktrin, die Berlin-Klausel, das Bonner Alleinvertretungsrecht. Auch die Osteuropäer, die unter Moskaus und Ost-Berlins Druck stehen, müssen Rücksicht nehmen. 1964 sagte man in Prag: »Hätten wir uns im Jahr zuvor, als Rumänien und Ungarn Handelsmissionen mit Bonn austauschten, sofort angeschlossen, dann wäre es gegangen, aber jetzt starrt der ganze Osten mit erhobenem Zeigefinger auf uns, jetzt schaffen wir es nicht mehr.« Und dabei ist es dann bis heute geblieben.

Der erhobene Zeigefinger drückte – und drückt noch immer – die Mahnung aus: Vorsicht vor den Deutschen. Der Appell an die Angst vor der Bundesrepublik ist der einzig unbestritten gebliebene Integrationsfaktor des östlichen Lagers und das einzig glaubhafte Argument für Moskaus Forderung nach Solidarität. Wenn wir die DDR bei ihren sozialistischen Allianzpartnern ausstechen wollen, dann genügt es wirklich nicht, daß wir hochmütig auf Distanz halten.

Noch einmal: Es gibt verpaßte Gelegenheiten, und es gibt Kreuzungen und Weichen, zu denen man nie zurückkehren wird. Rumänien ist aus mancherlei Gründen außenpolitisch undoktrinärer als alle seine Nachbarn. Wenn wir jetzt die Rumänen enttäuschen, die die Schrittmacher sein könnten, dann werden wir auf absehbare Zeit alle Hoffnung auf Fortschritte preisgeben müssen. Dann können wir die Ostpolitik getrost den Touristen überlassen, die bisher ohnehin für die Auflockerung mehr getan haben als unsere Regierung.

Ostpolitik als Friedensstrategie

Endlich kommt Bewegung in Bonns Außenpolitik

Hamburg, im Februar 1967

Es gibt merkwürdige Widersprüche in der Politik: Adam Rapacki, Polens Außenminister, der jenem Plan seinen Namen gab, welcher seit einem Jahrzehnt die Entnuklearisierung Zentraleuropas fordert, um auf diese Weise zur Entspannung zu gelangen, ist nun, da endlich die Bundesrepublik auf Entspannung eingeschwenkt ist, härter denn je. Die Forderungen, die er stellt, blockieren ganz einfach jene lang herbeigesehnte Entwicklung.

Und auch dies: Als Außenminister Schröder vor fünf Monaten, im September 1966, diplomatische Beziehungen mit Rumänien aufnehmen wollte und Minister Schmücker zu diesem Zweck nach Bukarest gereist war, legte Franz Josef Strauß sich ins Zeug und vereitelte dieses Vorhaben; heute aber gehört er jener Regierung an, die gefeiert wird, weil es ihr gelang, diplomatische Beziehungen mit Rumänien aufzunehmen. Strauß triumphiert sozusagen über seinen eigenen Einspruch.

Nun, Widersprüche hin oder her, wer könnte sich mehr über diesen Schritt freuen als diejenigen, die seit Jahren die Regierung in Bonn und die deutsche Öffentlichkeit beschworen haben, doch die Ostpolitik nicht zu vergessen, vielmehr daran zu denken, daß wir in der Mitte Europas angesiedelt sind und daß darum unsere Welt nicht am Eisernen Vorhang enden darf? *Die Zeit* ist seit 1956 nicht müde geworden, immer wieder auf die Veränderungen im Osten hinzuweisen, auf Stalins Tod, den XX. Parteikongreß, die Ereignisse in Ungarn, die Entwicklung in Jugoslawien – und daraus zu folgern, daß es Zeit sei, auf diese Ereignisse mit einer neuen Politik zu reagieren.

Nun ist also endlich – dem Himmel und der Großen Koalition sei Dank – ein sichtbarer Anfang gesetzt. Der Bann ist gebrochen, die Bremsklötze wurden beseitigt, in die deutsche Außenpolitik ist Bewegung gekommen. Mit Rumänien sind diplomatische Beziehungen aufgenommen worden, Ungarn dürfte sehr bald folgen, und auch mit Prag scheint in den wesentlichen Punkten Einigkeit erzielt worden zu sein; es fragt sich nur, wieweit sich die beiden durch das wütende Störfeuer von Moskau und Ost-Berlin einschüchtern lassen.

Gewiß könnte man voller Skepsis fragen: Was bedeuten schon diplomatische Beziehungen? Vor zwölf Jahren haben wir mit Moskau Botschafter ausgetauscht, und dennoch sind die Beziehungen eisig, wie die furiose sowjetische Note der letzten Woche von neuem beweist. Wir haben vor zehn Jahren die Botschaft in Belgrad geschlossen, weil Tito Ost-Berlin anerkannte, und haben trotzdem sehr gute und vielfältige Beziehungen mit Jugoslawien: 800 000 Bundesbürger reisten im vorigen Jahr dorthin, die Hälfte aller jugoslawischen Arbeiter, die im Ausland arbeiten, befindet sich in der Bundesrepublik.

Wenn dies so ist, was eigentlich verspricht man sich dann vom Botschafteraustausch mit den osteuropäischen Staaten? Die Osteuropäer versprechen sich davon vor allem erhöhte Sicherheit. Sie erwarten überdies eine *Apertura al ovest,* eine Öffnung nach Westen – also mehr Kontakte, leichteres Reisen, Investitionshilfen. Wir hingegen hoffen, daß endlich das haßverzerrte Deutschlandbild der Ostvölker korrigiert werden wird.

Außenminister Brandt hat in Straßburg die Essenz der neuen Politik sehr überzeugend formuliert. Er sagte: Entspannungspolitik ist eine Politik, mit der »um den Ausgleich gegensätzlicher Ziele und Interessen gerungen wird«, ein Ausgleich, »der die Grundlagen für eine dauerhafte europäische Friedensordnung schaffen soll«.

In dieser Definition steckt alle Hoffnung und zugleich auch das ganze Dilemma – das Dilemma gegensätzlicher Ziele und Interessen. Denn darüber muß man sich klar sein: Entspannung bedeutet jedem etwas anderes. Wenn der Osten sich auf Entspannung einläßt, dann meint er größere Sicherheit, und dies wiederum – darin sind die Interessen Moskaus und der osteuropäischen Staaten identisch – heißt: Sicherung der Ergebnisse des Zweiten Weltkrieges, also der Teilung Deutschlands und der Eingliederung des einen Deutschlands in das Bündnis- und Wirtschaftssystem der kommunistischen Staaten. Auch für uns bedeutet Entspannung zwar, wie Brandt definiert hat, die Voraussetzung für eine dauerhafte europäische Friedensordnung, aber diese kann in unseren Augen nur identisch sein mit der Wiedervereinigung Deutschlands.

Übrigens bestehen solche Differenzen in der Interpretation nicht nur gegenüber dem Osten, sondern auch im Verhältnis zu Frankreich. Wenn *wir* von der »deutschen Frage« sprechen, dann meinen wir die Wiedervereinigung. Wenn *de Gaulle* sagt, »la question allemande« müsse gelöst werden, dann heißt das, die deutsche Frage muß entschärft werden, weil die Vision des Generals vom wiedervereinigten Europa den Zustand des Kalten Krieges zwischen den beiden Teilen Deutschlands nicht zuläßt. Entschärfung aber kann auch darin bestehen, daß die Deutschen sich an die Teilung gewöhnen.

Unter diesen Umständen ist es von allergrößter Wichtigkeit, ein klares Konzept zu haben, die eigenen Ziele und die der anderen genau zu durchdenken. Und das heißt, die Fragen zu beantworten: Nützt uns die neue Politik auch gegenüber Moskau, oder erschwert sie die Verständigung mit den Sowjets? Bis zu welchem Grade können wir Entspannung auch der DDR gegenüber praktizieren, ohne die Teilung zu verewigen? Welche Westpolitik muß dieser spezifischen Ostpolitik koordiniert sein?

Nur ein Wort zu der letzten Frage. Es ist eine sehr glückliche Fügung, daß unsere neue Entspannungspolitik im Einklang mit dem großen Spiel de Gaulles steht. Das ist gar nicht ganz selbstverständlich, denn der General war keineswegs, wie Alfred Grosser kürzlich in seiner Analyse der französischen Politik behauptete, seit je her für Entspannung. Er hat sich vielmehr zu den Zeiten, da Kennedy die Friedensstrategie entwickelte, ja, noch 1963, gegen jede Absprache mit den Sowjets gesträubt, mit der Begründung, mit ihnen wisse man nur, wo man anfange, aber nie, wo man ende.

De Gaulles Zielsetzung ist es, ein europäisches Europa zu schaffen, das zwischen den beiden Supermächten, den USA und der Sowjetunion, einigermaßen unabhängig existieren kann. Sein Weg dahin führt erstens über eine Annäherung an die Sowjetunion, um die Wiedervereinigung Europas, das heißt, die Öffnung Osteuropas nach Westen zu ermöglichen, und zweitens über die Verdrängung Amerikas aus Europa. In diesem zweiten Punkt decken sich seine Interessen mit denen Moskaus, aber nicht mit unseren.

Der Wiederaufbau der Bundesrepublik nach dem Zusammenbruch, die Eindämmung des Kommunismus an der Elbe in den ausgehenden vierziger Jahren, die Verteidigung Berlins in den fünfziger und sechziger Jahren, das alles war nur möglich, weil das damalige Übergewicht der Sowjetunion durch die vereinten Kräfte von Amerika, England und Kontinentaleuropa balanciert wurde. Und jetzt soll dieses Konsortium, seines tragenden Pfeilers – der amerikanischen Supermacht – beraubt, um England vermindert, in der Lage sein, der Sowjetunion ein Gegengewicht zu bieten? Denn selbst ein ideologisch gezähmtes Rußland und ein »imperialistisch« entschärftes Westeuropa werden immer zum äußersten entschlossene Rivalen sein – Rivalen um die Macht. Und dieser Zustand ist nur dann gefahrlos, wenn ein Gleichgewicht besteht.

Noch einmal: Es ist richtig, eine Politik der Entspannung zu treiben. Daß uns der Immobilismus dem Ziel Nr. 1 unserer Außenpolitik, nämlich der Wiedervereinigung, keinen Schritt nähergebracht hat, das ist heute auch dem letzten Nachzügler im Heer der politischen Beobachter deutlich geworden. Aber es ist wichtig, ein klares Konzept für die neue Politik zu haben. Im Augenblick kann man die Sorgen nicht ganz beschwichtigen, daß eine gewisse Euphorie über die ersten Erfolge der neuen, beweglichen Politik diese als Selbstzweck, als Erfolg an sich, erscheinen läßt.

Man hat das ungemütliche Gefühl, daß die Theorie zu dieser Praxis erst noch gefunden werden muß. *Pragmatisme sans horizon* – Pragmatismus ohne Horizont – hat ein kluger Franzose eine solche Politik kürzlich genannt.

Im Einklang mit der Geschichte

Die neue Ostpolitik der Großen Koalition

Hamburg, im April 1967

»Kein Wunder, daß unsere Ostpolitik sich festgelaufen hat, es war eben ganz falsch, mit den Rumänen anzufangen, die doch bei allen anderen sozialistischen Staaten im Osten als unsichere Kantonisten gelten.« Dieser Vorwurf der politischen Berufskritiker geht von der ganz und gar unpolitischen Vorstellung aus, die Gelegenheiten böten sich so optimal, wie man sie sich zuweilen erträumt.

Nein, wer auf einer Insel sitzt und zu fernen Ufern strebt, der wird nach langem, allzu langem Warten ganz bestimmt den ersten Nachen besteigen, der auftaucht, und nicht auf ein Motorboot warten (das vielleicht nie vorüberkommt), selbst wenn die Gefahr besteht, daß eine längere Flaute die Ankunft weiter verzögern wird.

Überdies ist die Vorstellung wirklich naiv, die sozialistischen Bruderstaaten wären böse, weil wir mit dem *enfant terrible* Rumänien angefangen haben und nicht mit dem Musterknaben Polen. Ganz abgesehen davon, daß kein anderer als jenes höchst unabhängige *enfant terrible* den Mut zum ersten Schritt gehabt hätte, wären die Reaktionen in Moskau und Ost-Berlin um kein Haar anders gewesen, wenn einer der anderen Osteuropäer auf dem Weg des Botschafteraustausches vorangegangen wäre.

Ost-Berlin hätte deshalb nicht anders reagiert, weil die DDR ja bisher in Osteuropa das Alleinvertretungsrecht für Deutschland hatte. Es ist also nur allzu verständlich, daß angesichts der Bedrohung dieses Monopols dort die gleiche Panik ausbrach, die sich in ähnlichen Fällen unserer Regierung zu bemächtigen pflegte.

In Moskau sind es andere Gründe, die so heftige Reaktionen ausgelöst haben und auch bei jeder anderen Konstellation ausgelöst hätten. Moskaus außenpolitisches Ziel Nummer eins ist die Konsolidierung der Ergebnisse des Zweiten Weltkrieges. »Ihr müßt die Realitäten anerkennen«, heißt die Forderung. Und die drei Realitäten, um die es der Sowjetunion dabei geht, sind:

1. Die DDR ist ein kommunistischer (nach dortiger Terminologie: ein sozialistischer) Staat und muß es bleiben.

2. Die Gebiete, die an Polen überantwortet wurden, müssen für alle Zeiten polnisch bleiben, schon damit die Polen nicht auf den Gedanken kommen, Lwow – Lemberg – von der Sowjetunion zurückzuverlangen.

3. Deutschland muß entnuklearisiert bleiben, also auf einem niederen militärischen Status der strategischen Entwicklung eingefroren werden.

Um diese Ziele zu erreichen, muß Moskau zwei Dinge tun. Es muß jede Korrektur am Status quo verhindern und es muß dafür sorgen, daß die Bundesrepublik weiterhin als der Störenfried *par excellence* angeprangert und die DDR allenthalben als das einzig wahre, friedliebende Deutschland angepriesen wird.

Zwischenfrage: War diese Politik eigentlich so erfolgreich, wie es zuweilen demjenigen scheint, der geneigt ist, die eigene Erfolglosigkeit schmerzhaft deutlich zu empfinden? Es gab zwei Momente, in denen Ost-Berlin und Moskau meinen konnten, ihre Positionen entscheidend verbessert zu haben, nämlich erstens, als die arabischen Staaten ihre diplomatischen Beziehungen zu Bonn abbrachen – damals mögen beide gehofft haben, daß einige Botschaften sogleich von Bonn nach Ost-Berlin verlegt werden würden. Und zweitens dann, als es nach Aufnahme der diplomatischen Beziehungen zwischen Bonn und Bukarest, die das Gespenst einer allgemeinen Kettenreaktion heraufbeschwor, gelang, Warschau und Prag zu bilateralen Verträgen mit Ost-Berlin zu veranlassen. Der Status quo schien dadurch eine neue – also doppelte – Sicherung erfahren zu haben.

Aber so wie die Sache mit den arabischen Staaten eine Fehlspekulation war, so wird auch der Stopp in der Aufnahme diplomatischer Beziehungen zu den Osteuropäern nur temporär sein.

Nepszava, das ungarische Gewerkschaftsblatt, schrieb kürzlich, jene Verträge Warschaus und Prags mit Ost-Berlin änderten nicht die Bereitschaft der osteuropäischen Länder, ihre Beziehungen zur Bundesrepublik zu normalisieren.

Im Bereich des eisernen Dreiecks Ost-Berlin–Warschau–Moskau wird immer wieder die Klage laut, die neue Ostpolitik Bonns sei gar nicht neu. Es sei die alte Politik, die nur mit etwas mehr Beredsamkeit und Elastizität vorgetragen würde. In der Sache selbst aber seien Kiesinger und Brandt genauso unnachgiebig wie ihre Vorgänger. Ist dieser Vorwurf berechtigt?

Den besten Beweis dafür, daß er unberechtigt ist, dürften doch wohl die heftigen Reaktionen erbracht haben, die Bonns Politik der Entspannung im Osten ausgelöst hat. Wenn sich bei uns nichts geändert hätte, warum wohl wären dann Moskau und Ost-Berlin neuerdings von so fanatischer Isolierungssucht befallen? Sie kämpfen mit allen Mitteln gegen die Bonner Entspannungspolitik – doch wohl nicht deshalb, weil sie diese für die alte Politik halten, sondern ganz im Gegenteil deshalb, weil es angesichts der Politik der Großen Koalition nicht mehr so einfach wie bisher ist, die Bundesrepublik als das militaristische, revanchesüchtige, jeden Frieden störende Schreckgespenst abzustempeln.

Jeder objektive Beobachter gibt zu, daß es heute neben der Bundesrepublik kein anderes Land im Westen gibt, dessen Bevölkerung so große Hoffnungen auf die neue Politik der Entspannung setzt – vielleicht zu große. Jedenfalls war dies die erste Regierungserklärung, die »den Willen zum Frieden und zur Verständigung der Völker« und nicht die deutsche Frage als das wichtigste Grundanliegen bezeichnete. Betrachten wir einmal die Äußerungen des Kanzlers und des Außenministers zu den drei Hauptsorgen des Ostens.

Zur Nuklearfrage: In der Regierungserklärung sagte Bundeskanzler Kiesinger: »Wir streben keine nationale Verfügungsgewalt über Atomwaffen und keinen nationalen Besitz an solchen Waffen an.«

Zur Grenzfrage hieß es in der Regierungserklärung: »Die Bundesregierung stimmt der Auffassung zu, daß das unter Androhung von Gewalt zustande gekommene Münchener Abkommen nicht mehr gültig ist.« Ferner: »... Polen, dessen Verlangen, endlich in einem Staatsgebiet mit gesicherten Grenzen zu leben, wir im Blick auf das gegenwärtige Schicksal unseres eigenen geteilten Volkes besser als in früherer Zeit begreifen. Aber die Grenzen eines wiedervereinigten Deutschlands können nur in einer frei vereinbarten Regelung mit einer gesamtdeutschen Regierung festgelegt werden ...« Dies heißt in das Deutsch des Normalbürger übersetzt: Die Oder-Neiße-Grenze, die heute nicht unsere Grenze ist, wird in dem Moment auch von uns anerkannt werden, in dem Deutschland wiedervereinigt ist.

Zum Verhältnis zur DDR sagte Brandt in seiner großen Rede vor dem Europarat im Januar in Straßburg: »Wir streben ein geregeltes Nebeneinander in Deutschland an, das geeignet sein kann, weitergehende Lösungen vorzubereiten.« Schließlich haben sowohl Kanzler wie Außenminister das sogenannte Alleinvertretungsrecht neu interpretiert. Brandt sagte am 8. März bei der Pressekonferenz in Berlin: »Wir können uns keine Kompetenzen außerhalb des Bereiches des Grundgesetzes anmaßen« und weiter: »Es trifft nicht zu, daß wir uns das Gebiet des anderen Teils Deutschlands einverleiben wollen.«

Es stimmt, unsere neue Ostpolitik ist einstweilen auf wenig Gegenliebe gestoßen und hat bisher kaum Früchte getragen. Aber das sollte uns an ihr nicht irre werden lassen, denn sie befindet sich im Einklang mit der geschichtlichen Phase, in der wir leben. Den Kalten Kriegern im Osten mag es – genauso wie einst den unseren – vielleicht gelingen, die Entspannung zu retardieren; sie ganz aufzuhalten, dazu werden auch sie nicht in der Lage sein.

Die Weichen für die siebziger Jahre sind gestellt. Unsere Welt ist auf Frieden und Zusammenarbeit angewiesen und ausgerichtet. Die neue Generation, die allenthalben heranwächst und Jahr um Jahr mit naturnotwendiger Gesetzlichkeit in die Führungsstellen nachrückt, hat kaum noch Erinnerungen an den heißen Krieg, und sie hat nichts mehr im Sinn mit dem Kalten Krieg.

Wir dürfen uns nicht irremachen lassen durch die Hektiker in der FDP und anderwärts, die glauben, man könne den Immobilismus von gestern wiedergutmachen, indem man heute mit doppelter Geschwindigkeit kopflos in die Zukunft braust. Wenn wir den Eiskalten und Harten die Zugeständnisse anbieten, die wir zur Zeit der Koexistenz und Friedensstrategie zu konzedieren nicht bereit waren, dann werden immer neue Forderungen auf uns zukommen. Dann wird es sich schließlich nicht mehr darum handeln, die Grenzen und die DDR anzuerkennen und nicht nur darum, atomarer Waffen zu entsagen, was wir lieber heute als morgen tun sollten, dann wird die Einmischung in die Innenpolitik kein Ende nehmen. Schon heute wird die Existenz der NPD als außenpolitisches Argument benutzt. Eines Tages wird es dann heißen, solange in Bonn Herr X und nicht Herr Y Kanzler oder Außenminister ist, können wir leider keine Abkommen schließen oder Verträge unterzeichnen.

Sibiriens Zukunft hat
längst begonnen

Düsenflugzeuge, elektronisch gesteuerte Turbinen und Großkombinate verwandeln die Taiga

Sibirien, im Oktober 1967

Eineinhalb Stunden, nachdem die TU 104 von Moskau aufgestiegen war, tauchte der Ural unter uns auf – eine aus der Vogelschau gesehen wenig eindrucksvolle Gebirgskette. Die Grenze zwischen Europa und Asien fällt kaum als solche auf. Wenn man aber die unendlichen, scheinbar konturlosen Weiten Sibiriens überfliegt, die hinter dieser Barriere beginnen, dann versteht man gut, warum die Geographen – oder wer immer für die Einteilung unserer Welt in Kontinente verantwortlich ist – die Grenze hier an dieser Stelle gezogen haben.

Daß allerdings de Gaulle sein Europa auch hier enden lassen will, daß er also den Ural als politische Grenze betrachtet, erschien mir an Ort und Stelle noch absurder als je zuvor. Denn der alles beherrschende Eindruck von Sibirien ist gerade der, daß dank der russischen »Kolonisation« auch noch Tausende von Kilometern östlich des Urals Europa ist. Besonders stark empfindet dies, wer zuvor den südlichen Teil des gleichen Kontinents von Indien über Thailand, Vietnam, Korea bis Japan bereist hat. Verglichen mit jenen fremdartigen, fragilen Geschöpfen und ihrer so ganz anderen Lebensweise wirken die Menschen Sibiriens und die dort geltenden Maßstäbe absolut europäisch.

Als wir in Nowosibirsk, der größten Stadt östlich des Urals, vom Vorsitzenden des Gebietssowjets und seinen Mitarbeitern empfangen wurden, wirkte ihre Gruppe von etwa zwölf Funktionären nicht anders als zuvor ein ähnliches Gremium beim Vorsitzenden des Stadtsowjets in Moskau. Nur einer war unter ihnen, der für unsere Augen ein wenig mongolisch erschien.

Der Gebietsvorsitzende trug alles Wissenswerte in einem zusammenfassenden Vortrag vor. Sein Reich entspricht in der Ausdehnung der Größe Englands, Belgiens und Hollands zusammengenommen; aber in diesem riesigen Gebiet leben nur 2,5 Millionen Menschen, zuzüglich der 1,2 Millionen, die die Stadt Nowosibirsk bevölkern. Ein Viertel aller Industrieprodukte Westsibiriens wird hier erzeugt: Elektroindustrie, Chemie, Baustoffe, Schwerindustrie. Hier wurden die gigantischen Turbinen gebaut, die wir 2000 Kilometer weiter östlich in Bratsk, dem größten Stauwerk der Welt, sehen sollten. Des Gebietsgewaltigen Bereich hat im Zweiten Weltkrieg, als große Teile der Industrie aus dem europäischen Rußland hinter den Ural verlegt wurden, eine rasante Entwicklung genommen. In den letzten Jahren ist seine Stadt um jährlich 50000 Menschen gewachsen. Die Hälfte aller heutigen Einwohner lebt in Häusern, die während der letzten zehn Jahre gebaut worden sind.

In der Tat hat man den Eindruck, eine ganz neue Großstadt vor sich zu haben, wenn man in die Vorstadt einfährt und Nowosibirsk hinter der 1,5 Kilometer langen Brücke über dem breit dahinfließenden Ob auftaucht. Ganze Straßenzüge sind eben fertiggestellt worden, neue sind im Entstehen: 70 bis 100 Straßenzüge jedes Jahr. Nur an einigen Stellen sind kleine Stücke des alten Nowosibirsk stehen geblieben, niedrige Holzhäuser mit Vorgärten und geschnitzten Fensterläden und Türen – die Schnitzereien bunt angestrichen. Es sind baufällige Einzelhäuser, an die Hühnerställe und wacklige Buden angeklebt sind. Die Wege zwischen den Katen sind grundlos. Das Wasser steht in den Radspuren genau wie in den Dörfern draußen im Land. Viele Leute – Männer und Frauen – tragen hohe Stiefel.

Jedes Jahr entstehen etwa 12000 neue Wohnungen aus genormten Fertigbauteilen mit Bad und WC, die an eine Fernheizung angeschlossen sind. Bald wird es nirgends mehr Holzhäuser geben. Von Nowosibirsk bis Taschkent am Rande der Wüste formt sich überall das gleiche Städtebild: rund 80 Meter lange Häuserblocks – in Gegenden, in denen Erdbebengefahr besteht, sind sie nur vier, höchstens fünf Stockwerke hoch. Die Front sieht immer gleich aus: drei Fenster, ein Balkon ... drei Fenster, ein Balkon. Die einzige Abwechslung: manchmal sind es auch vier Fenster. Die Balkons werden häufig zum Abstellen von Fahrrädern und allerlei Gerät benutzt, denn bei durchschnittlich knapp 10 Quadratmeter Wohnraum pro Person muß auch der kleinste Raum ausgenutzt werden.

Als der Gebietsgewaltige seinen Vortrag beendet hatte, wußten wir alle *facts and figures* über Nowosibirsk, beispielsweise, daß hier, im Herzen Sibiriens, 70 Prozent der Bevölkerung die zehnjährige Schule absolviert haben, 25 Prozent Fach- und Mittelschulen; daß es eine Akademie der Wissenschaften, 13 Hochschulen, 14 Fachschulen, sechs Theater, ein Philharmonisches Orchester und etwa 100 Clubs gibt. Offenbar sind es diese Clubs, die das Entstehen von Lokalen verhindern. Ein paar von uns versuchten gegen 10 Uhr abends noch irgendwo ein Glas Wein oder Bier zu trinken, aber es gab weder Restaurants noch Cafés noch Kneipen. Die Stadt war spärlich erleuchtet und wie ausgestorben. Nur im Stadtpark saßen auf den Bänken einige Pärchen, die die Enge zuhaus, ungeachtet der zwei Grad unter Null, ins Freie getrieben hatte. Die Jungen: enge Röhrenhosen, die Mädchen: moderne Frisuren aller Art.

Wir erfuhren ferner, daß die kleinen, ganz entlegenen Dörfer sich mit einer vierjährigen Grundschule begnügen müssen und die Schüler danach, in Internaten der jeweiligen Kreisstadt untergebracht, dort die Mittelschule besuchen. Noch gibt es viele achtklassige Schulen, sagt der Vorsitzende, aber mit der Zeit sollen sie alle zu zehnklassigen aufgebaut werden. Das stellen wir übrigens auf der ganzen Reise, später auch in den zentralasiatischen Republiken Kasachstan und Usbekistan fest: Wohnungsbau und Volksbildung, das sind die beiden Probleme, die das Land in Atem halten.

Wir erfuhren ferner, daß der Bahnhof der größte der ganzen Sowjetunion und daß das Nowosibirsker Opernhaus »das größte Opernhaus von ganz Asien und Europa« sei. Die Oper verfügt über zwei Säle mit je 3000 Sitzplätzen. Ich studierte den Spielplan. Wagner, Mozart, Tschaikowsky, Verdi ...

»Das größte und beste« spielt hier dieselbe Rolle wie in Amerika. Die sowjetischen Journalisten, die diesen Sommer in der

Bundesrepublik waren, machten sich in ihren Artikeln darüber lustig, daß wir, wie sie meinten, unsere Werke und Leistungen als die größten und besten anzupreisen pflegen. Aber mir scheint, daß in dieser Beziehung die Sowjetbürger uns keineswegs nachstehen. Den »besten« Superlativ las ich in einem Prospekt der sowjetischen Luftfahrtgesellschaft Aeroflot, die uns von Ost-Berlin nach Moskau gebracht hatte: »Die Aeroflot ist die größte sowjetische Fluggesellschaft der Welt.«

Nachdem der Gebietsgewaltige seinen Vortrag beendet hatte, den ich übrigens später wortwörtlich in einer Druckschrift wiederfand, die Intourist zum allgemeinen Benefiz zusammengestellt hatte, wurden wir aufgefordert, Fragen zu stellen. Eingedenk der Tatsache, wie schwierig es ist, diese riesigen Räume zu füllen, fragte ich, aus welchen Himmelsgegenden die hier versammelten Funktionäre wohl ursprünglich stammten.

»In Sibirien sind Bürger aus den verschiedensten Republiken ansässig geworden. Wir haben das im einzelnen nicht erfaßt.«

»Vielleicht habe ich mich mißverständlich ausgedrückt. Ich hätte gern gewußt, woher die hier um den Tisch versammelten Experten stammen, also wo sie geboren wurden?«

Erneute Verlegenheit, Schweigen, und dann sagte der Vorsitzende: »Sie kommen aus verschiedenen Gegenden, aber heute sind sie alle gute Sibiriaken.«

Ein anderes Mitglied unserer Delegation fragte einen Herrn, der uns als Staatsanwalt vorgestellt wurde, ob die Kriminalität in Nowosibirsk größer sei als im europäischen Teil der Sowjetunion. Und er fügte erklärend hinzu, dies wäre vielleicht nicht weiter verwunderlich angesichts der Tatsache, daß jedes Jahr 50000 Leute neu dazukommen. Die Antwort war ausweichend. Es wurde nicht klar: hatte er die Frage nicht verstanden oder wollte er sie nicht beantworten, oder ist man vielleicht unsere Art zu fragen nicht gewohnt und empfindet sie als allzu direkt? Die Frage an den Staatsanwalt wird also variiert:

»Welches sind die Hauptdelikte in Ihrem Bereich?«

»Hier gibt es keine schweren Verbrechen.«

»Aber es muß doch irgendwelche Delikte geben, die Sie zu verfolgen haben; welches sind denn die häufigsten?«

Nach einigem Drumherumreden: »Die Störung der gesell-schaftlichen Ordnung.«

»Was ist das?« Der Staatsanwalt antwortet ausweichend und für uns unverständlich. Der Fragesteller insistiert:

»Es muß doch eine Definition für dieses Delikt geben.«

Schließlich schießt der Staatsanwalt seine Erklärung ganz schnell heraus, so als wolle er den unbequemen Frager endlich abschütteln: »Unwürdige Haltung gegenüber anderen Bürgern«.

Als nächster meldet sich Professor Kogon zu Wort. Er fragt nach den außenpolitischen Vorstellungen der Sibiriaken und fügt zur Erläuterung seines Interesses hinzu: »In Amerika ist es näm-lich so, daß die Bewohner der Ostküste sich mehr für Europa interessieren, die des Westens aber ihre Blicke nicht über den Atlantischen, sondern über den Pazifischen Ozean schweifen las-sen. Wie ist das hier? Interessieren Sie sich mehr für das, was in Japan und China geschieht oder mehr für Europa?«

Die Antwort: »Wir wissen alle Völker zu ehren – nur alle gemeinsam können den Frieden erhalten.«

Nach diesen etwas unergiebigen morgendlichen Gesprächen verbrachten wir den Rest des Tages an einem höchst eindrucks-vollen Ort, nämlich in dem 25 Kilometer entfernten *Akadem-gorodok,* dem »Akademikerstädtchen«, dieser imposanten Gehirnzentrale Sibiriens, der ganz zu Unrecht ein Diminutiv angehängt worden ist. In dieser Stadt, die mitten in den Wald gestellt wurde – zwischen den Kiefern und Birkenstämmen schimmert die helle Fläche eines riesigen Sees – gibt es 16 Insti-tute verschiedener Disziplinen: Kernphysik, Mathematik, Geophysik, Automatik und Elektrometrie, Chemie, Biologie …

»Die größte Bedeutung wird der Mathematik zugemessen, und natürlich rangiert die Naturwissenschaft vor der Geisteswissen-schaft«, sagt Professor Woroschkow, Vizepräsident der sibiri-schen Abteilung der Akademie der Wissenschaften der UdSSR, der uns begrüßt und einführt.

Professor Woroschkow ist der Typ des großen alten Gelehr-ten, wie wir ihn aus der Zeit von Max Weber kennen, von vor-nehmer Ruhe und Überlegenheit. Sein Anzug ist sehr einfach, die Stiefel grob und klotzig. Er trägt einen grauen Kinnbart, aber nicht spitzgeschnitten, sondern breit gestutzt. Ab und zu streicht er ihn nachdenklich, wenn er über eine Antwort nachsinnt und sich dabei auf den langen Stock stützt, mit dem er uns das Organisationsschema erklärt.

Der Akademiker Woroschkow (nur die Mitglieder der Akademie der Wissenschaften tragen den Titel Akademiker) beginnt seine Einführung mit der Bemerkung: »Als ich 1958 hierherkam, begann man gerade mit dem Bau von fünf Gebäuden. Heute hat die Stadt 30 000 Einwohner.« Die Frage nach dem Etat und der Finanzierung wird ausweichend beantwortet: »Wir haben genug.«

Später bei der Rundfahrt sahen wir so komfortable Ein- und Zweifamilienhäuser, wie wir sie nie wieder sehen sollten. Etwas abgesetzt von diesen und den Institutsgebäuden stehen große Wohnblocks für Assistenten, Laboranten, Hilfsarbeiter und Studenten, moderne, hellgestrichene Gebäude, zwischen ihnen Rasenplätze und Bäume.

Hier in dieser Stadt wirken 50 Akademiker, 125 Professoren und 1000 Kandidaten der Wissenschaft. Ein »Kandidat der Wissenschaft« entspricht etwa unserem »Doktor«, während der russische »Doktor« unserem »habilitierten Doktor« gleichkommt. Jedes Jahr werden im ganzen Land die besten *postgraduates* ausgewählt und hierhergeschickt. Einen Teil des Nachwuchses produziert das Akademikerstädtchen freilich auch selbst: Es gibt eine Universität mit fünf Fakultäten und 3000 ausgesuchten Studenten.

Wir besuchten den Rektor der Universität, der jeweils vom Ministerium in Moskau ernannt wird. Er ist Anfang Vierzig, hohe Stirn, schmaler Kopf, ein wenig skeptisch dreinschauend. Er beschreibt, wie sie den Nachwuchs auswählen – ein Verfahren, das mir sehr beachtenswert erschien, vor allem deshalb, weil es zeigt, daß man im Reich der klassenlosen Gesellschaft sich nicht scheut, ganz bewußt eine geistige Elite heranzubilden, während unsere Demokratie offenbar der Meinung ist, derartige Schulen, die in England und Frankreich seit jeher existieren, seien eine Sünde wider den demokratischen Geist.

In Akademgorodok werden jährlich 750 ausgewählte Studenten neu aufgenommen. Die Quoten sind festgelegt: 250 von ihnen kommen aus Sibirien, 200 aus der europäischen Sowjetunion, 160 aus Mittelasien. Etwa die Hälfte der Absolventen ist während der letzten Jahre als *postgraduates* in die verschiedenen Institute des Akademikerstädtchens aufgenommen worden. Die soziologische Zusammensetzung? 30 Prozent kommen aus Arbeiterkreisen, die Majorität entstammt dem intellektuellen Milieu.

Interessant ist, wie gesagt, die Auswahl der Studenten. Jedes Jahr findet eine Art Olympiade statt. Zunächst wird eine gewisse Anzahl mathematischer, physikalischer und chemischer Aufgaben an alle Schüler der zehnten Klasse verschickt. Etwa 12 000 Schüler beteiligen sich an dem Wettbewerb und schicken ihre Arbeiten ein. Nach Durchsicht dieser Arbeiten werden Studenten der Universität ausgesandt, um sich die Bewerber anzusehen. Die, die sie für die besten halten, werden dann im Sommer für einen Monat zu einer Art Sommerlager nach Akademgorodok eingeladen. Dort werden sie mit den Instituten vertraut gemacht, sie diskutieren, treiben Sport, und am Ende findet eine Art Ausscheidungs-Konkurrenz statt. Im letzten Jahr entfielen auf einen Platz sechs Bewerber.

Jemand fragt den Rektor: »Ist es eigentlich zweckmäßig und zuträglich, wenn die Professoren so fern von der Realität leben und die Studenten in solcher Abgeschlossenheit ausgebildet werden?«

»Ich glaube ja. Bei den intensiven und vielfältigen Ablenkungen, denen die Menschen heute ausgesetzt sind, ist das einfach nötig.«

Professor Rajewski, der ein eifriges Mitglied unserer Delegation war, ist Direktor des Max-Planck-Instituts für Radiobiologie in Frankfurt am Main, er spricht fließend Russisch, ist ein international bekannter Wissenschaftler und daher auch im Osten sehr geehrt. Professor Rajewski, der überall von seinen Kollegen auf das herzlichste begrüßt wurde und der allenthalben ihre Institute und Laboratorien eingehend besichtigte, gewann den Eindruck, daß das Niveau der sowjetischen Wissenschaftler seiner Disziplin in keiner Weise hinter dem des Westens zurückbleibt. Zwar meinte er, die westliche Literatur sei zum großen Teil unbekannt, umgekehrt aber sei ja auch im Westen die einschlägige östliche Literatur kaum jemandem geläufig.

Übrigens hatte uns bei der Ankunft auf dem Flugplatz von Nowosibirsk eine Delegation begrüßt, die von einem älteren, unscheinbar wirkenden Manne geführt wurde. Er trug einen langen Mantel und einen jener unnachahmlichen breitkrempigen russischen Filzhüte, die es in allen Farben von Olivgrün bis Dunkellila gibt und unter dem man von Kairo bis New York und Paris niemals jemand anderen vermuten würde als einen Sowjetmenschen.

»Wer ist das?« so hatte ich gefragt. Antwort: »Ich habe den Namen nicht verstanden – wohl irgend so ein Professor.« Erst am nächsten Abend beim Essen stellte sich heraus, daß dieser Mann, von dem niemand ein Aufhebens machte, keineswegs irgendein Professor war, sondern einer der großen Herzspezialisten des Landes, Professor Michalkin, Träger des Lenin-Ordens, der als junger Mann unter Schmieden und Sauerbruch in Berlin operiert hatte. Er war gerade von einer »kleinen Rundreise« – Sachalin, Wladiwostok, Alma Ata, Moskau – zurückgekommen. In all diesen Städten hatte er eine neue, von ihm erfundene Methode vorgeführt. Ich versuchte vergeblich, mir vorzustellen, daß in Hamburg, München oder Köln ein großer Herzspezialist oder irgendeine andere Koryphäe auf den weit entfernten Flugplatz hinausfahren würde, um eine Delegation, die gar nicht sein Fach betrifft, abzuholen.

Übrigens, auf jener »kleinen Rundreise«, die Professor Michalkin unternommen hatte, muß er mindestens 25 000 Kilometer zurückgelegt haben, denn schon allein vom östlichsten Punkt Sibiriens bis Moskau beträgt die Entfernung 11 000 Kilometer. Sibirien selbst – also die Entfernung vom Ural nach Sachalin – entspricht etwa der Strecke von Frankfurt am Main nach Südafrika.

Ich möchte glauben, daß es kein zweites Gebiet auf der Erde gibt, das durch die Ausbreitung des Flugverkehrs so von Grund auf verändert worden ist wie Sibirien. Neben jene große Arterie, die Transsibirische Bahn, an der sich Besiedelung und Industrie allmählich immer weiter nach Osten entlanghangelten, ist heute ein ganzes Netz von weitverzweigten Lebensadern getreten.

Der gewaltig angewachsene Luftverkehr und vor allem die Düsenmaschine haben nicht nur einen entscheidenden Einfluß auf die Struktur der Besiedelung und die Standortbestimmung der Industrie gehabt, sondern auch eine vollständige Veränderung der psychologischen Situation herbeigeführt. In Sibirien zu arbeiten oder stationiert zu sein bedeutet nicht mehr, Abschied vom Leben zu nehmen, weil man dorthin versetzt wird, wo die Füchse sich Gutenacht sagen. Alle Punkte der Sowjetunion sind heute leicht und sogar verhältnismäßig billig zu erreichen. Die große TU 114 (170 Passagiere) legt die 7000 Kilometer von Moskau nach Chabarowsk in acht Stunden zurück. Und die Kosten? Ein Billett für die 4000-Kilometer-Reise von Moskau nach Nowosibirsk kostet beispielsweise nur 200 DM. Die Düsenmaschine, vor allem die TU 104 (110 Passagiere, Durchschnittsgeschwindigkeit 900 km/h), ist das Massenverkehrsmittel schlechthin. Kein einziges Mal auf unseren vielen Flügen – es waren insgesamt über 20 000 Kilometer – gab es in der Maschine auch nur einen Platz, der frei geblieben wäre.

In Nowosibirsk sah ich auf dem Flugplan täglich 33 Flüge nach Ost und West verzeichnet; von Irkutsk werden täglich 50 Orte angeflogen, davon sind zwei Dutzend Regionalflüge, die gewöhnlich die Il 18, eine zweimotorige Maschine ohne Druckausgleich, bestreitet. Das Fliegen ist so selbstverständlich wie anderwärts das Reisen mit Personenzügen. Darum gleicht der Anblick der Flugplätze Sibiriens oft einem Lokalbahnhof in der Provinz, wo das Volk »auf Verdacht« hingeht und geduldig auf den nächsten Personenzug wartet, um in die Kreisstadt zu fahren. Auf Reisegarderobe legt niemand wert. Man sieht viele offene, bunte Hemden, ländliche Ausrüstung, gerötete Gesichter, selbstbewußte Leute. Soldaten, Ingenieure, Techniker, Arbeiter mit Frauen und Kindern stellen das Gros der Passagiere.

Tocqueville, der 1830 Amerika bereiste, schildert voller Staunen, wie der Westen der Vereinigten Staaten allmählich von den Weißen in Besitz genommen wurde und wie diese riesigen Gebiete nicht wie in Europa langsam von der Periode primitiver

Jäger und Hirten stufenweise bis zur intensiven Agrikultur entwickelt wurden, sondern wie die Pioniere, mit modernen Werkzeugen und differenziertem *Know-how* ausgerüstet, von der Wildnis Besitz ergriffen: »Alles um ihn (den Pionier) herum ist primitiv und wild, aber er selbst ist das Ergebnis der Arbeit und Erfahrung von achtzehn Jahrhunderten. Er trägt die Kleidung und spricht die Sprache der Städte, er ist ein hoch zivilisiertes Wesen, das in die Wildnis der Neuen Welt eindringt mit der Bibel, einer Axt und ein paar Zeitungen.« So Tocqueville vor 120 Jahren über die Erschließung Amerikas.

Tocqueville würde noch weit mehr staunen, wenn er heute die Erschließung Sibiriens miterleben würde. Wenn er beobachten könnte, wie fauchende Düsenmaschinen, elektronisch gesteuerte Turbinen und die Großkombinate der Schwerindustrie in wenigen Jahrzehnten Steppe und Taiga Sibiriens verwandeln.

Von der Zobeljagd
zur Weltmacht

Was ist für die Russen das Befremdlichste
an den Deutschen?

Sibirien, im Oktober 1967

Der östlichste Punkt unserer Reise war Irkutsk nahe dem Baikalsee, den eine noch fast meterdicke Eisschicht deckte. Nur die Angara, der schnell dahineilende Fluß, war offen und von unwahrscheinlicher Bläue. Im Januar hatte das Thermometer dort auf minus 52 Grad gestanden. Der Baikalsee, das »größte Süßwasserbecken der Welt«, 600 Kilometer lang, würde – denkt man ihn sich in die Bundesrepublik versetzt – von Hamburg bis Heidelberg reichen. Übrigens ist er auch »der tiefste See der Welt«, nämlich im Durchschnitt 700 Meter tief. Und noch eine andere bemerkenswerte Eigenschaft: Im Baikalsee als dem einzigen Süßwassersee leben Robben, ferner der kaviarspendende Stör. Dieser ist offenbar ein Spätentwickler, denn er laicht mit 19 Jahren zum erstenmal, und mit 80 tut er es immer noch.

In dem kleinen Museum, das der Fauna und der Geologie des Sees gewidmet ist, sah ich das Bild eines Störs, eines Riesenexemplars – fast so lang wie der Mensch daneben –, dem man neun Kilogramm Kaviar entnommen hatte. Heute werden diese wertvollen Tiere nicht mehr, wie zu jener Zeit, getötet, sondern sie werden an den Laichplätzen vorübergehend eingefangen, der Kaviar wird abgestrichen und der Stör dann wieder freigelassen.

Von Irkutsk bis zum Baikalsee fuhren wir 70 Kilometer durch ziemlich dürftigen Wald, der hier Taiga heißt und sich ein paar tausend Kilometer weit nach Norden erstreckt, bis er dann in die Tundra übergeht, die ihrerseits bis an die Eisgrenze heranreicht. Birke, jene charakteristische russische Birke mit dem fast weißen Stamm, wechselt mit Kiefer.

»Ich kann Birken nicht leiden«, sagte der Chefredakteur des Bremer Rundfunks, Harry Pross, der bei einem Aufenthalt neben mir stand. Ich sah ihn ganz entgeistert an:

»Birken? Gibt es denn etwas Schöneres als diese lichten Stämme?«

»Alles haben wir damals aus Birken gemacht: Unterstände, Faschinen, Kreuze – vor allem Kreuze.«

Er sprach mehr zu sich selbst, als daß er mir geantwortet hätte. Ich schaute ihn genauer an: Wie jung er »damals« gewesen sein mußte. Vielleicht gerade erst 21 Jahre. Ungefähr so alt wie Sascha heute, dachte ich – Sascha, der Student, der für uns dolmetschte. Gott sei Dank, daß ein Krieg sich zwischen diesen beiden Völkern nicht wiederholen wird. Denn daß dies nicht geschehen wird, das steht fest für mich.

Unweit des Sees trafen wir einen Mann mit einem Fahrrad: Schlitzaugen, starke Backenknochen, Pelzmütze, hohe Stiefel, wattierte Jacke – er entsprach genau unserer Vorstellung vom Sibiriaken. Ich hatte gehofft, er wäre ein Jäger, der berichten könnte, wie man den Zobel jagt. Aber seine Aufgabe war es, Waldbrände zu melden und zu löschen.

Doch wußte er auch über Zobel Bescheid: Der Zobel wird fast ausschließlich von mongolischen Nomaden – Burjaten oder Eveten – gejagt, die im Winter monatelang auf kurzen, breiten Schneeschuhen oder mit Rentieren im Schlitten unterwegs sind. Sie jagen mit Hunden, die dieses edelste aller Pelztiere aufspüren. Wenn ein Jäger in der Saison drei bis vier Tiere erlegt, sei er sehr zufrieden, denn er erhält pro Tier 250 bis 300 DM. Die Russen lachten über uns, sie fanden es typisch, daß wir sofort fragten, was ein Fell kostet.

Ich habe einmal – als sich ein etwas persönlicheres Gespräch ergab – eine unserer Begleiterinnen, eine hochintelligente, sehr unabhängige Frau und eine außergewöhnlich brillante Übersetzerin, gefragt, was ihr an den Westdeutschen am meisten auffalle und in welcher Hinsicht wir ihr besonders fremd seien. Sie brauchte nicht nachzudenken, die Antwort kam wie aus der Pistole geschossen: »Immer fragt ihr: Was kostet das? Oder wieviel verdient der? So, als drehe sich alles nur ums Geld.« Und sie fuhr fort: »Ich habe es erlebt, daß an einem langen Tisch drei Leute einer Reisegruppe Sekt bestellt und allein für sich ausgetrunken haben. Das wäre bei uns ganz unmöglich. Da würde niemand Sekt bestellen, es sei denn für den ganzen Tisch, und eigentlich wäre der Betreffende versucht, auch noch alle Fremden, die zufällig ebenfalls im Lokal sitzen, mit einzuladen.«

In der Tat habe ich genau dies ein paar Tage später in Alma Ata, der Hauptstadt von Kasachstan, erlebt. Ein junger Wissenschaftler der Universität hatte am Nachmittag in unserer Delegation den Radiobiologen Professor Rajewski entdeckt, den er von irgendeiner internationalen Konferenz her kannte und verehrte. Er kam zum Abendessen in unser Hotel, und plötzlich, während wir schon lang bei Tisch saßen, wurde für etwa 20 Personen Sekt aufgefahren.

Als ich erfuhr, wie dies zusammenhing, und es nicht schwer war, sich vorzustellen, daß der noble Spender auf viele Monate ruiniert sein würde, überlegte ich, ob wir Nutznießer nicht hinter den Kulissen unseren Anteil an der Rechnung im vorhinein begleichen könnten; aber dann erfuhr ich, daß dies dem Stifter soviel Gram und dazu auch noch Schmach bereiten würde, daß er seines Lebens nie wieder froh werden könne, und so unterblieb diese Rettungsaktion.

Doch noch einmal zurück zum Zobel. Es ist nämlich eigentlich der Zobel, der die Schuld an Entdeckung und Europäisierung Sibiriens trägt: Wie ein Irrlicht hat er Abenteurer, Kaufleute und Glücksritter immer weiter nach Osten gelockt. Immer weiter vordringend, etablierten sie eine ganze Kette von befestigten Plätzen, Ostrogs genannt, wo die Eingeborenen Zobelfelle abliefern mußten.

Um 1600 ergriff die Regierung selbst die Initiative, und von da an ging der Vormarsch rasch vonstatten. Immer neue Kosaken-Expeditionen wurden ausgesandt, im Sommer zu Pferd, im Winter auf Schneeschuhen, den Zobel jagend. Die Eingeborenen wurden unterworfen und mußten Tribut zahlen. Wer den festgesetzten Tribut nicht zahlen wollte, dessen Hütte wurde in Brand gesteckt, die Rentiere beschlagnahmt, Frauen und Kinder mitgeschleppt oder umgebracht. Aufstände, die unter den buddhistischen Burjaten, den islamischen Tartaren und Kirgisen ausbrachen, wurden mit äußerster Konsequenz und Grausamkeit niedergekämpft.

Rasch hintereinander erfolgt die Gründung fester Siedlungen: 1604 Tomsk, 1613 überschreiten die Kosaken die Angara und erreichen den Baikalsee, 1632 gründen sie Jakutsk, 1638 Ochotsk an der Küste des Stillen Ozeans. Fünfzig Jahre nachdem Jermak den Ural überschritten hatte, haben die Kosaken ganz Sibirien erobert, sind die Russen am Pazifik angelangt.

Den Kosaken folgen Jäger, Pelzhändler, Kaufleute, Beamte, Missionare, Bauern. Sibirien lockte unternehmungslustige Leute, nur die Frauen fehlten. Noch im 19. Jahrhundert schickte die russische Regierung ganze Dampferladungen voll verurteilter Frauen zur Verteilung unter die Verbannten nach Sachalin.

Es gibt unendlich viele Parallelen zwischen den Amerikanern, die nach Westen zogen, um Nordamerika zu erobern und sich in den Besitz jener riesigen Gebiete zu setzen, und den Russen, die aus dem gleichen Grunde nach Osten zogen. Beide rotteten einen wesentlichen Teil der Eingeborenen aus, und bei beiden spürt man heute noch etwas von dem Pioniergeist ihres *new frontier*-Daseins.

Fast zwei Drittel der Sowjetunion sind auch heute noch immer menschenleer und nahezu unerschlossen – es sind Wüsten, Gebirge, Wälder, Sümpfe und eisige Tundra. Auch heute ist die Besiedlung Sibiriens noch immer ein großes Problem. Zu Beginn des Ersten Weltkrieges gab es acht Millionen Menschen in Sibirien (in Rußland insgesamt 182 Millionen), Mitte der zwanziger Jahre rund 10 Millionen, Mitte der sechziger Jahre rund 20 Millionen (Rußland insgesamt 250 Millionen), und bis 1980 sollen es laut Plan 50 Millionen sein.

Heute sind die Komsomolzen, die Mitglieder der sowjetischen Jugendorganisation, und die Soldaten, die allerlei Vorrechte genießen, wenn sie sich verpflichten, in Sibirien zu bleiben, die Hauptstütze für Aufbau und Besiedlung Sibiriens. Allenthalben im europäischen Rußland gibt es Werbebüros.

Von Peter dem Großen (1689–1725), der Häfen, Bergwerke und Festungen anlegte und daher viele Arbeitskräfte brauchte, bis zu Stalin, der ebenfalls Arbeitskräfte brauchte und vor allem politisch unbequeme Leute eliminieren wollte, hat man sich immer wieder der Zwangsverschickung bedient. Aber der größte Teil der Menschen kam gewöhnlich um, weil sie schlecht behandelt wurden und die Organisation versagte. Nach Peters des Großen Tod – seinen Sohn, den Thronfolger, hatte er 1718 im Gefängnis umkommen lassen – beschloß man, am Ochotskischen Meer eine Kornkammer anzulegen. 1730 wurden einige tausend Verbannte zur Ackerbestellung verschickt. Große Karawanen mit Frauen, Kindern und Hausrat zogen nach Sibirien. Die Reise dauerte vier Jahre. Die Hälfte starb auf dem Wege. Nach einigen Jahren war von der Kolonie keine Spur mehr zu sehen, weil dort gar kein Korn wuchs.

Den langen Weg nach Sibirien traten die einfachen Leute zu Fuß an, die besseren Verbannten – so auch Dostojewskij im Jahre 1849 – im Bauernschlitten. Der Weg zu Fuß – in Ketten um Knöchel und Handgelenk, und oft waren die Verbannten überdies noch zu viert gemeinsam an eine Stange geschmiedet – dauerte bis Irkutsk rund ein Jahr. Allein in den zehn Jahren von 1867 bis 1876 sind 79 000 Menschen auf solche Weise nach Sibirien marschiert.

Im übrigen verbannte jeder, der an die Macht kam, jeden, der ihm zuvor im Wege gewesen war oder ihm übel mitgespielt hatte. Vor allem während der Herrschaft der Zarinnen pflegte der jeweilige Günstling seinen Vorgänger nach Sibirien zu exilieren, und meist nicht nur den verflossenen Günstling, sondern auch die Günstlinge des Günstlings.

So hatte unter Katharina I., der Witwe Peters des Großen, der Fürst Menschikow, ein ehemaliger Pastetenbäcker, den Fürsten Dolgorukow, der seinen Aufstieg bekämpft hatte, verbannt. Als Menschikows Stern gesunken war, kehrte Dolgorukow nach Moskau zurück und verbannte seinerseits Menschikow nach Sibirien. Nach dem Tod Peters II. bestieg Anna, eine Nichte Peters des Großen, den Thron. Ihr Günstling, Ernst Johann Biron (1737 Herzog von Kurland), den sie in Mitau kennengelernt hatte, wo er ein kleiner Beamter war, verschickte wiederum Dolgorukow nach Sibirien, wo er – wie zuvor Menschikow –

starb. Auch seine Söhne wurden verbannt. Einer nach Kamtschatka, zwei andere nach Ochotsk, nachdem diesen zuvor die Zunge abgeschnitten worden war; der vierte wurde gerädert und dann geköpft.

Aber auch Birons Rache zeugte wiederum Rache. Unter der nächsten Herrscherin Anna (ebenfalls einer Nichte Peters des Großen) wurde Biron vom Kanzler Ostermann und Feldmarschall Münnich, die jetzt an der Spitze des Obersten Rates standen, verbannt. Mit Biron zusammen wanderten seine beiden Brüder und sein Schwager, General von Bismarck, nach Sibirien. Und der Gipfel der Ironie: Als Biron 22 Jahre später den Heimweg nach Westen antrat, fügte es sich, daß genau auf der Brücke, die bei Kasan über den Fluß führt, sein Wagen den Wagen von Münnich kreuzte, der ihn exiliert hatte und der nun seinerseits die Reise nach Sibirien antrat.

Die Vertreter aller liberalen oder revolutionären Bewegungen, nicht nur Rußlands, sondern auch Polens, endeten bis in unsere Zeit hinein in Irkutsk, von wo aus sie dann an ihren endgültigen Bestimmungsort geschickt wurden. Fast alle, die die Oktoberrevolution vorbereitet hatten, landeten während der letzten Jahre des zaristischen Regimes hier in dieser Endstation. Trotzki verbrachte drei Jahre hier, Molotow zwei Jahre, Stalin, der sechsmal deportiert wurde, flüchtete fünfmal, Kuibyschew noch öfter.

Irkutsk ist 300 Jahre alt, eine Stadt mit viel Atmosphäre. Ein bißchen wie eine altertümliche europäische Residenzstadt. Aber es fehlt auch nicht an modernen Errungenschaften. Die Hälfte aller Einwohner hat in den letzten zehn Jahren neue Wohnungen bekommen. Es gibt sieben Hochschulen mit 40000 Studenten und 43 Fachschulen mit 50000 Schülern. Im Jahre 1917 – so berichtete man uns – gab es hier nur 650 Mittelschüler, Fachschulen oder Hochschulen waren nicht vorhanden.

Das fand ich eigentlich das Eindrucksvollste an Rußland: diese gigantische Bildungsrevolution, die allenthalben stattfindet, und das unstillbare Interesse aller Menschen am Lernen, an Büchern, an Kultur und Wissen.

Die lautlose Revolution

Was in der ČSSR geschieht, kann die Welt verändern

Prag, im Mai 1968

Wer in diesem Frühjahr nach Prag kommt, hat das Gefühl mitzuerleben, wie Geschichte gemacht wird: »Und ihr könnt sagen, ihr
seid dabeigewesen.«

Ich glaube, daß die Bedeutung der Kanonade von Valmy, auf
die jenes Goethe-Wort sich bezieht, längst nicht so relevant war
wie heute die tschechoslowakische Revolution. Damals zeigte
sich zum erstenmal, daß ein Volksheer – das Aufgebot der Französischen Revolution – sehr wohl imstande war, den fürstlichen
Armeen klassischen Reglements Einhalt zu gebieten, obgleich
dies bis dahin jedermann undenkbar erschienen war. Heute freilich muß sich erst noch zeigen, ob das bisher Undenkbare doch
möglich ist: das »dritte Modell« – also ein Mittelding zwischen
Kapitalismus und Kommunismus.

Es handelt sich nicht darum, daß die Tschechoslowakei aus
dem kommunistischen Machtbereich herausstrebt und sich allmählich dem kapitalistischen System angleichen will, sondern
darum, daß sie die Diktatur der KP abschütteln, aber die
Abschaffung des Privateigentums beibehalten will. Es handelt
sich darum, daß Prag alle Fenster und Türen nach Westen öffnen, aber dennoch im östlichen Lager bleiben möchte.

Immer wieder, in allen Gesprächen, hieß es: Pluralismus – ja;
Demokratisierung – ja; Teilung der Gewalten – ja; aber »nein«
zu allen Spekulationen über ein Ausscheiden aus der sozialistischen Allianz, und »nein« zu allen Versuchen, die Vergesell-
schaftung der Produktionsmittel zu revidieren. Unabdingbar
also sind das *Bündnissystem* und die *sozialistische Gesellschaft*.

184

Mit einer einzigen Ausnahme hielten alle meine Gesprächspartner, Intellektuelle wie Praktiker, die Gesellschaft ohne Privateigentum für eine höhere Form der menschlichen Gesellschaft.

Professor Goldstücker, einer der geistigen Väter dieser Revolution, meinte: »Warum sollte das dritte Modell nicht möglich sein? Warum sollte etwas undenkbar sein, nur weil es bisher nicht gedacht wurde? Es ist gar nicht einzusehen, warum unsere Gesellschaft, die die antagonistischen Widersprüche (natürlich nicht die Interessengegensätze) überwunden hat, die also doch auf einer höheren Stufe steht, nicht in der Lage sein sollte, mehr Freiheit zu garantieren als die kapitalistische.«

»Kommt es nicht letzten Endes auf die Beantwortung der Frage an, ob der Stalinismus eine system-immanente und daher zwangsläufige Fehlentwicklung des Kommunismus ist oder nur ein mehr oder weniger zufälliger Betriebsunfall?«

»Vielleicht glückt es uns zu beweisen, daß der Stalinismus nur eine Deformation – eine Pervertierung – des Kommunismus ist und nichts weiter. Vielleicht gelingt es uns zum erstenmal in der Geschichte vorzuführen, wie ein demokratischer Sozialismus funktioniert. Das Hauptproblem, das sich uns dabei stellt, ist die Kontrolle der Macht. Immer, wenn eine Revolution stattgefunden hat, in deren Verlauf die Macht ›vorübergehend‹ zentralisiert werden mußte, besteht die Tendenz, diese Übergangsphase zur Dauereinrichtung werden zu lassen.«

Goldstücker hat recht. Nach allen großen Revolutionen war dies das Problem, nach der französischen und auch nach der russischen Oktoberrevolution. Chruschtschow hat 1956 den Versuch gemacht, die Vergangenheit zu bewältigen, sich von dem Terror und Schrecken der Übergangsphase des Stalinismus abzugrenzen, einen neuen Anfang zu setzen, aber in diesem riesigen Reich – in dem die Sonne für die Bewohner von Wladiwostok untergeht, wenn ihre Landsleute im Westen gerade aufstehen – war die Entmythologisierung des unumschränkten, unfehlbaren Herrschers doch eine zu gefährliche Aktion, als daß man sie hätte durchführen können, ohne danach die Schraube wieder von neuem anzuziehen.

Es mag wohl sein, daß in einem kleinen, überschaubaren Land wie der Tschechoslowakei das möglich sein wird, was in der großen Sowjetunion nicht gelingen konnte. Schließlich ist die ČSSR auch das einzige Land im Warschauer Pakt, das schon einmal eine Demokratie besaß und deren Spielregeln zu handhaben verstand. Sie ist seit Jahrzehnten ein industriell und auch bildungspolitisch hochentwickelter Staat, und Tschechen wie Slowaken sind politisch äußerst gescheite Leute.

»Es hat bisher nie einen demokratischen Sozialismus gegeben, weil das politische System des Kommunismus nach dem Ersten Weltkrieg auf – soziologisch gesehen – eher primitive Gesellschaften gestülpt worden ist. Dort hat es dann ökonomische Wunder bewirkt, aber auf geistigem Gebiet zu einer totalen Pervertierung aller Grundsätze geführt«, dies der Kommentar eines Schriftstellers zu jenem Thema.

Übrigens war er der einzige Tscheche, den ich traf, der in einer gewissen Opposition zu den Ereignissen steht. Ihm geht die Revolution zu weit. Er ist besorgt über den Autoritätsschwund, den die Führung, vielmehr die Partei im ganzen Lande erleidet: »Ich bin für Pluralismus, um eine Vielfalt von Meinungen wiederzugeben, aber nicht, wenn dadurch die KP aus der Führung verdrängt wird.«

Hier sitzt das entscheidende Problem: Was, wenn die KP durch eine andere Partei in die Opposition gedrängt wird? Ein hoher Beamter, einer der bedeutendsten Mitglieder der Akademie der Wissenschaften, sagte: »Auch das macht nichts, solange die beiden wichtigsten Voraussetzungen unserer staatlichen Existenz verfassungsmäßig garantiert werden: das gesellschaftliche Eigentum an Produktionsmitteln und die Verbundenheit mit den anderen sozialistischen Staaten – und wenn schließlich«, so fügte er hinzu, » die neu entstehenden Parteien der KP Zeit lassen, sich zu regenerieren.«

Ob und wie andere Parteien sich geltend machen werden, weiß man noch nicht. Es heißt, den bisher fast vergessenen Sozialisten und der Volkspartei strömten neue Mitglieder zu. Und der »Klub engagierter Parteiloser«, der sich neu gebildet hat, stößt auf großes Interesse in der Bevölkerung. »Der Klub will das Bewußtsein der Mitverantwortung für die Entwicklung in unserem Lande wecken und sie von dem Gefühl befreien, daß über sie, ohne sie entschieden wird«–so heißt es in der programmatischen Erklärung.

Über die Rolle der Opposition hat sich der Schriftsteller Václav Havel, der im vorigen Jahr gemaßregelt worden war, in *Literarni Listy* sehr eingehend Gedanken gemacht. Er geht kritisch mit allen Surrogaten einer echten parlamentarischen Opposition ins Gericht.

Daß eine freie Presse die natürliche Kontrollfunktion der Opposition ausüben könnte, hält er für einen frommen Wunsch: »Eine solche Auffassung setzt den Glauben voraus, daß die Regierung aus der öffentlichen Kritik alle notwendigen Konsequenzen zieht … Auf die Qualität der Regierung wirkt aber nur die Bedrohung ihrer Existenz, nicht ihres Rufes.« Auch die wohlmeinende Theorie, eine innerparteiliche Opposition im Einparteiensystem werde genügen, bezeichnet er als reine Illusion: »Wenn es nicht ständig eine Opposition von außen gibt, wird früher oder später die Selbstkontrolle degenerieren.«

Einen anderen Typ möglicher Opposition, die der Interessenorganisationen, so wie sie in allen Volksdemokratien bestehen, führt er ebenfalls *ad absurdum:* »In ihren führenden Organen und Funktionen sind fast nur Parteimitglieder, die den höheren Parteiorganen untergeordnet und diesen gegenüber verantwortlich (also nicht unabhängig) sind.« Havels Resümee lautet: »Den einzig konsequenten Weg zum Ideal des demokratischen Sozialismus sehe ich in einem erneuerten, der sozialistischen Gesellschaftsstruktur entsprechenden Zwei-Parteien-Modell.«

Das sind in der Tat Gedanken, die in keinem anderen sozialistischen Staat öffentlich diskutiert werden könnten. Da kann man schon verstehen, daß einem gläubigen Kommunisten angst und bange wird und er von Autoritätsschwund spricht. Was soll aus der garantierten Herrschaft der Partei werden, wenn gleichwertige Parteien zugelassen sind, wenn Meinungsfreiheit zugesichert ist und keinerlei Zensur mehr ausgeübt wird? Zwar besteht das Pressegesetz noch, aber es wird nicht mehr ausgeübt; zwar ist die Einheit von Partei und Staat nie aufgehoben worden, aber das Kabinett faßt Beschlüsse, ohne das Politbüro zu fragen; zwar sind noch immer dieselben 110 Mitglieder des Zentralkomitees, die bisher die einzige Quelle der Macht darstellten und sie weidlich mißbrauchten, in Amt und Würden, denn ein neues ZK kann nur von einem außerordentlichen Parteitag gewählt werden. Aber dieser ganze Machtapparat funktioniert nicht mehr, weil der Transmissionsriemen gerissen ist: Dem Volk ist einfach die Geduld gerissen. Es war eines Tages nicht mehr bereit, nach den alten Spielregeln weiterzuspielen.

Die neuen Vorstellungen vom demokratischen Sozialismus müssen allerdings erst institutionalisiert werden. Eine neue Verfassung wird zur Zeit entworfen, ein neues Zentralkomitee, aus dem – entsprechend der veränderten öffentlichen Meinung – die »Konservativen« entfernt und in das Progressisten hineindelegiert werden, muß gewählt, ein neues Wahlgesetz und ein neues Pressegesetz müssen erlassen werden. Noch weiß niemand ganz genau, wie der demokratische Sozialismus konstruiert sein muß, um zwischen Kapitalismus und Kommunismus überleben zu können – geschweige denn, daß irgend jemand wüßte, ob ein solches System praktisch überhaupt funktionieren kann.

»Wenn Sie in drei bis fünf Monaten wiederkommen, werden wir mehr wissen.« Und: »Ob das Ganze gutgeht, kann man heute noch nicht sagen« – dies die beiden Antworten, die man immer wieder hört, gleichgültig ob man mit einem Taxifahrer, der Gewerkschaftsführung, Schriftstellern, Professoren oder Politikern spricht. Wer heute in der ČSSR regiert? Auf diese Frage gibt es nur eine Antwort: Die normative Kraft des Faktischen. Ob sie normativ genug ist, die Zukunft zu prägen, das wird sich noch zeigen müssen.

Die Fakten, die geschaffen wurden, die Ereignisse, die eingetreten sind – beides schafft niemand mehr aus der Welt. In Hunderten von Betrieben im ganzen Land hat die Belegschaft ihre Direktoren einfach abgesetzt und neue gewählt – kein Ministerium, keine Parteileitung wurde gefragt. Der fünfköpfige geschäftsführende Vorstand der Gewerkschaften: abgesetzt. Der Chefredakteur des Rundfunks in Prag und sein Stellvertreter: abgesetzt. Die vier Stellvertreter des Chefredakteurs von *Rude Pravo*: abgesetzt.

Diese Revolution hat nicht auf den Straßen stattgefunden, sondern in den Büros und in den Betrieben. Noch nie zuvor ist ein totalitäres Regime ohne Gewalteinwirkung so total und dabei so lautlos zusammengebrochen. In Wien pflegte man früher zu sagen: »Wenn die Tschechen Barrikaden bauen, ist die Revolution schon gewonnen.« In der Tat, dieses Volk hat in den Jahrhunderten der Fremdherrschaft eine ungewöhnlich subtile Witterung für den Verfall von Macht entwickelt; und es hat gleichzeitig die Fähigkeit kultiviert, geduldig abzuwarten, bis das Risiko des Aufstandes auf ein Minimum gesunken ist.

Dennoch: Wie konnte es zu dieser lautlosen Revolution kommen? Es war nur möglich durch das Zusammentreffen vieler verschiedener Faktoren, die alle zusammen eine Art Sternstunde ergaben. Im Juni 1967 hatten die Schriftsteller auf dem IV. Kongreß des Schriftstellerverbandes offen gegen die Bevormundung durch die Partei protestiert. Novotný sagte damals: »Wir dürfen die Anschuldigung nicht dulden, daß wir in jüngster Vergangenheit ein zweites Mittelalter durchgemacht hätten, wie es von einigen Delegierten des Schriftstellerkongresses behauptet worden ist.« Der Kampf, der daraufhin zwischen den Schriftstellern und dem Chefideologen Hendrych entbrannte, wurde von beiden Seiten hart und unerbittlich geführt. Von da an übernahmen die Intellektuellen die Führung im Kampf gegen die Partei und die Apparatschiks – ein Wort, das nun immer häufiger auftauchte. Bald wurden auch die Studenten aufsässig und machten den Funktionären das Leben schwer.

Im Oktober, auf der Plenarsitzung des ZK, kritisierte Dubček, daß Novotný die Fachleute und Technokraten den Parteisekretären untergeordnet hätte. Novotný parierte diesen Angriff mit dem Vorwurf »bürgerlicher Nationalismus«, der sogleich alle anti-tschechischen Assoziationen der Slowaken wachrief und damit dieses potentiell immer vorhandene und schwierigste aller Probleme der ČSSR aktualisierte: das Nationalitätenproblem. Der Kreis um Dubček schloß sich enger zusammen.

Im Dezember war die Meinung im Politbüro gespalten. Zunächst stand es sieben zu drei für Novotný, dann sechs zu vier, erst nach tagelangem Ringen entschied sich die Mehrheit gegen ihn, und als am 3. Januar 1968 das ZK wieder tagte, wurde die Trennung der Funktionen des Ersten Parteisekretärs und des Staatspräsidenten beschlossen. Inzwischen war die Stimmung so euphorisch und der Parteiapparat so unsicher geworden, daß Smrkovský im Plenum seine große kritische Rede halten konnte, die die Presse sofort aufgriff. In Windeseile verbreitete sich das revolutionäre Gedankengut im ganzen Land.

Und doch hätte der Resonanzboden für die neuen Ideen nicht ausgereicht, wenn nicht die katastrophale wirtschaftliche Situation die Bevölkerung immer mehr erbittert hätte. »Wir haben im Kalten Krieg und wegen des Embargos eine Industrie aufbauen müssen, die auf die Interessen des sozialistischen Lagers zugeschnitten war, die aber keineswegs unseren Interessen diente«, so hieß es in der Gewerkschaftszentrale.

Ein Ökonom meinte: »Die Produktivität je Arbeitskraft ist bei uns weit hinter den Industrienationen der westlichen Welt zurückgeblieben. Dabei waren wir schon vor dem Zweiten Weltkrieg ein hochindustrialisiertes Land.«

Ein Journalist: »Sie können sich keine Vorstellungen von der niedrigen Arbeitsleistung und dem Schlendrian in vielen Betrieben hier machen – den Leuten wird einfach kein Anreiz geboten. Und dann dieses verrückte Kennziffersystem: Von oben wird angeordnet, was und wieviel produziert werden soll, ohne jede Rücksicht darauf, was der Markt verlangt und was abgesetzt werden kann. Für Hunderte von Millionen ist Ware magaziniert worden, die einfach unverkäuflich ist.«

Das soll jetzt anders werden. Hinsichtlich der Arbeitsleistung heißt das Schlagwort *Denivellierung* – zu deutsch: die bessere Leistung soll besser honoriert werden. Die Hauptsache aber ist die Wiederentdeckung des Marktes. Die Wirtschaftsreform, vor allem von Ota Šik konzipiert, der jetzt stellvertretender Ministerpräsident geworden ist, strebt ein ökonomisches Lenkungssystem an, das sich auf eine Synthese von Plan und Markt stützt und mit dessen Hilfe die Unternehmen zu rationellem Verhalten veranlaßt werden sollen. Die konkrete Investitionsentscheidung wird in Zukunft beim Unternehmen liegen und nicht mehr bei der staatlichen Plankommission.

Professor Levčik, der Chef des Ökonomischen Instituts der Akademie der Wissenschaften – Nachfolger auf dem Stuhl von Ota Šik –, sagt: »Wir wollen ein sozialistisches Plan-Markt-Modell an die Stelle des zentral-administrativen Lenkungssystems setzen. Nur wenn die Unternehmen auf Grund ihres ureigensten Interesses nach kostensparenden Neuerungen verlangen, kann der technische Fortschritt Einzug halten. Und nur, wenn die Signale des Marktes beim Produzenten ankommen, ist eine optimale Ausnutzung der Produktionsmittel und der Arbeitskraft gewährleistet.«

»Wie wird die Bevölkerung reagieren, wenn die ersten Maßnahmen der neuen Regierung Betriebsschließungen bringen, also Arbeitslosigkeit anstelle von Lohnerhöhungen und der lange herbeigesehnten besseren Versorgung mit Konsumgütern?«

»Ja, das ist die große Frage, die noch niemand beantworten kann. Alles ist möglich. Das Volk weiß, daß in unserer Lage niemand Wunder vollbringen kann, und scheint entschlossen, noch einmal Geduld zu üben, aber denkbar ist alles.«

»Auch ein Rückfall? Oder ein Aus-der-Hand-Gleiten dieser Revolution nach vorn? Auch Waffengebrauch und Intervention?«

»Alles«, sagte der Professor mit ungerührter Miene, so als erwäge er die verschiedenen Auswirkungen einer Verkehrsstörung. Dieses Volk ist ganz ohne jede Hysterie und von großer Gelassenheit.

Doch wie viele Unsicherheitskoeffizienten gibt es da! Was werden die Russen tun, die das Prager innenpolitische Experiment sicherlich mit noch viel größerem Argwohn betrachten als die Bukarester außenpolitischen Eskapaden? Die – das darf man nicht vergessen – für neun von zehn Autos das Benzin liefern und für zwei von drei Brötchen das Mehl? Was werden die Arbeiter tun, von denen mehr Leistung verlangt wird, ohne daß der Staat imstande sein wird, höhere Löhne zu zahlen? Woher sollen die Kredite kommen, die für Investitionen dringend gebraucht werden? Wie kann so rasch wie möglich die Qualität der erzeugten Waren so verbessert werden, daß sie auf dem Weltmarkt Absatz finden? Fragen über Fragen.

Es ist ein hoher Einsatz, um den es geht. Nicht nur das Schicksal eines Volkes steht auf dem Spiel. In der ČSSR wird heute an Entscheidungen von weltpolitischer Tragweite gebastelt. Wenn es gelingen sollte, den demokratischen Sozialismus als ein drittes Modell zwischen Kommunismus und Kapitalismus zu installieren, dann könnte dies bedeuten, daß zum erstenmal eine Wiedervereinigung Europas in den Bereich der Möglichkeit rückt, denn wenn ein Kugelgelenk zwischen die beiden unterschiedlichen Gesellschaftssysteme geschoben wird, dann kann die Kommunikation zwischen den beiden sowohl auf politischem wie auf wirtschaftlichem Gebiet unendlich viel leichter stattfinden.

Freilich, wer da hofft, daß diese Entwicklung Platz greift, der darf nicht, wie einige kurzsichtige Beobachter es tun, darauf hoffen, daß die ČSSR auf den westlichen Pfad der Tugend einschwenkt. Der muß vielmehr beten, daß die tschechische KP erhalten bleibt und sich zu rehabilitieren vermag. Andernfalls könnte zwar das westliche Lager über die Rückkehr eines verlorenen Sohnes jubilieren, aber es wäre eine kurze Freude, denn die Reaktion im Osten würde äußerste Verhärtung und noch größeres Mißtrauen sein.

Die Folgen
der sowjetischen Invasion

Die Kleinen im östlichen Lager sind Freiwild

Hamburg, im September 1968

»Das Verhalten der Russen in der ČSSR war total irrational – was sie dort getan haben, läuft ihren eigenen Interessen zuwider.«

»Nein, ganz im Gegenteil, ihr Verhalten war streng rational, ihre Interessen erforderten die Intervention.«

Diesen Dialog konnte man während der letzten Tage immer wieder hören. Für beide Standpunkte gibt es gute Argumente. Es kommt nur darauf an, ob man von machtpolitischen oder von ideologischen Aspekten spricht. Denn die Sowjetunion ist ja nicht nur die Kapitale eines großen Imperiums, sie ist auch die Metropole einer ideologischen Weltbewegung.

Für den internationalen Kommunismus war das, was am 21. August und seither in der ČSSR geschah, ein schwerer Schlag. Es wird der italienischen und der französischen KP – den beiden größten kommunistischen Parteien im Westen – wahrhaftig schwergemacht, ein glaubhaftes Bild von der allgegenwärtigen Friedfertigkeit ihrer Moskauer Götter zu entwerfen. Und in der sogenannten Dritten Welt dürfte es kaum noch einen Kommunisten geben, der sich ohne Bedenken um sowjetische Hilfe bewirbt. Der preußische König Friedrich Wilhelm III. hat einmal gesagt: »Die Fürsten haben der Legitimität mehr geschadet als alle Demagogen.« Diese Einsicht läßt sich leicht auf die Moskauer Kommunisten und ihre Prinzipien ummünzen.

Ganz anders sieht die Sache aus, wenn man die Aktionen des Kremls unter nationalen, machtpolitischen Aspekten betrachtet. Und die Mehrzahl der politischen Beobachter neigt heute dazu, die Okkupation der Tschechoslowakei durch die Sowjets auf imperiale, nicht auf ideologische Motive zurückzuführen. Professor John Erickson von der Universität Edinburgh, ein Spezialist für militärische Probleme der Sowjetunion, hat in der *Sunday Times* nachgewiesen, daß die Russen schon bei den großen Manövern des Warschauer Paktes im Jahr 1966 (»Oktober-Sturm«) die Meinung gewonnen haben, daß die tschechische Armee nicht in der Lage sei, die ihnen damals für ihren Raum zugewiesene Aufgabe zu erfüllen, nämlich während 72 Stunden hinhaltenden Widerstand mit konventionellen Waffen zu leisten. Seit 1967, so meint Erickson, habe darum die sowjetische Generalität darauf bestanden, wenigstens eine sowjetische Division an der tschechischen Westgrenze zu stationieren. Als nun zusätzlich zu den lange gehegten Befürchtungen der Militärs auch noch die Sorge Breschnews über die Abschaffung der Zensur in Prag kam, da hatten die Generale endlich ihr Ziel erreicht.

Eine Bestätigung des Vorranges imperialer Motive scheint in der Tat darin zu liegen, daß die militärischen Aktionen mit höchster Präzision vorbereitet und durchgeführt worden sind, während über die politischen Ziele offenbar überhaupt keine konkreten Vorstellungen bestanden.

Begründung für die Intervention war, wie es zunächst hieß, ein Hilferuf aus Prag. Am zweiten Tag nach dem Einmarsch sahen sich die Sowjets gezwungen, ihre Zuflucht zu einem Ultimatum zu nehmen: Irgend jemand, der bereit sei, die Regierung zu übernehmen – also doch wohl vermutlich diejenigen, die nach sowjetischer Hilfe gerufen hatten –, solle sich innerhalb von zwölf Stunden melden. Niemand meldete sich.

Am gleichen Tag stand in der *Prawda* die große Ketzeranklage der Prager Häresie – ein zwei Seiten langer Artikel über die Sünden und Verfehlungen, denen sich die ČSSR in den Augen Moskaus schuldig gemacht hat. Dabei wurde Dubček einwandfrei als der Martin Luther der kommunistischen Protestanten benannt und in Bann gelegt. »Der wird nie wieder auftauchen«, lautete der Kommentar der Kreml-Spezialisten. Vier Tage später saß er zusammen mit Svoboda am Verhandlungstisch den Russen gegenüber.

Schon während der sogenannten Stabsmanöver in der ČSSR war deutlich geworden, daß Moskau kein Konzept für Prag hatte; innerhalb von 14 Tagen wurde ein halbdutzendmal die Order geändert. Truppenabzug: total, klein bißchen, gar nicht ... ja, nein, ja.

Wenn es aber machtpolitische, imperiale Motive waren, die Moskau in die Tschechoslowakei einmarschieren ließen, was folgt dann für uns daraus? Sind – wie manche fürchten – Berlin und die Bundesrepublik als nächste an der Reihe? Zunächst muß man eine Vorfrage klären: Ist durch das, was in der Tschechoslowakei geschehen ist, das Gleichgewicht zwischen Ost und West in Europa verändert worden? Heute stehen:

in Ungarn	4 sowjetische Divisionen,
in Polen	2 sowjetische Divisionen,
in der ČSSR	etwa 22 sowjetische Divisionen,
in der DDR	20 sowjetische Divisionen.

Es heißt ferner, daß von den 60 sowjetischen Divisionen, die ihre Garnisonen westlich des Urals haben, 14 an die rumänische Grenze verlegt worden sind.

Das mindeste, was sich feststellen ließe, ist also, daß uns etwa 22 plus 14 Divisionen wesentlich näher gerückt sind – und vor allem: daß sie sich in alarmbereitem Zustand befinden. Aber wenn man schon rechnet, müßte man wohl dagegen auch anführen, daß die 9 rumänischen und die 14 tschechischen Divisionen des Warschauer Paktes im Ernstfall keine sehr einsatzfreudigen Allianzpartner wären.

Dennoch: die Balance hat sich verändert. Es genügt nicht, gebannt auf Osteuropa zu starren, man muß alle Veränderungen der letzten 18 Monate mit in Betracht ziehen. Tut man das, so zeigt sich, daß das Mittelmeer, das noch vor wenigen Jahren sozusagen eine riesige Bucht des Atlantiks war, diesen Charakter verloren hat. Die Völker, die einst seinen östlichen Sperriegel bildeten (und es zur Bucht machten), Griechen und Türken, liegen seit langem miteinander im Streit. Der Riegel ist offen, die russische Flotte fährt hinein und heraus. Insgesamt befinden sich ständig etwa 40 sowjetische Marineeinheiten und ein Dutzend

Unterseeboote im Mittelmeer. Das ist mehr, als Italiener, Engländer und Franzosen gemeinsam dort stationiert haben. Würde also die Sechste Flotte der Amerikaner eines Tages abgezogen, so wäre die sowjetische Flotte die stärkste im Mittelmeer.

Doch zurück zu der Frage: Muß nach den Prager Ereignissen auch die Bundesrepublik um ihre Sicherheit besorgt sein? Sie wird sich abfinden müssen, jetzt noch stärker vom Kreml angegriffen zu werden – der die Aufmerksamkeit von Prag ablenken will. Aber: Nichts hat sich in den letzten 20 Jahren als so beständig erwiesen wie die Demarkationslinie zwischen Ost und West. Seit der Existenz des atomaren Patts ist es übrigens unpräzise zu sagen, »zwischen Ost und West«; es muß heißen: zwischen den beiden Supermächten, denn die anderen zählen nicht mehr.

Von beiden, und in allen Situationen, ist die Linie Lübeck–Triest respektiert worden. Washington hat nie eingegriffen, wenn jenseits dieser Grenze etwas passierte: in Ungarn nicht und in der ČSSR nicht. Und Moskau hat sich, wenn es im Westen einmal wirklich brenzlig wurde, betont zurückgehalten. Beispielsweise während der Pariser Unruhen im Mai. Damals ist das gaullistische Regime von den Kommunisten gerettet worden, weil Moskau ängstlich darauf bedacht war, das Gleichgewicht in Europa nicht zu verändern. Wenn die französische KP sich mit den Studenten solidarisiert hätte, dann wäre in Paris heute die Volksfront an der Regierung.

Das Gleichgewicht des Schreckens, die Balance zwischen den beiden Supermächten, garantiert also die Unverletzbarkeit der Demarkationsgrenze. Was sie freilich nicht garantiert, ist die Freiheit der kleinen Staaten innerhalb des Einflußgebietes der jeweiligen Supermacht. Mindestens im Osten ist sie nicht garantiert.

Niemand aus dem Westen kann den Tschechoslowaken helfen, wenn sie in brutaler Weise von den Kreml-Kommunisten besetzt und terrorisiert werden. Die Sowjets aber kennen in ihrem Herrschaftsbereich nur ihr imperialistisches Interesse – die Begriffe Brüderlichkeit, Freiheit, Wahrheit sind für Reden und Artikel reserviert, davon bleibt für den Gebrauch nicht viel übrig.

Im Herrschaftsbereich der westlichen Supermacht geht es humaner zu. Washington hat de Gaulle nicht einmal verbal zur Ordnung gerufen, als dieser alles tat, um den Amerikanern währungs- und militärpolitisch Schaden zuzufügen. Und nichts geschah, als er schließlich sogar aus der NATO-Militärorganisation austrat. Ein ähnlicher Schritt hat Ungarn 1956 fünfundzwanzigtausend Tote gekostet.

Bisher hat uns – den kleinen Nationen im Einflußgebiet der westlichen Supermacht – das Gleichgewicht der Großmächte mehr genutzt als geschadet. Es hat uns vor dem dritten Weltkrieg bewahrt, und es hat uns vor Übergriffen Moskaus beschützt. Aber die Sorge derjenigen ist verständlich, die befürchten, daß dem Einvernehmen der beiden Großen eines Tages die Interessen aller Kleinen – auch der im Westen angesiedelten – geopfert werden könnten.

Dagegen gibt es nur einen Schutz. Es ist höchste Zeit, jetzt nach dem Schock von Prag, daß die Europäer im Westen einsehen: Sie müssen sich enger zusammenschließen. Europa muß sich die Möglichkeit schaffen, wenigstens im Hinblick auf weltpolitische Krisen und große außenpolitische Probleme gemeinsam nachdenken und handeln zu können. Wie anders sähe die Welt aus, wenn de Gaulle das Zusammenwachsen der Europäer nicht verhindert hätte!

Signale aus Moskau

CDU und CSU begreifen nicht,
worum es geht

Hamburg, im August 1969

Die besondere Art der Beziehungen, die nun schon seit zwei Jahrzehnten das Ost-West-Verhältnis charakterisiert, läßt sich vielleicht am ehesten als ein reziprokes Zusammenspiel von Furcht bezeichnen: Jeder projiziert seine eigene Angst in den anderen hinein und leitet daraus die Rechtfertigung für die Annahme ab, der andere habe finstere Pläne im Sinn.

Diese Art des spiegelbildlichen Verhaltens stellt das dar, was man einen *circulus vitiosus* oder einen Teufelskreis nennt: Die Wirkung, die eine bestimmte Ursache hat, zeitigt erneut jene Ursache, diese hat wieder genau dieselbe Wirkung und so fort. Solch ein Teufelskreis reproduziert sich also immer wieder von neuem und kann nur unterbrochen werden, wenn ein neues Moment auf den Plan tritt – in unserem Falle beispielsweise ein Dritter, vor dem Ost oder West (oder beide) mehr Angst haben als voreinander.

Es könnte sein, daß China diese Funktion erfüllt. Es könnte sein, daß die alten Rivalen in Ost und West eines Tages feststellen, daß sie, verglichen mit Peking, beide doch erstaunlich viel Gemeinsames haben. Jedenfalls gibt es mancherlei Anzeichen dafür, daß die Sowjetunion sich um ein besseres Verhältnis zum Westen, ja sogar zur Bundesrepublik bemüht.

Im April besuchte der sowjetische Handelsminister Patolitschew Hannover und durchwanderte gemeinsam mit Minister Schiller die Messehallen. Im Mai begannen Verhandlungen über ein großes, ein sehr großes Erdgas-Röhren-Geschäft mit der Sowjetunion. Im Juli erklärte Gromyko vor dem Obersten

198

Sowjet zum Thema deutsch-sowjetische Beziehungen: »Die Sowjetunion hat mehr als einmal betont, daß die Bundesrepublik Deutschland nicht weniger Möglichkeiten hat als andere Länder, normale Beziehungen zur Sowjetunion zu schaffen.« Und schließlich wurde jetzt auch Botschafter Allardt, der 14 Monate darauf gewartet hatte, von Ministerpräsident Kossygin empfangen. Kurz zuvor hatte Staatssekretär Duckwitz mit Botschafter Zarapkin das Gespräch über Gewaltverzicht wiederaufgenommen, das im Juli 1968 abgebrochen worden war.

Niemand kann übersehen, daß die Schwierigkeiten im Verhältnis Bonn–Moskau nicht nur auf einem psychologischen Teufelskreis, sondern auf ganz handfesten Problemen beruhen, deren Lösung Jahre in Anspruch nehmen wird. Aber soviel läßt sich doch wohl feststellen, daß zur Zeit eine Versachlichung der Beziehungen stattfindet, die zwar einstweilen nur dem wirtschaftlichen und dem wissenschaftlich-technischen Austausch, auf lange Sicht aber sicherlich auch der politischen Diskussion zugute kommen wird.

Die letzte Überraschung war dann der betont liebenswürdige Empfang der drei FDP-Politiker in Moskau. »Seit mehr als zehn Jahren hat es auf sowjetischer Seite kein derart aufwendiges Protokoll für westdeutsche Politiker gegeben«, schrieb die *Welt*. Der zweistündigen Unterhaltung mit Kossygin wird, so scheint es, eine Reihe von Gesprächen folgen. Jedenfalls hat der Vorsitzende der Unionskammer, Spiridonow, von dem die Einladung ausgegangen war, erklärt, er betrachte diesen Besuch als einen Anfang und hoffe, daß Politiker anderer Parteien folgen werden – nicht nur Angehörige der SPD, sondern auch der CDU/CSU.

Welcher Wandel: Noch ist es keine zwei Jahre her, daß Ernst Majonica, ein führender außenpolitischer Vertreter der CDU, nach Moskau gereist war und neun Tage dort saß, ohne irgendeinen Funktionär von Rang auch nur von weitem zu Gesicht zu bekommen.

Unter solchen Umständen gehört schon ein erstaunliches Maß an Stupidität dazu, die Reise von Scheel, Mischnick und Genscher nach Moskau als »unwürdiges« Verhalten zu persiflieren – »außer Spesen nichts gewesen«, erklärte der CDU-Sprecher

Rathke. Er meinte ganz stolz, kein maßgebender CDU-Mann aus Regierung, Bundesvorstand oder der Bundestagsfraktion werde vor den Wahlen eine Einladung nach Moskau annehmen.

Der Leitartikler der *Welt am Sonntag* mokierte sich darüber, daß die FDP-Politiker nach Moskau fuhren, »obwohl man doch spätestens seit Erich Ollenhauers nutzloser Reise weiß, daß nur mit leeren Händen aus dem Kreml zurückkehrt, wer in der naiven Erwartung aufbricht, den tieftraurigen Stand der deutsch-sowjetischen Beziehungen wandeln zu können«. Was mag der Schreiber dieser Zeilen sich wohl unter Außenpolitik vorstellen?

Auch wüßte man gern, wieso alle diese Leute, die – solange es um theoretische Betrachtungen geht – ganz zu Recht von den beiden Supermächten sprechen, aber sobald praktische Fragen der Politik abgehandelt werden, so tun, als stünde im Westen eine stets und immer zu verehrende Großmacht, im Osten dagegen eine *quantité négligeable* – ein Land, mit dem Kontakt zu suchen vollständig nutzlos sei.

Viele Beobachter meinen, die Position des »Alles oder Nichts« sei typisch deutsch. Mag sein. Jedenfalls ist es beklagenswert, daß immer in Alternativen gedacht wird und dann flugs und unschwer jede Seite die lupenreine Konzeption der anderen *ad absurdum* führt. Jener Leitartikler der *Welt am Sonntag* meinte doch wohl, man werde nur dann nicht mit leeren Händen aus dem Kreml zurückkehren, wenn man mit barschen Worten, massiven Forderungen und einer drohenden Militärmacht im Hintergrund dorthin führe – denn nur Macht imponiere dem Kreml.

Die Gegenposition behauptet, jede eigenwillige, also dem Osten nicht gefügige Politik Bonns sei vom Übel. Man dürfe die Russen nicht ärgern, sondern müsse einsehen, daß man vor 25 Jahren den Krieg verloren habe, und solle nun endlich um des lieben Friedens willen akzeptieren, was sie fordern. Beide Positionen entsprechen der politischen Vorstellungskraft einer einzelligen Amöbe.

Willy Brandt ist der erste Außenminister in Bonn, der erkannt hat, daß es Moskau gegenüber nur eine mögliche Politik gibt: Von einer starken Position aus elastisch, diplomatisch zu verhandeln und jeden Vorschlag bereitwillig zu prüfen, anstatt hinter einer Mauer von Ablehnung und Argwohn Zuflucht zu suchen und sich mit der Attitüde »Kennen wir schon – kommt nicht in Frage« vollkommener Passivität hinzugeben. Weil Brandt dies erkannt hat, war er neben dem damals noch amtierenden Nenni der einzige, der im April 1969 den sowjetischen Vorschlag einer Europäischen Sicherheitskonferenz nicht von vornherein und rundweg ablehnte – was ihm sogleich den Vorwurf eintrug, ein Illusionist zu sein; obgleich er schon damals und noch einmal im Mai nach dem Memorandum der finnischen Regierung davor warnte, verfrühte und übertriebene Hoffnungen zu hegen: »Es geht jetzt nicht um den Zeitpunkt einer Konferenz, sondern um eine verantwortliche Diskussion über Methodik und Themen.«

Auch Gromyko hatte seinerzeit die Vorbereitungsdauer für ein solches Treffen auf ein oder zwei Jahre geschätzt. Es geht also den Sowjets offenbar nicht um ein Propagandamanöver, sondern darum, an ihrer Westflanke eine Friedensordnung zu errichten, die es ihnen erlaubt, sich mehr auf ihre östlichen Nachbarn zu konzentrieren und ihre finanziellen Mittel zur Verbesserung des Lebensstandards der Bevölkerung zu verwenden, anstatt sie auf das sinnlose Beginnen zu verschwenden, immer neue *overkill*-Kapazitäten zu schaffen.

Auch der FDP-Führung wurde bei ihrem Aufenthalt in Moskau deutlich, daß es den Russen vor allem um eine Europäische Sicherheitskonferenz geht. Deshalb setzen nicht nur die Kremlführer, sondern auch die Osteuropäer ihre Hoffnungen auf Willy Brandt und wünschen sich eine SPD-Regierung als Ergebnis der Bonner Wahlen. Nicht weil sie glauben, mit dieser dann nach Herzenslust umspringen zu können – dazu hat Brandt ihnen bisher keine Veranlassung geboten –, sondern weil sie auf lange Sicht zu einem Arrangement kommen wollen und müssen.

Wenn CDU und CSU es wirklich für einen Ehrenstandpunkt halten, jetzt keine Einladungen nach Moskau anzunehmen, dann verletzen sie ganz ohne Zweifel die vitalen Interessen unseres Landes. Wir sind nun einmal im Zentrum Europas angesiedelt, und darum ist es für uns eine Lebensfrage, auch mit den östlichen Nachbarn zu einem Ausgleich zu gelangen – egal, ob man damit vor oder nach der Wahl beginnt.

Der Dialog beginnt

Bundeskanzler Brandt setzt ein Kugelgelenk an die Stelle des Sperriegels

Hamburg, im November 1969

Während daheim die neue Ostpolitik auf heftigen Protest und hinhaltenden Widerstand stößt, ist die Reaktion bei den Adressaten zunächst außerordentlich positiv.

Am Dienstag voriger Woche gab der neue Kanzler in Bonn die Regierungserklärung ab, am Donnerstag begannen die Außenminister der sieben Warschauer-Pakt-Staaten in Prag ihre Haltung zu dieser Politik zu definieren, und schon am Freitag erklärte der Sprecher der sowjetischen Regierung, Botschafter Samjatin, in Moskau, daß einzelne Punkte der Erklärung Willy Brandts zweifellos Aufmerksamkeit verdienten. Auch die *Iswestija* sieht neue Akzente und anerkennt vor allem Brandts positive Worte zum Gewaltverzicht. So rasch, so Schlag auf Schlag, sind noch nie Reaktionen auf Bonner Erklärungen aus dem Osten eingegangen.

Im Dezember 1966, nach der Regierungserklärung Kiesingers, waren alle östlichen Kommentare auf skeptisches, ja mißtrauisches Abwarten gestimmt. »Lippenbekenntnisse nutzen uns nichts, wir wollen Taten sehen«, hieß es und: »Dies ist keine neue Politik, sondern nur die alte Politik im neuen Gewande.« Schließlich lief sich dann alles fest an der Weigerung der DDR, auf die Entspannungsbemühungen einzugehen.

Die DDR hat sich auch diesmal noch nicht gerührt. Aber alle anderen, die Polen eingeschlossen, haben offenbar auf eine Zäsur, einen neuen Anfang geradezu gewartet und stempeln nun die CDU/CSU zum Sündenbock für den bisherigen Zustand. Das sowjetische Militärblatt *Krasnaja Swesda* meint, viele Jahre hindurch sei die revanchistische Politik der westdeutschen Regierungskreise das Haupthindernis auf dem Wege zur Sicherheit Europas gewesen. Die direkte Verantwortung dafür trage die CDU mit ihrer reaktionären Innenpolitik und ihrer aggressiven Außenpolitik.

Im Kommuniqué des Warschauer Paktes werden folgende Themen für eine europäische Sicherheitskonferenz vorgeschlagen:

1. »Gewährleistung der europäischen Sicherheit und Verzicht auf Gewaltanwendung oder Gewaltandrohung in den gegenseitigen Beziehungen zwischen den europäischen Staaten.«

2. »Erweiterung gleichberechtigter Handels-, Wirtschafts- und der wissenschaftlich-technischen Beziehungen mit dem Ziel der Entwicklung der politischen Zusammenarbeit zwischen den europäischen Staaten.«

Diese Fragen sollen in zweiseitigen oder mehrseitigen Konsultationen zwischen den interessierten Staaten vorberaten werden. Von der Maximalforderung der Breschnew-Doktrin, nach der alle außenpolitischen Fäden allein von Moskau gesponnen werden dürfen, scheint man also abgelassen zu haben. Und auch Bonn hat von seinen Maximalhoffnungen in puncto Wiedervereinigung und Grenzen von 1937 Abstriche vorgenommen.

Beide Seiten sind offenbar entschlossen, aus den Erfahrungen der Großen Koalition zu lernen und den Elan, den jeder Regierungswechsel nun einmal auslöst, nicht wieder ungenutzt verpuffen zu lassen. 1967 scheiterten die Bemühungen Bonns um Entspannung daran, daß aus Moskau, Warschau und Ost-Berlin einfach keine Antwort kam.

Es könnte sein, daß es diesmal, jedenfalls in der ersten Phase der Entwicklung, sehr rasch geht – wenn nicht die DDR wieder alles blockiert. Voraussichtlich wird schon in der nächsten Woche eine Note an die Sowjetunion herausgehen, die vorschlägt, unverzüglich mit Verhandlungen in Moskau zu beginnen. Thema wird der Gewaltverzicht sein, über den während der Großen Koalition bereits mehrere Noten gewechselt wurden, so daß die Gespräche sofort beginnen können.

Wenn alles planmäßig geht, werden dann kurz darauf auch in

Warschau Verhandlungen aufgenommen – ebenfalls über einen Gewaltverzicht, der ja für Polen als vertragliche Anerkennung ihrer territorialen Integrität weit mehr Bedeutung hat als für alle anderen Staaten. Jetzt zeigt sich, wie klug es war, daß Brandt als Außenminister das Thema Gewaltverzicht auf allen Konferenzen und in allen Noten so unbeirrt und systematisch immer wieder behandelt hat – oft zum Gespött mancher politischer Beobachter.

Die Auseinandersetzung über die Deutschlandfrage ist, wie die Debatte in Bonn wieder deutlich gemacht hat, ein besonders schwieriges Thema: Innen- und Außenpolitik sind da am deutlichsten miteinander verzahnt. Und in der Tat erfordert ein Spiel mit drei Bällen mehr Geschick, als zur Handhabung einer Doktrin bisher notwendig war.

In der Weisung des Außenministers an die Botschafter im Ausland heißt es: »In der Deutschlandfrage ist die Respektierung und Förderung der Einheit der Nation sowie die Wahrung des Selbstbestimmungsrechts des deutschen Volkes die Richtschnur unseres Handelns.« Bisher war das anders, bisher gab es die Drohung gegen Dritte: Die Anerkennung der DDR wird von Bonn als unfreundlicher Akt angesehen und geahndet. Jetzt heißt es versöhnlich: Wenn die DDR sich zu einem geregelten Nebeneinander mit dem anderen Teil der deutschen Nation herbeifindet, dann wird die Bundesrepublik »dem Verlangen der DDR nach Respektierung ihrer staatlichen Existenz nicht im Wege stehen«.

Es liegt jetzt an der DDR, ob sie sich völkerrechtliche Anerkennung durch Dritte verschafft oder nicht. *Neues Deutschland*, das Zentralorgan der SED – ausgerüstet mit besonderer Brille –, schrieb allerdings bereits: »In dieser Dienstanweisung steht die alte anachronistische Hallstein-Doktrin sozusagen zwischen allen Zeilen.« Das läßt nichts Gutes ahnen – der DDR liebstes Kind war immer schon der Kalte Krieg.

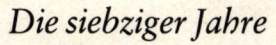

Die siebziger Jahre

Die Nation als Klammer

Bonns Ostpolitik:
kein Grund zum Gruseln oder Jubeln

Hamburg, im Januar 1970

Der »Bericht über die Lage der Nation im geteilten Deutschland« ist – seit es diese Einrichtung gibt – stets eine Art Fortsetzung und Erweiterung der Regierungserklärung gewesen. Diesmal gleicht er eher einer Bestandsaufnahme. Thema der Inventur: Was gibt es noch an Verbindendem zwischen den beiden Deutschlands oder wie weit haben sie sich auseinandergelebt? Tenor der Dokumentation, die den Bericht erläutert: Viel weniger, als alle wollen, aber doch mehr, als mancher denkt.

Das abschließende Fazit freilich sagt ganz hart, daß »die Gegensätze, die die beiden Teile Deutschlands heute voneinander trennen, in absehbarer Zukunft unüberwindbar und prinzipieller Art sind«. Keine Statistik könne das Ausmaß an Not, Leid und Schikane, an Zwangsmaßnahmen und Gewaltanwendungen auch nur erfassen, geschweige denn wiedergeben.

In der Tat sind die beiden deutschen Staaten nur noch durch zwei Klammern miteinander verbunden:
1. durch die Rechte der Vier Mächte,
2. durch den Begriff der Nation.

Die Dokumentation weist darauf hin, daß die von den Vier Mächten untereinander getroffenen Vereinbarungen über Deutschland bis heute von keiner Seite gekündigt worden sind. Darum tragen die Vier Mächte für Berlin gemeinsam die Verantwortung und für Deutschland als Ganzes insoweit, wie dies zwischen der Bundesrepublik und den Westmächten in den Pariser Verträgen festgelegt wurde und zwischen der Sowjetunion und der DDR in ihren Verträgen.

Der Begriff der Nation nimmt in beiden Verfassungen einen entscheidenden Platz ein. Das Grundgesetz postuliert die »nationale Einheit« im letzten Satz der Präambel – die DDR beschwört ihn im ersten Satz der Präambel ihrer neuen Verfassung, die das Datum vom 9. April 1968 trägt: »Getragen von der Verantwortung, der ganzen deutschen Nation den Weg in eine Zukunft des Friedens und des Sozialismus zu weisen ...«

Nun könnte man zwar meinen, der Begriff Nation gehöre einer versunkenen Geschichtsepoche an, und für uns Heutige könne darum nur eine Solidarität gelten, die die nationalen Grenzen transzendiere, also über sie hinausgreife. Das ist natürlich richtig, insoweit es sich um die Zukunft handelt – beispielsweise um die Strukturen eines zukünftigen Europa –, die Gegenwart aber ist bestimmt durch das, was gewesen ist. Und in Europa war nun einmal der Nationalstaat das klassische Modell der Integration. Dies war der Fortschritt von gestern. Heute ist er es nicht mehr. Aber das, was Geschichte geworden ist, hat eben doch ein Zusammengehörigkeitsgefühl geschaffen, das durch die Teilung nicht ausgelöscht wird.

Wahrscheinlich ist es ein Ausdruck von ohnmächtiger Wut, den dieses unbefriedigte Gefühl zeigt, wenn sich die Mehrheit der Äußerungen, die von drüben kommen – und offenbar ohne Ansehen der sozialen Zugehörigkeit der Betreffenden –, zu der besorgten Frage verdichten: »Ihr werdet doch nicht etwa jetzt dem Ulbricht den Triumph völkerrechtlicher Anerkennung gewähren?«

Und in der Tat, wie könnte man eine Regierung völkerrechtlich anerkennen, deren Schießbefehl dazu geführt hat, daß seit dem Bau der Mauer im Herbst 1961 kein einziger Monat vergangen ist, in dem nicht Bürger dieses zweiten deutschen Staates im Grenzstreifen oder an der Mauer verbluteten, nicht etwa, weil sie etwas verbrochen haben, sondern einfach, weil sie in jenem Staat nicht mehr zu leben vermochten.

Darum ist es gut, daß der Kanzler, der das Selbstbestimmungsrecht und die bestehenden Bindungen mit den westlichen Alliierten zu der Kategorie unverzichtbarer Grundsätze seiner Politik rechnet, sich ebenso kategorisch gegenüber dem verhält, was

nicht sein darf: Den Gedanken einer völkerrechtlichen Anerkennung der DDR als Ausland lehnt er rundweg ab.

Nun soll dies aber keineswegs eine Absage an Verhandlungen
mit Ulbricht sein. Nur darf dieser sich nicht einbilden, er könne
heute noch wie zur Zeit des Kalten Krieges uns einen geradezu
absurden Vertrag nach dem Motto: »Friß Vogel oder stirb« auf-
zwingen, einen Vertrag, der uns zu einer Revision aller Normen
und Prinzipien zwingen würde, die die Grundlage des rechts-
staatlichen Charakters der Bundesrepublik ausmachen.

Nein, wir befinden uns, wie die Gespräche mit der Sowjetunion zeigen, im Stadium von Verhandlungen, nicht von Kon-
frontationen. Und so, wie zur Zeit mit Moskau über den Gewaltverzicht verhandelt wird, so ließe sich eben auch mit Ost-Berlin
über dieses Thema reden, wobei keine Seite daran gehindert werden soll, bei dem auf diese Weise beginnenden Meinungsaus-
tausch alle möglichen Themen anzuschlagen und Wünsche vorzubringen.

Es wäre ja auch ganz unrealistisch, wollte man das innerdeutsche Verhältnis, das doch Teil der überwölbenden Ost-West-
Beziehungen ist, isoliert für sich behandeln. Man darf nicht vergessen, daß die beiden deutschen Staaten vorgeschobene Posten
der Supermächte sind, die an der Nahtstelle der beiden rivalisierenden Imperien einander gegenüberstehen. Jene Verhandlungen
müssen also synchronisiert werden mit allen anderen Gesprächen, die Bonn führt. Und sie sind gleichzeitig ganz zwangsläufig
dem Fortgang des Dialogs Washington–Moskau zugeordnet.
Wenn dieser zusammenbrechen sollte, dann kann auch Bonn
keine Ostpolitik mehr treiben.

Die Schwierigkeit, die sich derzeit jeglicher Politik stellt,
beruht auf der ambivalenten Situation der Supermächte, die zwischen tödlicher Rivalität und limitierter Kooperation hin- und
herschwankt. Im Grunde muß man stets beide Ebenen vor
Augen haben – erst beide zusammen geben die ganze Wirklichkeit wieder.

Wie oft dient ein Argument der Ebene, auf der von Frieden,
Entspannung und Koexistenz die Rede ist, doch nur zur Ver-
schleierung jener zweiten Ebene, auf der die machtpolitische

Rivalität ausgetragen wird. Jeder Zug stellt dann nur den Versuch dar, die eigene Position zu verbessern, und dient keineswegs den hehren Zielen, von denen so gern die Rede ist.

So kommt es denn auch, daß, wenn von Brandts Ostpolitik die Rede ist, die einen das große Gruseln überkommt, weil sie meinen, alle Positionen würden preisgegeben und die Russen hielten demnächst ihren Einzug in der Bundesrepublik, während die anderen in euphorische Verzückung geraten und glauben, nun werde bald eitel Harmonie zwischen Ost und West herrschen.

Bei einer einigermaßen vernünftigen Zusammenarbeit zwischen Regierung und Opposition in dieser für beide, für uns alle so lebenswichtigen Frage sollte es eigentlich möglich sein, diese Schwarzweißvorstellungen, die durch parteipolitische Propaganda noch intensiviert werden, der Realität ein wenig mehr anzupassen. Viel wäre gewonnen, wenn der Regierungschef, der den Schlüssel dazu in der Hand hat, den Führer der Opposition durch bessere Information zur Zusammenarbeit in der Deutschlandfrage verpflichten würde.

Im Augenblick wirken weder Regierung noch Opposition sehr überzeugend. Der Regierung glaubt man nicht, daß sie über die allgemeine Richtung hinaus im einzelnen präzise weiß, was sie eigentlich will, und der Opposition merkt man an, daß sie außer Protest, Kritik und Verdächtigungen nichts anzubieten hat – jedenfalls kein Konzept.

Treffpunkt Erfurt

Die Begegnung der fremden Verwandten

Hamburg, im März 1970

Während diese Zeilen geschrieben werden, legen die Experten in den Kanzleien von Bonn und Ost-Berlin die letzte Hand an die beiden großen Reden, die die Regierungschefs der Bundesrepublik und der DDR in Erfurt halten werden.

Es ist eine bewegende und zugleich beklemmende Vorstellung, daß da nach Jahrzehnten vollständiger Isolierung zwei Männer stellvertretend für die Bevölkerung ihrer beiden Staaten einander begegnen, beklemmend, weil das Schicksal der Deutschen noch nie so deutlich wurde wie in dieser Erfurter Szene. Es gibt andere Begegnungen von dramatischer Dimension, aber keine war von solcher Eigenart wie diese:

Als die beiden Führer des langen, so überaus blutigen amerikanischen Bürgerkrieges, Grant und Lee, 1865 nach Beendigung des Kampfes zu den Verhandlungen zusammentrafen, hatte Grant, der Chef der Nordtruppen, zuvor jeden Jubel mit den Worten gedämpft: »Der Krieg ist vorüber, die Aufständischen sind wieder unsere Landsleute«. Und als dann der schmutzbespritzte Grant in einem Bauernhaus Virginias auf die große imponierende Gestalt seines Widersachers Lee zuging, war das Gemeinsame viel stärker als das Trennende. Grant erzählte später, er hätte während der freundschaftlichen Unterhaltung über vergangene Zeiten fast vergessen, wozu sie eigentlich zusammengekommen seien.

Hundert Jahre später – 1965 –, als indische und pakistanische Offiziere nach Beendigung des Krieges zwischen ihren beiden Ländern, die generationenlang eine Einheit gebildet hatten, auf-

211

einander zutraten, stellte sich heraus, daß die Älteren von ihnen in ihrer Jugend im englischen Sandhurst Freunde und Kameraden gewesen waren, die seit dem Streit über Kaschmir – seit Jahren also – zu Feinden geworden sind. Auch zwischen ihnen gab es viel Gemeinsames und mancherlei Anknüpfungspunkte.

Dies alles gibt es zwischen den Deutschen, die da in Erfurt zusammenkommen, nicht. Zwar gehören sie der gleichen Nation an, aber sie kommen aus verschiedenen Welten. Was sonst als die Sprache verbindet sie? Ihr Gesellschaftssystem, ihre Lebensvorstellungen, ihr Rechtsempfinden, ihre Prioritäten, ihre Träume sind verschieden.

Daß sie Brüder sind, hilft wenig, es macht die Beziehung für beide sogar besonders schwierig. Mit Norwegern, Spaniern oder Rumänen zu verhandeln, bietet keine großen Komplikationen – man weiß, daß sie anders sind –, aber in diesem Fall? In diesem Fall, da ist alle Nervosität und Empfindlichkeit, da ist die ganze Unduldsamkeit, die man nur der eigenen Familie gegenüber hat, wach und wirksam, vielleicht, weil man in den unerträglichen Eigenschaften des anderen immer auch das eigene Bild durchscheinen sieht.

Und noch eine andere Schwierigkeit jenseits aller politischen Probleme: Nicht Nationalismus, sondern Internationalismus ist das Gebot unserer Zeit. Solidarität der sozialistischen Staaten, Europäertum, Humanität, so lauten heute die Devisen – alles, was unter dieser Schwelle liegt, erscheint gemessen daran zu klein, zu unwesentlich. Ein und derselben Nation zuzugehören bedeutet also nicht allzuviel.

Was ein Volk zur Nation macht, ist wahrscheinlich das Bewußtsein, eine gemeinsame Geschichte gehabt, Höhepunkte und Leiden geteilt zu haben. Den Machthabern der DDR aber geht es gerade darum, sich nachträglich aus der Geschichte herauszustehlen: Sie wollen mit der jüngeren Vergangenheit nichts zu tun haben.

Im vorigen Jahrhundert wurde die Befreiungsbewegung gegen das Joch Napoleons, der das Land in viele Staaten aufgeteilt hatte, ganz automatisch zur Einheitsbewegung. Die Teilung nach Hitlers Krieg hat solche Impulse nicht ausgelöst. Nachdem im

Namen des Nationalismus – der Nation-Idee – Belgier, Holländer, Polen, Tschechen, Russen terrorisiert worden waren, der Inhumanismus Orgien gefeiert hatte, ist das Bedürfnis, in das Gehäuse der Nation zurückzuschlüpfen, nicht sehr groß.

Dennoch halten beide Seiten das Gespräch für politisch wichtig, wenngleich aus ganz verschiedenen Gründen: Die DDR will Aufwertung, will einen Fortschritt auf dem Wege zur völkerrechtlichen Anerkennung erzielen; die Bundesrepublik hofft, auf diese Weise allmählich zu einer Entkrampfung der Beziehungen und schließlich über Entspannung zu einer Verbesserung der Verhältnisse zu gelangen. »Die prinzipiellen Unterschiede in der politischen Auffassung sollten uns nicht hindern, den gemeinsamen Interessen nachzuspüren und ein praktisches Ergebnis anzustreben«, meint Brandt.

Über den Erfolg darf man sich freilich keiner Illusion hingeben. Es wird auch in Zukunft, genau wie bisher, zwischen monströsen Polemiken immer wieder einmal kleine Lichtblicke geben, und wenn gelegentlich eine Übereinstimmung erzielt werden sollte, werden die Rückschläge nicht lange auf sich warten lassen. Das liegt in der subjektiven Natur der Beteiligten und der objektiven Beschaffenheit der weltpolitischen Lage.

Denn es kommt ja nicht nur auf diese beiden Partner an – vieles wirkt auf das Verhältnis der beiden zueinander ein. Beispielsweise gibt es keine Möglichkeit, die Beziehungen der beiden deutschen Staaten zueinander zu normalisieren und dabei das Problem Berlin auszuklammern. Ferner darf man nicht vergessen, daß die beiden Staaten zugleich den jeweiligen Vortrupp ihrer respektiven Supermächte darstellen und daß sie damit eng in zwei antagonistische Allianzen integriert sind.

Allerdings mag es sein, daß Präsident Nixon recht hatte, als er feststellte, daß nach der Ära der Konfrontation jetzt die Phase der Verhandlungen beginne. Wenn dies so ist – und es scheint so zu sein –, dann wird von da her das Gespräch zwischen Deutschen erleichtert werden. Ja, so gesehen, ist es einfach notwendig, dieses Gespräch zu führen, weil wir sonst mit unseren jeweiligen Allianzpartnern aus dem Tritt gerieten und nicht im Einklang mit der Geschichte bleiben würden.

Jene, die gar kein System und keinen Sinn in der neuen Ostpolitik entdecken können, sollten sich an die Weisung erinnern, die Außenminister Scheel nach der Regierungserklärung Brandts im November 1969 zum Thema Hallstein-Doktrin an die Botschafter im Ausland hinausgehen ließ (vgl. S. 204).

Da wird das Modell ganz deutlich: Aus einem Sperriegel wurde ein Kugelgelenk gemacht – an die Stelle einer Drohung wurde eine Belohnung gesetzt.

Diejenigen, die mit so großer Sorge auf die Preisgabe von vertrauten Formeln, von fest einzementierten Haltepunkten blicken und immer wieder nach dem Preis fragen, den die andere Seite zu zahlen bereit sei, vergessen ganz, daß ein verändertes Klima ja auch neue Möglichkeiten eröffnet. In der vorigen Woche schrieb M. F. Rakowski, der Chefredakteur der polnischen Wochenzeitung *Polityka,* in seinem Blatt:

»Die Eloquenz des Kanzlers sowie die vielfachen Versicherungen der Bundesregierung, es gehe ihr ausschließlich um friedliche Absichten und um den Wunsch, an der Suche nach konstruktiven Lösungen für Europa mitzuwirken, eröffnen dieser Bundesrepublik einen Vertrauenskredit, den keine der ihr vorausgegangenen Regierungen besessen hat. Eine wichtige Rolle ... spielt dabei die Anti-Hitler-Vergangenheit Willy Brandts. Es ist nicht zu übersehen, daß die Bundesrepublik auf Grund dieser Tatsache die erste Geige in den Ost-West-Beziehungen zu spielen beginnt.«

Der Pole Rakowski spricht in diesem Zusammenhang von einem neuen Element in der europäischen Politik. Das wäre in der Tat sehr viel. Mehr zu erreichen können wir zunächst kaum hoffen.

Methode, Motive und Ziel der Ostpolitik

Nur durch Handeln wird die Welt verändert

Hamburg, im April 1970

Die deutsch-polnischen Verhandlungen, die Staatssekretär Duckwitz zur Zeit in Warschau führt, sind durch den Münchner CSU-Parteitag, der die innenpolitische Stimmung im ganzen Land angeheizt hat, nicht gerade erleichtert worden. Argwohn, Verdächtigungen und Anklage, wie sie dort erhoben wurden, gehen jetzt von Mund zu Mund – landauf, landab.

Da ist von hektischer Betriebsamkeit, unverantwortlicher Eile und »theatralischer« Ostpolitik die Rede. Der Regierung wird vorgeworfen, sie habe planlos und in dilettantischer Weise an viel zu vielen Stellen auf einmal mit ihren Verhandlungen begonnen. Freiherr von Guttenberg versteigt sich im *Bayernkurier* sogar zu der Behauptung, die »Gleichberechtigung« von zwei deutschen Staaten leite eine neue Hitlerei ein: »Aus Deutschland kam einmal Unheil über die Welt, weil unter den Deutschen eine geistig-moralische Verwirrung angestiftet und die Grenzen zwischen dem demokratischen Rechtsstaat und einem totalitären Verbrecherregime verwischt wurden. Kann irgend jemand verantworten, daß diese Grenzen heute erneut vernebelt werden?«

Angesichts solch theatralischer Vernebelung wird es Zeit, sich einmal zu vergegenwärtigen, worum es denn eigentlich geht – was die Methoden, die Motive und die Ziele der Brandtschen Ostpolitik sind.

Zunächst zur *Methode*. Es wird auf drei Ebenen zugleich verhandelt: Mit dem zweiten deutschen Staat, mit Polen und mit der Dachorganisation aller kommunistischen Staaten, der Sowjetunion. Auf diese Weise fühlen die beiden ersten sich nicht über- und die letztere sich nicht hintergangen. Mit diesen Simultangesprächen wird der alte Vorwurf ausgeräumt, »Ihr hättet mit der Sowjetunion anfangen sollen und nicht mit Rumänien«, und zugleich auch das Gegenargument derjenigen, die unsere osteuropäischen Nachbarn nicht als unmündige Satelliten behandelt sehen möchten.

Da im übrigen die Oststaaten durch ein Netz bilateraler Verträge und durch die Beschlüsse der großen Konferenzen von Bukarest, Karlsbad und Moskau so miteinander verflochten sind, daß die Oder-Neiße und die Anerkennung der DDR nicht mehr individuelle Anliegen, sondern kollektive Forderungen sind, wären die Verhandlungen um kein Haar anders, wenn sie nur mit einem Partner geführt würden.

Und die *Motive?* Es gibt deren zwei: Die Diskrepanz, die zwischen unserer aktiven Westpolitik und unserer passiven Ostpolitik entstanden ist, soll verringert werden; denn die Bundesrepublik liegt nun einmal nicht nur an der Peripherie des westlichen Bündnisses, sondern auch in der Mitte Europas. Und ferner spielt die Sorge, die Vereinigten Staaten könnten Europa immer mehr sich selbst überlassen, eine gewisse Rolle.

Und schließlich das *Ziel?* Brandt berichtete vor dem Parlament, Stoph habe ihn in Erfurt gefragt, was denn eigentlich das Ziel seiner Politik der DDR gegenüber sei. Seine Antwort habe gelautet: »Friedliche Koexistenz zwischen den beiden deutschen Staaten, die gemeinsam den Weg offenhalten müssen dafür, daß eines fernen Tages das deutsche Volk im Rahmen einer europäischen Friedensordnung in freier Selbstbestimmung über die politische Art seines Zusammenlebens entscheiden kann.«

Die Hoffnung der Regierung basiert also darauf, daß ein Gewaltverzicht auf lange Sicht zu einer Friedensordnung führen könne, welche dazu beiträgt, die Lage in Europa zu normalisieren und die Bedeutung der Grenzen zu relativieren. Die Opposition dagegen meint, daß die Sowjetunion an einem Gewaltverzicht nur deshalb Interesse zeige, weil sie glaube, unter diesem Etikett endlich all das zu bekommen, was sie von jeher zu erreichen trachtete. Und darum sei es viel besser, nichts zu tun.

Nun ist es zweifellos richtig, daß es Konstanten der sowjetischen Außenpolitik gibt, nämlich den Wunsch,
1. den Einfluß der Amerikaner in Europa zurückzudrängen;
2. die westliche Allianz zu sprengen;
3. die Erfolge des Zweiten Weltkriegs für alle Zukunft zu konsolidieren.

Doch wo steht geschrieben, daß diese Konstanten nie und unter keinen Umständen modifiziert werden könnten? Natürlich kann niemand die Sowjets zwingen, ihre außenpolitischen Ziele aufzugeben; aber es wäre doch denkbar, daß Situationen entstehen oder geschaffen werden, die es Moskau wünschenswert erscheinen lassen, seine Prioritäten zu verändern.

Dafür könnte es theoretisch verschiedene Gründe geben: Entweder exogene Faktoren – beispielsweise das Auftreten Chinas als potentieller Gegenspieler – oder systemimmanente Gründe, also das steigende Risiko des Wettrüstens oder die wachsende Chance einer friedlichen Ordnung. Angesichts der wirtschaftlichen Schwierigkeiten der Sowjetunion, die Breschnew sehr beredt geschildert hat, und angesichts der politischen und ideologischen Differenzen mit China könnte vielleicht für Moskau eine Friedensordnung attraktiver sein als Spannung.

Ob dies so ist, läßt sich aber nur herausfinden, indem man miteinander spricht. Nur durch Handeln, nicht durch Nichtstun kann man hoffen, diese Situation zu verändern. Die Vorstellung, es sei ungefährlicher, ja sogar in jedem Fall vorteilhafter, nichts zu tun, ist einfach abwegig. Auch wenn wir nicht mitspielen, geht ja die Weltgeschichte weiter, und nichts spricht dafür, daß sie sich derweil zu unserem Vorteil verändert. Im Gegenteil, noch im Juli 1966 auf der Bukarester Konferenz der sozialistischen Staaten hieß es im Schlußkommuniqué:

»Was die Frage der Vereinigung der beiden deutschen Staaten betrifft, so führt der Weg zu ihrer Verwirklichung über die Entspannung, über die allmähliche Annäherung zwischen den beiden souveränen deutschen Staaten und über Abmachungen zwischen ihnen, über Abrüstungsvereinbarungen in Deutschland und in Europa auf der Grundlage des Prinzips, daß das zukünftige, vereinigte Deutschland ein wirklich friedlicher, demokrati-

scher Staat sein wird ...« Von einem »vereinigten Deutschland«
redet heute im Osten keiner mehr.

Es war immer klar, daß unser außenpolitischer Spielraum sehr
klein ist. Jetzt aber, bei den Verhandlungen, stellt sich heraus,
daß es unseren Kontrahenten im Grunde auch nicht besser
ergeht. Die Sowjets stehen vor dem Dilemma, daß sie nicht recht
wissen, was sie wollen: Einerseits wollen sie alles endgültig und
für alle Zeiten regeln, andererseits möchten sie das Provisorium
des Vier-Mächte-Status, der ihnen ja viele Einflußmöglichkeiten
bietet, nicht aufgeben.

Der DDR sind enge Grenzen gesetzt: Je mehr Kontakte es zur
Bundesrepublik gibt, je mehr Entspannung und Liberalisierung,
um so mehr Gefahren ziehen für das Regime herauf. Sicherlich
hätte Ulbricht zu Erfurt nicht ja gesagt, wenn Gromyko nicht
gleich nach den ersten Verhandlungen mit Staatssekretär Bahr
nach Ost-Berlin gekommen wäre, um den Genossen gut zuzu-
reden.

In Polen schließlich ist Gomulka durch die Machtkämpfe in
der Kommunistischen Partei in seinem Manövrierraum außerordentlich eingeengt worden: Nationalisten, Technokraten, Jung-
türken, viele Gruppen, die des Establishments überdrüssig sind,
warten nur darauf, den Parteichef, der seine Herrschaft im
Dezember 1968 wieder konsolidieren konnte, von neuem in
Bedrängnis zu bringen. Jede Konzession, zu der er in den Verhandlungen Bonn gegenüber zuzustimmen bereit wäre, jede Veränderung der während 20 Jahren ritualisierten Formel von der
»endgültigen Anerkennung« der Oder-Neiße könnte ihm zum
Verhängnis werden.

Die Regierung Brandt befindet sich kaum in einer besseren
Lage. Zwar gibt es bei uns keine Volksbewegung gegen eine
Anerkennung der Oder-Neiße, aber bei der Polarisierung der
Meinungen, die seit einiger Zeit stattfindet, kann man nicht aus-
schließen, daß es der Opposition gelingen könnte, über diese
Frage den Sturz der Regierung herbeizuführen. Denn solange die
Kanzlernachfolge in der Union nicht geklärt ist, kann die CDU es
sich nicht leisten, weniger national zu erscheinen als die CSU.

Der Vorschlag, den Duckwitz nach Warschau mitgebracht

hat, trägt der Situation beider Länder Rechnung: Aus einem Gewaltverzichts-Abkommen mit einem Grenzparagraphen ist ein Grenzvertrag mit einem Gewaltverzichts-Paragraphen geworden, dessen drei wichtigste Absätze sinngemäß lauten:

1. Bonn und Warschau stellen fest, daß die Oder-Neiße die Westgrenze Polens ist;

2. die Bundesrepublik wird die Grenze achten und die territoriale Integrität nicht in Frage stellen;

3. die bestehenden Verträge, insbesondere das Potsdamer Abkommen und der Deutschlandvertrag, werden von diesem Vertrag nicht berührt.

Warschau soll dafür verschiedene Zusicherungen hinsichtlich einer Familienzusammenführung, der Normalisierung der Beziehungen zur Bundesrepublik und des kulturellen Austausches geben. Beide Länder müssen hohe Barrieren überwinden. Bonn hat den ersten Schritt getan. Jetzt darf Warschau nicht auf der Formel »Alles oder nichts« bestehen – sonst scheitern die Verhandlungen.

Kein Zurück in die Sackgasse

Bundeskanzler Brandt darf sich nicht kopfscheu
machen lassen

Hamburg, im Juli 1970

Wenn zufällig jemand das »Bahr-Papier«, das in zwei Stufen
brisanter Indiskretion in die Öffentlichkeit gelangte, nicht gelesen, sondern nur die Reaktionen darauf zur Kenntnis genommen
haben sollte, so muß er den Eindruck gewinnen, daß dies die
größte Katastrophe ist, die uns seit dem Zusammenbruch vor
25 Jahren ereilt hat.

Die CSU spricht von der »zweiten Kapitulation«, vom »Offen-
barungseid der neuen Bonner Ostpolitik«. Die *Frankfurter Allgemeine* behauptet, der Ostblock würde von neuem zementiert
und »seine hegemoniale Führung durch die Sowjetunion nun
sogar vertraglich bestätigt«, weil die verschiedenen Verträge als
ein Ganzes behandelt werden sollen. Die *Welt* sekundiert dieser
absurden Behauptung und erklärt, es handele sich »nicht um
einen Vertrag über Gewaltverzicht, sondern um einen Vertrag
über die Anerkennung eines Hegemonialsystems«.

Strauß schraubt in bewährter Übertreibung die Eskalation
noch um einige Umdrehungen höher und stellt fest: »Die Regierung mutet der Bundesrepublik die Rolle einer Garantiemacht
für die Breschnew-Doktrin zu.« Hans-Georg von Studnitz
schließlich setzt in der *Welt am Sonntag* dem Greuelmärchen die
Krone auf: »Das Bahr-Papier hebt die Zugehörigkeit der Bundesrepublik zur Nato praktisch auf. Es bricht den Deutschland-
Vertrag zwischen der Bundesrepublik und den Westmächten. Es
mißachtet das Grundgesetz.«

Richard Stücklen, Parteigenosse von Franz Josef Strauß, nennt
es einen Skandal ohnegleichen, daß das Parlament erst durch die

Presse erfahren habe, was Egon Bahr in Moskau im einzelnen ausgehandelt hat. Führte die CDU/CSU das Prädikat »christlich« zu Recht in ihrem Firmenschild, so hätte sich das Mitglied der Union – eingedenk des Gleichnisses vom Splitter und dem Balken – gewiß des Sündenregisters der eigenen Partei erinnert. Es wäre ihm dann nämlich wieder eingefallen, daß es sein Parteiführer Konrad Adenauer gewesen ist, der 1960 im Verein mit Franz Josef Strauß, der damals Verteidigungsminister war, ein Geheimabkommen mit Ben Gurion über Waffenlieferungen an Israel abgeschlossen hatte, über das nicht einmal das Auswärtige Amt richtig informiert worden war. Dieses ganz und gar unzulässige Verfahren, das nun wirklich dem Grundgesetz widersprach, kam erst vier Jahre später heraus – nachdem ein großer Teil der Waffen bereits geliefert war!

Was ist denn nun bisher wirklich geschehen? Egon Bahr, der als erster Vertreter der Bundesregierung mit dem Auftrag, zu sondieren, nach Moskau geschickt worden ist, hat dort insgesamt 14 Unterredungen mit dem Außenminister gehabt. Als er Ende Januar von Bonn abreiste, wußte niemand, wer in Moskau mit ihm wie oft und worüber reden werde. Nach der ersten Unterhaltung mit Gromyko schrieb die französische Presse, dies sei von russischer Seite eine Geste der Höflichkeit, die Deutschen sollten sich nur ja nicht einbilden, daß die Gespräche auf dieser Ebene weitergeführt werden würden.

Aber sie gingen auf dieser Ebene weiter. Es begann mit einer *tour d'horizon:* Man leuchtete erst einmal gemeinsam das Feld ab, wobei es sicher für beide Seiten – nicht nur für den Kleinen, auch für den Großen – höchst interessant gewesen sein muß zu erfahren, wie sich die deutsche Frage jeweils in den Augen des anderen ausnimmt; schließlich hatte es ja während eines Vierteljahrhunderts kein einziges derartig intensives Gespräch zwischen Bonn und Moskau gegeben.

Allmählich und sozusagen automatisch nahm das Gespräch dann den Charakter von Verhandlungen an, wobei wahrscheinlich keiner mehr präzis sagen kann, wann genau dies geschah. Nachdem der sowjetische Außenminister dann aber 14 Unterredungen mit dem Bonner Abgesandten gehabt hatte, konnte wohl niemand mehr annehmen, daß er die Absicht habe, wenig später noch einmal von vorne zu beginnen.

Bei diesen Verhandlungen, von denen die Opposition behauptet, sie gäben all das preis, was in 20 Jahren von der CDU/CSU geschaffen worden ist, und lieferten die Bundesrepublik dem Kommando Moskaus aus, ging Bahr weisungsgemäß von drei unantastbaren Grundsätzen aus:

1. Die Vier Mächte dürfen keinesfalls aus ihrer Verantwortung für Berlin und für Deutschland als Ganzes entlassen werden.

2. Da der Vertrag der Entspannung in Europa dienen soll, muß in und um Berlin, dem Konfliktherd und Gefahrenpunkt Nummer eins, eine Sicherung und Verbesserung des derzeitigen Zustandes erfolgen.

3. Eine völkerrechtliche Anerkennung der DDR kommt unter den bisherigen Umständen nicht in Betracht; erst im Zuge der Entspannung und Normalisierung sind gewisse Veränderungen möglich (UN-Mitgliedschaft).

Dies die Grundsätze, die nicht negotiabel sind, die also nicht Gegenstand von Verhandlungen sein dürfen. Ziel der Verträge, die ein Ganzes bilden, ist es nicht, den endgültigen Zustand herzustellen, der nur im Friedensvertrag geregelt werden kann, sondern unter Wahrung der noch gültigen Rechte der Alliierten eine Zwischenbilanz zu ziehen – nämlich zu prüfen, ob man das, was sich in den letzten 25 Jahren herausgebildet hat, normieren kann, um auf diese Weise die Grundlage für die nächste Etappe zu legen.

Die Opposition tut so, als würden jetzt wertvolle Rechte mutwillig verschenkt, als hätten SPD und FDP den Tresor erbrochen, in dem die Effekten der Nation, von der CDU jahrelang treu und redlich gehütet, bisher geruht haben – aber leider handelt es sich ja nur um ganz und gar wertlose Hypotheken. Oder glaubt die Opposition im Ernst, man könne die Grenzen von 1937 wiederherstellen?

Man kann es nicht, die Ostgebiete sind endgültig verloren – wie bitter diese Erkenntnis ist, das weiß wahrscheinlich nur der, der dort seine Heimat hatte. Und auch die Existenz der DDR ist nicht zu bestreiten. Das einzige, was man versuchen kann, versuchen muß, ist, die Zukunft für ein Wiederzusammenwachsen offenzuhalten. Genau das ist die Antwort, die Brandt an Stoph in Erfurt gab, als jener nach dem Ziel der Bonner Politik fragte.

Voraussetzung für eine solche friedliche Koexistenz ist eine Entspannung in Mitteleuropa. Der Begriff Entspannung war in diesem Lande immer umstritten. Häufig neigen Sozialdemokraten und Liberale dazu, ihn als Wert an sich zu überschätzen – Konservative dagegen haben ihn immer unterbewertet, wenn nicht ausschließlich gefürchtet. Sie betonen stets, das Wichtigste sei der Zusammenhalt im westlichen Lager; darum auch bemühen sich CDU und CSU so sehr, unter Hintansetzung jeden Wahrheitsgehalts zu beweisen, daß unsere westlichen Allianzpartner über Brandts Ostpolitik äußerst besorgt seien.

Sie erklärten dies nach dem Kanzlerbesuch in Washington, während der NATO-Tagung in Rom und vor Pompidous Konsultationsvisite in Bonn. Der CSU-Außenpolitiker Bandulet hat sich in einem Interview mit der spanischen Zeitung *Ya* sogar zu der Behauptung verstiegen, die Situation in der Bundesrepublik sei sehr ernst und zahlreiche Deutsche seien bereit, nach Spanien zu emigrieren, falls die Kommunisten in der Bundesrepublik an die Macht kämen.

Was aber ist die Wahrheit? Pompidou hat auf seiner Pressekonferenz in der vorigen Woche in Paris gesagt, Westeuropa müsse sich einigen, aber wenn diese Einigung auf Kosten der Entspannung mit den Ländern Osteuropas gehe, so werde Frankreich es vorziehen, nicht daran teilzunehmen. Und in Bonn sagte er dann, er unterstütze voll und ganz die deutsche Ostpolitik, »auch gegen ihre Gegner«.

Ebenfalls in derselben Woche bekam der CDU-Abgeordnete Blumenfeld von dem Politischen Ausschuß der Atlantischen Parlamentarischen Versammlung in Brüssel, dessen Berichterstatter er ist, den von ihm verfaßten Bericht zurück: Er muß seine Schularbeiten noch einmal machen. Der Ausschußvorsitzende Javits (USA) erklärte, die Mitglieder des Ausschusses teilten weder die Kritik noch die Befürchtungen Blumenfelds über Brandts Ostpolitik, sondern befürworteten sie.

Es ist schlimm, wenn das Parteiinteresse höher rangiert als die nationalen Notwendigkeiten; dies aber scheint bei der CDU/CSU augenblicklich der Fall zu sein. Wie anders ließe sich sonst erklären, daß bis auf wenige Ausnahmen alle Mitglieder der Union ihr »nationales Gewissen« kollektiv zu regeln vermögen, so wie man einen Thermostat einstellt?

Nein, in den Fragen der großen Politik muß das parteipolitische Interesse zurückstehen. Der Versuch, sich mit dem Osten zu verständigen, hat begonnen. Wir dürfen nicht zurück in die Sackgasse. Die Regierung muß mit Besonnenheit, Selbstvertrauen und Gelassenheit ihren Weg weitergehen. Es gibt für sie überhaupt keinen Grund, sich von der Opposition kopfscheu machen zu lassen.

Die Weichen stehen auf Frieden

Der Vertrag mit Moskau hat das Klima total verändert

Moskau, im August 1970

Ich habe in Moskau alle erreichbaren Bekannten gefragt, was sie für das Wichtigste an dem Vertrag halten, der soeben zwischen der Bundesrepublik und der Sowjetunion geschlossen worden ist. Daß sie ihn alle für überaus wichtig halten, bekam man schon zu Beginn jedes Gesprächs zu spüren. Erleichtert und glücklich – wie von schwerer Last befreit – strahlten mich auch diejenigen an, mit denen ich in den letzten Jahren so manche zornige Auseinandersetzung gehabt hatte.

»Was das Wichtigste ist?« Der Professor, ein hochgewachsener Mann von Mitte Vierzig, antwortet rasch und ungeduldig. Fast schien er ärgerlich über diese Frage, auf die es nach seiner Meinung offenbar nur eine Antwort gibt: »Daß nun endlich Frieden in Europa einziehen wird, daß endlich die beiden Völker, auf die es entscheidend ankommt, sich entschlossen haben, den Spannungsherd, der zwischen ihnen herrscht, abzubauen.«

»Gibt es nicht viele in Ihrem Lande, die diesen Vertrag kritisieren, weil sie den Deutschen mißtrauen?«

»Unter den Alten mag es welche geben, die sagen: ›Schon einmal haben uns die Deutschen hereingelegt; als wir das letztemal einen Vertrag mit ihnen unterschrieben hatten, überfielen sie uns kurz darauf.‹ Es mag solche geben, aber die meisten begrüßen das Übereinkommen.« Und nach einer kurzen Pause setzte er hinzu: »Wissen Sie, 25 Jahre sind eine lange Zeit, da verblassen viele Erinnerungen, nur die Angst vor den Deutschen in Verbindung mit der NATO und dem amerikanischen Imperialismus, die ist nie geschwunden.«

»Das Wichtigste …?« Der Funktionär, den ich seit Jahren als überzeugten, orthodoxen Kommunisten kenne, der sich so manches Mal über die *Zeit* beschwert hatte, sagt: »Natürlich die Chance für den Frieden und die Konsolidierung Europas.« Und dann zitiert er Stalin, der gesagt hatte, wenn Rußland und Deutschland zusammengehen, dann sei die Stabilität in Europa garantiert, dann könne nichts passieren.

Ein Journalist dagegen legt mehr Gewicht auf die wirtschaftlichen Möglichkeiten, die sich jetzt eröffnen. In leuchtenden Farben schildert er die »unermeßlichen Rohstoffvorkommen« aller Art in Sibirien und anderwärts. Die Vorstellung, daß die »Ausbeutung« von Rohstoffen für europäische Industrieländer so besonders verlockend sei, ist offenbar auf eine Assoziation von Kapitalismus und Kolonialismus zurückzuführen.

»Und was erwarten Sie an unmittelbaren wirtschaftlichen Vorteilen?«

»Wir könnten alles brauchen: *Know-how,* Lizenzen, Konsumgüter, elektronische Geräte, chemische Fabriken. Wir könnten auch gemeinsame Produktionen aufbauen – ihr hättet mit uns den Volkswagen hier in der Sowjetunion herstellen können. Er wäre für uns viel besser gewesen als der Fiat.«

Wie aus der Pistole geschossen antwortet der stellvertretende Chefredakteur einer der großen Zeitungen auf die Frage, was das Wichtigste an dem Vertrag sei: »Die Grenzen, weil sie ein Herd der Unruhe und der Spannungen sind.« An zweiter Stelle nennt er den Abbau von Haß und Mißtrauen; an dritter die wirtschaftlichen Möglichkeiten.

»Und wie ist es mit der Kulturpolitik, mit dem kulturellen Austausch?«

»Das wird schwierig sein. Nehmen wir einmal die Literatur – beispielsweise Günter Grass. Wenn man die pornographischen Stellen herausnimmt, dann wäre es zwar gute Literatur, aber kein Günter Grass mehr. Ich war«, fährt er fort, »14 Tage in West-Berlin und bin fast jeden Abend ins Kino gegangen – ein Film schlechter als der andere –, wissen Sie, diesen sexuellen Realismus, den können wir unserem Volk einfach nicht zumuten, das wäre eine Beleidigung seines natürlichen Taktgefühls.

Dieses im Ursprung christlich-bäuerliche Volk wäre zutiefst schockiert über eure Filme, eure Illustrierten, über den ganzen Rummel, den ihr mit dem kommerzialisierten Sex treibt.«

»Und abstrakte Malerei, wie ist es damit?«

»Das ist kein Problem – und Musik natürlich auch nicht.«

»Könnte man sich vorstellen, daß wir einmal in der Woche oder im Monat Artikel austauschen: Wir veröffentlichen einen, der bei Ihnen erschienen ist, und Sie suchen sich einen aus von denen, die wir veröffentlicht haben?«

Der Befragte sah mich ganz entsetzt an, schließlich meinte er, über mein Unverständnis lachend: »Das Ausland ist für uns eben immer noch etwas Unheimliches, Bedrohliches – wir meinen immer, jeder trachte uns nach dem Leben. Es wird noch lange dauern, bis sich das ändert.«

Was sich aber wirklich verblüffend rasch, geradezu über Nacht verändert hat, das ist das Klima gegenüber »den Deutschen«. Hat man uns jahrelang als Giganten der bösen, revanchistischen Absicht dargestellt, so sind wir nun, wo es wieder erlaubt ist, anders zu denken, im Handumdrehen zu Giganten positiver Möglichkeiten geworden. Nie hätte ich gedacht, daß irgendwo in der Welt eine so totale Verwandlung in so kurzer Zeit vor sich gehen könne. Diese Euphorie, die da ausgebrochen ist, hat etwas Beängstigendes, denn solch hochgeschraubte Erwartungen müssen ja zwangsläufig enttäuscht werden.

»Wie werdet ihr das eigentlich machen?« hatte ich einen Kollegen gefragt, »wird die Propaganda gegen Bonn nun plötzlich abgebrochen, oder geht das ungeachtet der ›Wende in den Beziehungen zwischen der Sowjetunion und der Bundesrepublik‹, von der Kossygin in seiner Tischrede sprach, einfach weiter?«

»Haben Sie nicht bemerkt, daß die Presse in den letzten Wochen sehr zurückhaltend war? Die Veränderung hat sich also schon vollzogen; aber dort, wo wir es für nötig halten, werden wir auch weiter polemisieren, zum Beispiel gegen die *Revue militaire* der NATO, wo ehemalige Nazi-Offiziere den Westen darüber belehren, wie man gegen russische Partisanen kämpft; oder gegen NPD-Leute oder gegen Franz Josef Strauß und dessen Haßgesänge.«

Warum, so könnte man sich bei uns fragen, ist eigentlich die sowjetische Führung so glücklich über diesen Vertrag – was verspricht sie sich von ihm, was bezweckt er? Moskau hat auf drei Ebenen, die voneinander abhängig sind, Sorgen:

1. Wie kann es im eigenen Land die wirtschaftliche Situation verbessern und damit das politische Regime konsolidieren?

2. Wie kann es in Europa den eigenen Einfluß stabilisieren und den der Amerikaner reduzieren?

3. Wie kann in der weltpolitischen Auseinandersetzung das Dreiecksverhältnis mit Amerika und China optimal gestaltet werden?

Der Vertrag ist in den Augen der Sowjets tatsächlich eine Art *Passe-partout*. Für das eigene Land (Punkt 1) versprechen sie sich von ihm entscheidende Hilfe bei der Bewältigung der wirtschaftlichen Schwierigkeiten. Hatte Chruschtschow noch davon geträumt, die USA erst einzuholen und dann zu übertreffen, so ist seinen Nachfolgern heute sehr klar, daß der Abstand von technischem Wissen und wirtschaftlicher Leistung zwischen der Sowjetunion und dem Westen ständig größer wird. Der bürokratisch-zentralistische Apparat ist zu schwerfällig, um mit der rasanten Entwicklung des Westens mithalten zu können. Gewiß hat auch die Sowjetunion eine etablierte Computerindustrie, aber Fachleute sagen, sie sei drei »Generationen« hinter der von Siemens zurück.

Seit Breschnew im Dezember 1968 seine Kritik an den wirtschaftlichen Zuständen in der Sowjetunion schonungslos kundgetan hat, sinnt alles verzweifelt auf Abhilfe – wer käme in Frage? Japan ist weit, Amerika ist der Hauptrivale, mit dem eine Kooperation eher kompromittierend wäre, die Deutschen dagegen, die laut einem russischen Wort »den Affen erfunden haben«, die also alles können, erscheinen prädestiniert dafür.

Was Europa (Punkt 2) anbetrifft, so ist es nach Moskaus Meinung höchste Zeit, sich dort eine wichtige Rolle zu sichern. Teils weil nun, wenn England der EWG beitritt, dieser Kontinent sich mehr und mehr konsolidiert, teils weil abzusehen ist, daß die Amerikaner, mit eigenen Sorgen beschäftigt, sich mehr und mehr aus Europa herauswickeln werden.

Auf globaler Ebene schließlich (Punkt 3) müssen die Russen versuchen, zu einem Arrangement zu kommen, das es ihnen ermöglicht, den immer kostspieliger werdenden Rüstungswettlauf an einer für sie günstigen Stelle zu stoppen. Diesen Versuch können sie aber nur unternehmen, wenn sie »die Deutschen« sicher an der Kette haben, sei es durch einen Vertrag oder durch Entspannung und Zusammenarbeit – am besten durch alles zusammen. Eine solche Entkrampfung und Entlastung an ihrer westlichen Flanke würde es ihnen schließlich erlauben, mit mehr Ruhe den Vorgängen an ihrer östlichen Grenze zuzusehen und ungestört die Entwicklung in China zu beobachten.

So gesehen, könnte der Vertrag mit Moskau tatsächlich einen Wendepunkt bedeuten. Eine Wende nicht nur in den Beziehungen zwischen Bonn und Moskau, sondern eine Wende vom Kalten Krieg zum Frieden. Die *New York Herald Tribune* nannte ihn einen »Nichtangriffspakt, der vielleicht aus den siebziger Jahren ein Jahrzehnt historischer Veränderungen für ganz Europa« machen könnte.

Die Opposition in unserem eigenen Land allerdings kann nichts Positives an ihm entdecken, er gäbe das Selbstbestimmungsrecht preis und anerkenne die deutsche Teilung. Mein Gott, da wächst schon die zweite Generation heran, die Deutschland gar nicht mehr anders kennt als geteilt, aber die CDU/CSU tut so, als könne man durch Nichtanerkennung dieses Faktum ungeschehen machen.

Es wäre wunderbar, wenn man das könnte, aber das sowjetische Imperium reicht nun einmal bis zur Elbe, 20 sowjetische Divisionen stehen nun einmal in der DDR; an dieser Tatsache können wir nichts ändern – das einzige, worauf wir Einfluß haben, ist die Frage, ob sie dort haßerfüllt mit scharf geladenen Waffen stehen oder als ehemalige Feinde, die vielleicht eines Tages zu Freunden werden.

Abschätzig meint Barzel, diesen Vertrag hätten *wir* jeden Tag haben können, unter Adenauer, Erhard und Kiesinger. Ob jemand, der »die deutsche Frage« so gut kennt wie Rainer Barzel, wirklich imstande ist, dieses Hirngespinst für Wahrheit zu halten?

Auf Erhards Friedensnote vom März 1966 haben die Sowjets nicht einmal geantwortet. Und Kiesingers Bereitschaft zu verhandeln setzte Moskau ein jähes Ende, indem es den geheimen Notenwechsel durch Veröffentlichung einfach platzen ließ. Nein, erst die Regierung Brandt hat den Umschwung möglich gemacht. Man frage sich nur einmal, ob es denkbar gewesen wäre, daß der Parteigenosse Kurt Georg Kiesinger einen Kranz an der Gedenkstätte für die 20 Millionen Toten der Sowjetunion niedergelegt hätte – oder in Buchenwald für die Opfer des Faschismus!

Nur ein Mann, der mit der Geschichte der Hitler-Jahre nichts zu tun hatte, ist für den Osten glaubhaft. Freilich, auch dies gilt: Das Kabinett Brandt kann seine Politik des Ausgleichs und der Entspannung nur deshalb treiben, weil zuvor die CDU/CSU-Regierungen dafür gesorgt haben, daß die Bundesrepublik fest im westlichen Lager verankert und zu einer gewichtigen Wirtschaftsmacht entwickelt wurde.

Verändern wird sich nun sicherlich die Position der Bundesrepublik in der Welt. Ob sie es will oder nicht, wird ihr dank ihrer geographischen Lage die Rolle zufallen, zwischen Ost und West im Sinne einer Verantwortung für das ganze Europa Balance zu halten. Das stellt nicht nur hohe Anforderungen an die politischen, sondern auch an die moralischen Fähigkeiten. Solange Willy Brandt die Richtlinien der Politik bestimmt, braucht man keine Sorge zu haben. Das Leben – sein Leben – hat ihn Maß und Mitte gelehrt.

Ein Kreuz
auf Preußens Grab

Zum deutsch-polnischen Vertrag über
die Oder-Neiße-Grenze

Hamburg, im November 1970

Nun ist der Vertrag über die Oder-Neiße-Grenze fertig ausgehandelt. Bald werden die Vertreter Bonns und Warschaus ihn unterzeichnen. Und dann wird es hier und da heißen, die Regierung habe deutsches Land verschenkt – dabei wurde das Kreuz auf Preußens Grab schon vor 25 Jahren errichtet. Es war Adolf Hitler, dessen Brutalität und Größenwahn 700 Jahre deutscher Geschichte auslöschten. Nur brachte es bisher niemand übers Herz, die Todeserklärung zu beantragen oder ihr auch nur zuzustimmen.

Heimat ist für die meisten Menschen etwas, das vor aller Vernunft liegt und nicht beschreibbar ist. Etwas, das mit dem Leben und Sein jedes Heranwachsenden so eng verbunden ist, daß dort die Maßstäbe fürs Leben gesetzt werden. Für den Menschen aus dem Osten gilt das besonders. Wer dort geboren wurde, in jener großen einsamen Landschaft endloser Wälder, blauer Seen und weiter Flußniederungen, für den ist Heimat wahrscheinlich doch noch mehr als für diejenigen, die im Industriegebiet oder in Großstädten aufwuchsen.

Die Bundesrepublik mit ihrer offenen Gesellschaft und der Möglichkeit, in ihr menschlich und ziemlich frei zu leben, ist ein Staat, an dem mitzuarbeiten und den mitzugestalten sich lohnt – aber Heimat? Heimat kann sie dem, der aus dem Osten kam, nicht sein.

Fast die Hälfte aller heute in den alten deutschen Gebieten lebenden Menschen wurde bereits dort geboren. Die Polen haben, wie auch die Tschechen in Böhmen, ohne Erbarmen rei-

231

nen Tisch gemacht. Nie zuvor hatte jemand im Osten versucht, sich dadurch in den endgültigen Besitz von Ländern und Provinzen zu setzen, daß er acht Millionen Menschen aus ihrer Heimat vertrieb. Aber wer könnte es den Polen verdenken? Nie zuvor war ja auch einem Volk soviel Leid zugefügt worden wie diesem während des Dritten Reiches.

Der von Hitler eingesetzte Generalgouverneur Hans Frank, der zusammen mit der SS die polnische Bevölkerung tyrannisierte, sie deportierte und in die Gaskammern schickte, hat einmal in einer Ansprache die Ziele der Nazis verdeutlicht: »Kein Pole soll über den Rang eines Werkmeisters hinauskommen. Kein Pole wird die Möglichkeit erhalten können, an allgemeinen staatlichen Anstalten sich eine höhere Bildung anzueignen. Ich darf Sie bitten, diese klare Linie einzuhalten!« Und weiter: »Was wir jetzt als Führungsschicht in Polen festgestellt haben, das ist zu liquidieren; was wieder nachwächst, ist von nun an sicherzustellen und in einem entsprechenden Zeitraum wieder wegzuschaffen … Wir brauchen diese Elemente nicht erst in die Konzentrationslager des Reiches abzuschleppen; denn dann hätten wir Scherereien und einen unnötigen Briefwechsel mit den Familienangehörigen, sondern wir liquidieren die Dinge im Lande.«

Der »Führerbefehl« nach dem Warschauer Aufstand im Herbst 1944 hatte gelautet, die Stadt dem Erdboden gleichzumachen. Und die SS ließ es an Gründlichkeit und Brutalität wahrhaftig nicht fehlen. Als sie abzog, hausten nur noch 2000 Menschen in den Höhlen und Trümmern der einstigen Millionenstadt.

Wer sich bei uns nach alledem noch weigert, die Realität der Oder-Neiße-Grenze anzuerkennen, beruft sich im allgemeinen auf drei Stichworte: Grenzen von 1937, Heimatrecht, Selbstbestimmungsrecht.

1) *Die Grenzen von 1937.* Dieser Begriff tauchte zwar zunächst in den Verhandlungen der Alliierten gelegentlich auf (Moskauer Außenministerkonferenz vom Oktober 1943), aber in Potsdam im Juli 1945 wurde dann nur ein Rumpfdeutschland ohne die Ostgebiete in Besatzungszonen aufgeteilt. Die westlichen Siegermächte haben seither mehrfach erklärt, daß alle

Äußerungen über den Gebietsstand von 1937 sich nur auf die Besatzungszonen bezogen hätten, aus denen die Ostgebiete ausdrücklich ausgeklammert worden seien. Allerdings haben sie auch immer wieder darauf verwiesen, daß die endgültige Regelung nur in einem Friedensvertrag erfolgen könne.

2) *Das Heimatrecht*. Es existiert allenfalls als individuelles Recht im Rahmen der Menschenrechte, aber nicht als klar definierter Begriff des Völkerrechts, auf den man sich berufen könnte.

3) *Das Selbstbestimmungsrecht*. Es begründet höchstens den Anspruch auf Autonomie-Rechte von Minderheiten, bietet aber heute keine Handhabe, Grenzänderungen gegen den Willen der polnischen Bevölkerung durchzuführen.

Niemand kann heute mehr hoffen, daß die verlorenen Gebiete je wieder deutsch sein werden. Wer anders denkt, der müßte schon davon träumen, sie mit Gewalt zurückzuerobern. Das würde heißen, wieder Millionen Menschen zu vertreiben – was nun wirklich keiner will. Man muß hoffen, daß darum nun auch die Polemik der Landsmannschaften, für die jeder ein Verräter ist, der ihre Illusionen nicht für Realitäten hält, eingestellt wird.

Man möchte sich freilich auch wünschen, daß die Polen uns in Zukunft mit ihrem Chauvinismus verschonen, der sie von »wiedergewonnenen Gebieten« reden und sogar in offiziellen Schriften immer wieder Behauptungen aufstellen läßt wie diese: »... waren die Westgebiete unter deutscher Herrschaft größtenteils von bodenständiger, polnischer Bevölkerung bewohnt ...« In Wahrheit stellten die Deutschen in Ostpreußen, Pommern, Ostbrandenburg und Niederschlesien 98 bis 100 Prozent der Bevölkerung; Oberschlesien war die einzige Provinz mit einer nennenswert polnisch-sprechenden Minderheit. Die Ostgrenze Ostpreußens bestand seit 700 Jahren unverändert, und Schlesiens Grenzen sind, das oberschlesische Industriegebiet ausgenommen, immer die gleichen geblieben, seit Kasimir der Große im Vertrag von Trentschin zugunsten Böhmens auf Schlesien verzichtet hatte – also von 1335 bis 1945.

Es gibt zu all diesen Fragen auf beiden Seiten viele Klischees und sehr selten kompetente Urteile; zu kompliziert und zu unbekannt ist die Geschichte des Ostens. Auch vergessen viele, daß es stets die Sieger sind, die die Geschichte schreiben. Wer spricht in Osteuropa noch von den Geheimprotokollen zu den Verträgen, die Hitler und Stalin am 23. August und 28. September 1939 untereinander schlossen? Sie waren die Grundlage für einen mit Hitler synchronisierten Aggressionskrieg der Sowjets gegen Polen, bei dem Moskau sich 50 Prozent des damaligen polnischen Staates aneignete.

Obwohl jenes Geheimabkommen den Fortbestand eines polnischen Staates nicht unbedingt ausschloß, hat Moskau nach dem Einmarsch der Sowjettruppen in Ostpolen (bei dem die Repräsentanten der führenden Schicht ebenfalls verschleppt und vernichtet wurden) Druck auf den deutschen Botschafter Graf Schulenburg ausgeübt, um die Bildung eines polnischen Rumpfstaates zu verhindern.

Seit Jahrhunderten, seit den Zaren, die alle danach trachteten, Polen als europäischen Faktor zu eliminieren, ist dies der Wunsch der Beherrscher Rußlands gewesen. Schon Katharina hatte dieses Ziel vor Augen, als sie sich 1772 zur ersten und 1793 zur zweiten Teilung Polens entschloß, wobei sich Preußen an beiden Teilungen, Österreich nur an der ersten beteiligte. Bei der dritten Teilung haben Preußen und Rußland im Verein mit Österreich Polen dann gemeinsam ausgelöscht.

Auch erinnern sich nur noch wenige daran, daß die Polen zur Zeit des Münchener Abkommens den Tschechen das Gebiet von Teschen weggenommen und durch Unterstützung des deutschen Abenteuers in der Sudetenkrise die Regierung in Berlin zu jenen Forderungen ermutigt haben, die am Ende eines langen Weges schließlich zum Zusammenbruch ihres Landes führten.

Niemand ist ohne Sünde. Aber der Versuch, gegeneinander aufzurechnen, ist nicht nur sinnlos, sondern würde auch dazu führen, daß der Fluch der bösen Tat fortzeugend Böses gebiert. Also ein neuer Anfang? Ja, denn sonst nimmt die Eskalation nie ein Ende. Also Abschied von Preußen? Nein, denn das geistige Preußen muß in dieser Zeit materieller Begierden weiterwirken – sonst wird dieser Staat, den wir Bundesrepublik nennen, keinen Bestand haben.

Der Umsturz in Polen

Das Debakel eines versteinerten Regimes

Hamburg, im Dezember 1970

Gomulka hat offenbar seine Erfolge überschätzt, denn sonst hätte sich seine Regierung wohl kaum getraut, zehn Tage vor Weihnachten die Preise für Lebensmittel um 20 Prozent zu erhöhen. Der Parteichef mag geglaubt haben, daß die Genugtuung über die Erfüllung der außenpolitischen Forderung – den Vertrag zwischen Bonn und Warschau –, die er zwei Jahrzehnte lang immer wieder erhoben hatte, ausreichen werde, um einen solchen innenpolitischen Schock abzufangen. Aber er hat sich geirrt.

Das Preisdekret hat eine schwere, vielleicht die schwerste Krise ausgelöst, in die die Volksrepublik Polen seit dem Ende des Zweiten Weltkrieges gestürzt worden ist. Das empörte polnische Volk, das »höhere Löhne und Meinungsfreiheit« forderte, wurde von den Knüppeln der Polizei und den Panzern der Armee auseinandergetrieben. Pflastersteine, Molotow-Cocktails, lodernder Haß, 20 Tote, Hunderte von Verletzten charakterisieren die Szene.

Revolutionen fallen nicht eines Tages vom Himmel, sie sind stets die Quittung für schlechte Politik. Ihre *Ursachen* sind entweder in wirtschaftlicher Misere zu suchen oder in politischer Unterdrückung oder in beidem zugleich. Der *Anlaß* dagegen, der Funke also, der das Pulverfaß zur Explosion bringt, ist häufig sehr zufällig. In der DDR war es am 17. Juni 1953 die Erhöhung der Arbeitsnormen um zehn Prozent, in den polnischen Industriestädten in der vergangenen Woche war es die unerwartete Steigerung der Lebensmittelpreise.

DDR 1953, Ungarn 1956, Polen 1956, ČSSR 1968 und jetzt

wieder Polen – das sind die Stationen, die den Weg der zusammengeschlagenen oder unterdrückten Revolutionen im Osten markieren. In der Epoche hochentwickelter Industrialisierung hat sich der Kommunismus als immer untauglicher erwiesen. Wie sollte es auch anders sein, wenn offene Diskussion nicht zugelassen wird, wenn neue Ideen – ohne die eine wissenschaftlich-technische Gesellschaft nun einmal nicht leben kann – als Häresie gebrandmarkt werden und wenn zum Verräter gestempelt wird, wer angesichts der rasanten Veränderungen in unserer Welt die etablierte kommunistische Wahrheit zu prüfen unternimmt?

Der Kommunismus, der ausgezogen war, um die ideale Gesellschaftsordnung zu verwirklichen, sieht sich gezwungen, auf Arbeiter zu schießen, die sich ihrerseits genötigt sahen zu demonstrieren, weil ihr Lohn nicht mehr ausreicht, um die notwendigen Lebensmittel zu kaufen. Man kann gut verstehen, daß in dem Protest der italienischen KP gegen diese Art staatlicher Herrschaft die Worte »Erschütterung und Schmerz« vorkamen.

Die Herrschaftsstruktur in Warschau wie in anderen sozialistischen Staaten ist offenbar so verkrustet, so undurchlässig geworden, daß es zwischen oben und unten, zwischen den Machthabern und dem Volk keinerlei Kommunikation mehr gibt – oben weiß niemand mehr, was unten gedacht wird. Und zu Reformen hat sich das Regime nie entschließen können, vielleicht weil für den puritanischen Dogmatiker Gomulka Reformen gleichbedeutend waren mit Revisionismus. Die ökonomischen Reformen, die Oskar Lange, der bedeutende polnische Nationalökonom, in den frühen sechziger Jahren anstrebte, sind bis heute nicht verwirklicht worden. Nein, Revolutionen entstehen nicht zufällig, sie haben, wie Lenin sagt, ihre Ursachen in der Geschichte.

Die jetzt stattfindende Revolte hat eigentlich schon im Sommer 1967 begonnen. Damals schon beherrschten die Forderung nach mehr Demokratisierung und die Frage nach dem Verhältnis zwischen Regierenden und Regierten die innenpolitische Diskussion Polens. Um die wachsende Unzufriedenheit des Volkes abzulenken, startete die Partei nach dem Sechstagekrieg zwischen Israel und den Arabern eine antizionistische Kampagne, der ungezählte Intellektuelle zum Opfer fielen. Viel war damals vom »Weltjudentum« und dem »Lakaien des internationalen Zionismus« die Rede – ja, sogar die »Weisen von Zion« wurden wieder bemüht.

Als dann im Frühjahr 1968 die Studenten zu demonstrieren begannen, wuchs sich diese Kampagne zu einer großen Säuberungswelle aus: Hohe Funktionäre wurden aus ihren Ämtern verjagt, bedeutende Professoren relegiert, Manager und Journalisten abgesetzt.

Kurz zuvor hatte im Februar 1968 der Schriftstellerkongreß stattgefunden, dessen Geister sich an der Forderung nach Abschaffung der Zensur entzündeten. Ein Thema, das durch die Absetzung eines der wichtigsten Stücke der polnischen Literatur – Mickiewiczs »Totenfeier« – vom Spielplan des Nationaltheaters besonders aktuell geworden war. Das Stück war Anlaß zu antirussischen Kundgebungen geworden. Sein Verbot aber wirkte damals auf die geistige Elite Polens etwa so provozierend wie jetzt die Preiserhöhung auf die Werftarbeiter in Danzig. Eine Reihe prominenter Intellektueller trat 1968 aus der KP aus.

Die Reaktion darauf war äußerste Härte gegen alles, was nach Revisionismus oder Aufweichung roch. Auch Gomulka geriet damals in die Schußlinie – er sei zu weich gewesen, so hieß es. Ochab, das Staatsoberhaupt, dessen Frau Jüdin ist und dessen Tochter bei den Studentendemonstrationen mitgewirkt hatte, mußte demissionieren, und wenn die Prager Krise nicht gekommen wäre, dann wäre Gomulka wohl schon im November 1968 auf dem V. Parteikongreß gestürzt worden und nicht erst jetzt.

Nun hat er noch zwei Jahre amtiert – und, wie sich jetzt zeigt, nicht gerade zum Nutzen seines Landes. Von elf Politbüromitgliedern wurden soeben fünf ausgewechselt – das ist eine »Wachablösung«, wie sie in den Volksdemokratien nur ganz selten vorkommt. In welchem Umfang sie auch zu Reformen führen wird, steht noch nicht fest, denn Gomulkas Nachfolger übernimmt eine traurige Erbschaft. Auch wird manchem nicht ganz wohl sein angesichts des Machtzuwachses, den der ehemalige Geheimdienstchef, General Moczar, erlangt hat, der jetzt sowohl im Politbüro wie im Sekretariat sitzt. Und schließlich:

Niemand weiß, wie genehm das neue Politbüro den Russen eigentlich ist.

Daß der neue Parteichef Edward Gierek in seiner ersten Rede betont hat, wie wichtig ihm die Normalisierung im Verhältnis zur Bundesrepublik ist, beweist, daß die Beziehungen zwischen Bonn und Warschau von den Ereignissen wohl nicht betroffen sein werden.

Polen zwischen
Hoffnung und Skepsis

Drei heilige Kühe:
die Partei, die Sowjetunion und der Geheimdienst

Warschau, im Mai 1971

Alles ist im Fluß. Es gibt viele neue Ideen, viel guten Willen –
wohin das führen wird, ist heute noch nicht abzuschätzen. Man
spürt deutlich, daß Hoffnung und Skepsis miteinander in Streit
liegen. »Wissen Sie«, sagte der Chef der Plankommission, »man
braucht gar nicht immer nur Kapital. Die Tatsache, daß die
lähmende Resignation, die das Gomulka-System verbreitete,
jetzt neuer Hoffnung Platz gemacht hat, daß es mehr Freiheit
gibt, mehr Mitbeteiligung, das verleiht den Arbeitern wieder
Mut, und das ist vielleicht mehr wert als Investitionskredit.« Es
gibt freilich auch Skepsis. Zu oft schon wurde den Polen verspro-
chen, daß alles besser wird.

Auch 1956 hatten sie geglaubt, ein neues Leben werde beginnen. Heute sagen sie: »Schon zwei Jahre später wurde klar, daß
unsere Hoffnungen Illusionen waren; von Jahr zu Jahr wurde
alles schlechter, bis es schließlich keinerlei Kommunikation zwischen unten und oben mehr gab.« Unendliche Werte seien verschleudert, Glaube und Hoffnung vertan worden, bis am Ende
niemand mehr Lust hatte, überhaupt noch etwas zu tun.

»Schen Sie da«, mein Begleiter, ein führender Beamter in
einem wissenschaftlichen Institut, wies auf einen großen einge-
zäunten, unplanierten, verunkrauteten Platz in der Nähe des
Außenministeriums, »hier ist ein Tunnel gebaut worden, der
unter jener Hauptverkehrsader hindurchführen und dann
Anschluß an eine große Verkehrsachse gewinnen sollte. Aber
eines Tages ließ Gomulka alles wieder zuschütten, weil er es sich
anders überlegt hatte – er fand es wohl zu aufwendig.«

»Ja, wie ist denn so etwas möglich? Wozu ist denn die Plan-kommission da und auch die Partei, die doch verhindern sollen, daß Volkseigentum verschleudert wird? Und schließlich der Sejm, der das Interesse der Bürger zu wahren hat? Wie ist es möglich, daß in einer Volksdemokratie der Erste Sekretär – und das sollte doch eine koordinierende, keine herrschende Funktion sein – so willkürlich handeln kann?«

Mein Begleiter zuckte die Achseln, er wußte offenbar keine rechte Erklärung dafür.

»Haben Sie eigentlich Hoffnung, daß es auch für die Intellek-tuellen jetzt etwas mehr Freiheit geben wird?« fragte ich einen leidgeprüften Angehörigen dieser Gilde.

»Wir haben hier drei heilige Kühe«, antwortete er, »die Partei, die Sowjetunion und den Geheimdienst – wenn Sie diese drei Obstakel im Slalom geschickt umschiffen, dann können Sie alles schreiben, was Sie wollen.«

Apropos Slalom – fällt mir das Rästel ein, das mir ein anderer Intellektueller aufgab: Er zeichnete eine Art Slalomspur auf ein Blatt Papier, zog in der Mitte einen senkrechten Strich hindurch und fragte: Was ist das?

»Das sieht ganz wie ein amerikanisches Dollar-Zeichen aus, das ist wahrscheinlich euer Traum von den westlichen Devisen.«

»Nein. Die Kurve, das ist die Linie der Partei – die Gerade, das ist die Linie der Abweichler …«

Nichts möchte man diesem Volk mehr wünschen als die Erfül-lung seiner überaus bescheidenen Hoffnungen: etwas weniger *austerity* und etwas mehr Bewegungsfreiheit in jeder Beziehung und nach allen Richtungen. Aber hier meldet sich auch bei dem Außenstehenden Skepsis an. Wie sollen Fehlplanung, Mißtrauen und Mißwirtschaft verhindert werden, wenn es keine Kontrolle gibt? Wie aber kann es Kontrolle ohne Kritik geben? Wie kann es Kontrolle geben, wenn die Partei immer recht hat, wenn sie grundsätzlich und ein für allemal immer recht hat? Die Men-schen, für die ein solcher Status nicht ungesund wäre, müßten erst noch synthetisch in der Retorte hergestellt werden.

Gierek ist ganz offensichtlich entschlossen, bis an die Grenze des Möglichen zu gehen, um die Gefahr, die in das System eingebaut ist, so weit wie möglich auszubalancieren – aber wo liegt die Grenze? Manchmal denkt man, der Spielraum sei sehr klein. Auch hat er es schwerer als seine Vorgänger, weil es keine richtigen Feinde mehr gibt. Der große Zweikampf zwischen Partei und Kirche, zwischen Gomulka und Kardinal Wyszyński, ist vorbei, mindestens in jener personifizierten und darum so einprägsamen Form; drinnen versucht man sich, mit der Kirche zu arrangieren, doch der Teufel an der äußeren Front – die revanchistische Bundesrepublik – existiert nicht mehr. Für eine Weile wird Gomulka noch den Sündenbock abgeben, aber lange wird das nicht gehen.

Die Schwäche des Regimes, die die Dezember-Ereignisse zum Ausdruck brachten, war nicht nur eine Bedrohung. Jene Schwäche ist zugleich Giereks Stärke: Sie gibt ihm heute die Rechtfertigung dafür, den eigenen Weg zum Sozialismus ein wenig zu verbreitern.

In keinem anderen Land des Warschauer Pakts dürfen die Bauern ihren Hof als Privateigentum besitzen. Immer hieß es, letztlich werde die Landwirtschaft auch in Polen kollektiviert werden. Jetzt aber ist das Recht auf individuelle Entscheidungsbefugnis sogar noch erweitert worden. Es wird in Zukunft keine Pflichtablieferungen mehr geben, die Bauern werden in freier Vereinbarung mit dem Staat aushandeln, was sie anbauen und wieviel sie abliefern. Ferner sollen die Steuerprogression für mittlere und größere Betriebe eingeebnet und eine systematische berufliche Ausbildung der Bauern verfügt werden.

»Wir werden mit den Bauern – je nach Wojwodschaft, Klima und Bodenverhältnissen – Kontrakte auf mehrere Jahre zu wesentlich höheren Preisen als bisher abschließen«, sagte der Landwirtschaftsminister, ein ungemein sympathischer, außerordentlich kompetenter, energisch wirkender Mann, der bei Professor Baade in Kiel studiert hat. Die Landwirtschaft ist in ähnlicher Weise, wenn auch aus anderen Gründen als bei uns, das Sorgenkind der Gesellschaft: in Polen produziert sie zuwenig, bei uns zuviel, aber strukturell sind die Probleme die gleichen.

In Polen sind noch 30 Prozent der Beschäftigten in der Landwirtschaft tätig. Diese Zahl soll und muß reduziert werden, aber das kostet Geld: Für die ausscheidenden Bauern müssen Arbeitsplätze in der Industrie geschaffen werden, die auf dem Lande verbleibenden müssen bessergestellt werden. Mechanisierung, Flurbereinigung, das alles erfordert Kapital. »Ab 1975, noch stärker nach 1980, werden die demographischen Verhältnisse sich ändern, dann läßt nämlich der Druck der geburtenstarken Jahrgänge nach.«

»Minister Okuniewski schildert, wie dringend notwendig strukturelle Veränderungen sind. Im Süden Polens, wo die durchschnittliche Größe der Bauernhöfe vielfach nur 3 Hektar beträgt, arbeiten bis zu 60 Personen auf 100 Hektar, auf den Großbetrieben in den neuen polnischen Gebieten 8 bis 12 Personen (auf vergleichbaren Großbetrieben der Bundesrepublik 1 bis 3 Personen). 100 000 Kleinbetriebe mit rund 500 000 Hektar werden jetzt in größere Einheiten eingegliedert oder zu vernünftigen Betriebsgrößen zusammengelegt: Landflucht und das »Auslaufen« von Betrieben erleichtern dieses Vorhaben.

Der Minister rechnet, daß als Folge der verschiedenen Maßnahmen, die jetzt ergriffen werden, die Milchproduktion und vor allem die Fleischproduktion im Laufe der nächsten vier Jahre um ein Viertel steigen werden. Vor allem die Schweineproduktion ist so unzureichend, daß ein Gutteil des Devisenkredits von 100 Millionen Rubel, den die Sowjetunion gewährt hat und der auf Investitionen verwandt werden müßte, für den Ankauf von Schweinefleisch im Westen verschwendet wird.

Oft fragt man sich, wieso der polnische Bauer, der doch sein Privateigentum behalten hat und mithin nach gängiger Auffassung genug Anreiz haben sollte, mehr zu leisten als seine Kollegen in der Kolchose, diese Erwartung nicht gerechtfertigt hat. Die Antwort lautet: Die Kombination von zu hohen Zwangsablieferungen mit zu niedrigen Preisen auf zu kleiner Fläche war eine Multiplikation von Negativ-Faktoren, die kein Plus erbringen konnte.

Aus der Rede, die Ministerpräsident Jaroszewicz im Sejm über die Reform der Landwirtschaft gehalten hat, geht deutlich hervor, woran es bisher haperte. Er beschwerte sich darüber, daß die Gemeinderäte die für den Bedarf der Dorfbevölkerung bestimmten Baumaterialien für andere Zwecke verwenden. Er versprach, die Ankaufsstellen würden jetzt häufiger geöffnet sein und solider arbeiten, Viehtransporte sollen mit Kraftwagen erfolgen, die Fleischfabriken dürfen in Zukunft nicht mehr durch den Verlauf der Kreisgrenzen gehemmt werden, pflanzliche und tierische Produkte sollen richtig verarbeitet und gelagert werden, »um empfindlichen Fleischverlusten auf dem Wege vom Produzenten zum Laden vorzubeugen«.

Polen ist das erste sozialistische Land, in dem erkannt wurde, daß Konsum nicht nur kapitalistischer Selbstzweck ist, sondern auch ein Produktionsfaktor, ohne den man keine Leistung erwarten kann. Es ist auch das erste Land im Osten, das den Mut hat, mit umfassenden Reformen in der Landwirtschaft zu beginnen und nicht alles Heil von der Schwerindustrie zu erwarten.

Es gibt manchen Anlaß zur Sekpsis. Das intellektuelle Niveau der Universitäten hat nach den Studentenunruhen vom März 1969 offenbar sehr gelitten, viele erste Kräfte mußten die Hochschule verlassen und wurden durch systemgetreue, weniger qualifizierte ersetzt. Überall fehlt es an Kapital und *Know-how*. Aber ein Positivum ist da, das vielleicht mehr zählen könnte als alles andere: die Resignation ist im Schwinden, die Notwendigkeit, Mitbestimmung zu gewähren, wird eingesehen, ökonomische Anreize werden gegeben. Hoffnung stellt sich ein. Vertrauen kehrt zurück – und das ist schließlich eine Basis.

Aufregung
um die Krimreise

Was soll die Geheimniskrämerei?

Hamburg, im September 1971

Was wohl mit dem Bundeskanzleramt los ist? Kaum je ist es einer Instanz gelungen, soviel Leute auf einmal – sieben auf einen Streich – zu treffen, zu verletzen, zu ärgern. Die Krimreise, die doch offenbar als besonderer Coup gedacht war und über die darum niemand rechtzeitig informiert oder konsultiert wurde, droht in eine Art Krimkrieg auszuarten.

Von den drei Alliierten, die sich gerade in wochenlangen Sitzungen für Berlin mit Moskaus Botschafter herumgeschlagen haben, ist wohl nur einer nachhaltig verärgert; aber auch die anderen sind mindestens verwundert, daß man sie – die Mitwirkenden – über den zweiten Akt nicht rechtzeitig ins Bild gesetzt hat. Das Kabinett ist verschnupft und argwöhnisch, weil der Regierungschef seine »Mannschaft« (wie es während der Wahlkämpfe, Solidarität und Teamarbeit verheißend, klang) nicht zu Rate gezogen hat. Das Auswärtige Amt, das in den meisten Ländern für die Außenpolitik zuständig ist, weil es nun einmal alle relevanten Informationen sammelt und den notwendigen Sachverstand kultiviert, ist arg verstimmt, weil es übergangen wurde; die beiden Staatssekretäre erfuhren von dem Unternehmen erst am 7. September, als die Nachricht dem Volk verkündet wurde. Desgleichen ist das Informationsamt erbost, weil seine Spitzen nicht mit auf die Krim reisten, und die Opposition ist es auch – erstens aus Prinzip und zweitens aus parteipolitischen Gründen.

Das ist wirklich eine imposante Strecke. Was mag da wohl dahinterstecken? Auch wer für die Ostpolitik ist und mit Befriedigung feststellt, daß diese Regierung endlich das Gesetz des

Handelns ergriffen hat – auch den beschleicht jetzt eine gewisse Skepsis. Warum die Geheimniskrämerei, fragt man sich und denkt, es müssen ganz außerordentliche Gründe gewesen sein, sonst hätte doch nichts nähergelegen, als sich mit seinen Freunden zu beraten und dann öffentlich und rechtzeitig zu erklären, was man vorhat.

Um so größer ist dann die Überraschung, wenn man feststellt, daß es weder Ansätze für Rapallo oder Tauroggen noch für andere Visionen gibt, daß im Gegenteil alles ganz bieder und hausbacken geplant und in Szene gesetzt worden war – nur eben sehr dilettantisch. Ob das ein Trost ist? Eigentlich nein, denn der Beobachter könnte sich natürlich besorgt fragen, ob – wenn die Methode so planlos ist – die Politik womöglich auch nicht richtig durchdacht ist.

Recherchen in Bonn fördern zutage, daß Egon Bahr nicht, wie es mancherorts heißt, den ganzen Sommer lang über geheimnisvolle Kanäle mit Moskau verhandelt hat, um eine Einladung für den Bundeskanzler zu erreichen, sondern daß das Palais Schaumburg höchst überrascht war, als Botschafter Falin am 1. September im Bundeskanzleramt eine Einladung Breschnews überbrachte.

Es scheint, daß in Bonn – ähnlich wie in Washington, wo sich das Zentrum der Entscheidung ganz ins Weiße Haus verlagert hat – alles immer mehr im Bundeskanzleramt konzentriert wird. Wahrscheinlich liegt das daran, daß man Außenpolitik im Scheinwerferlicht der Massenmedien einfach nicht machen kann und daß die Verantwortlichen darum zu dem Versuch gezwungen werden, sich zu isolieren und zur Geheimpolitik zurückzukehren. Da dies aber nicht, oder noch nicht, der allgemeine Brauch ist, war die Wirkung in diesem Fall verheerend, weil die Geheimniskrämerei einen weiten Spielraum für Interpretationen und Spekulationen geschaffen hat.

Noch ehe der Kanzler zurück war und berichtet hatte, wußte Strauß schon, worüber auf der Krim nicht gesprochen worden war: »Geradezu beschämend ist es zu erleben, daß der Kanzler der Bundesrepublik Deutschland die Worte Schießbefehl und menschliche Erleichterungen nicht einmal mehr in den Mund zu nehmen wagt.« Der Kanzler hat auf Fragen zu diesem sehr heiklen Komplex bei einer Pressekonferenz behutsam und diplomatisch geantwortet: »Die Folgen des Kalten Krieges abzubauen« gehöre zu einer Thematik, die »von mir in keiner Weise ausgeklammert wurde«. Und auf die Frage nach der Wirkung: »Ganz bestimmt haben sie (die Gespräche) die Verhandlungen mit der DDR nicht erschwert.«

Im Interview mit der *Süddeutschen Zeitung* warnte Brandt vor falschen Hoffnungen: »Die Lage ist nicht so, daß die Bundesrepublik, wenn sie Schwierigkeiten mit der DDR hat, nur nach Moskau zu laufen braucht, um diese Schwierigkeiten in Ordnung zu bringen.« Der Kanzler ist da ganz ohne Illusionen. Er weiß, daß Jahre schwieriger Verhandlungen und ärgerlicher Zwischenfälle vor uns liegen, die wir im allgemeinen selber bewältigen müssen.

Unter allen Verdächtigungen ist wohl die von Werner Marx, dem Vorsitzenden des Arbeitskreises für auswärtige Politik der CDU/CSU-Fraktion, die absurdeste: »Wenn die Ostpolitik in diesem Tempo weitergeht, dann entwickelt sich unser Land zu einem von sowjetischem Gutdünken abhängigen, vom Westen sich lösenden und seiner Sicherheit beraubten Staat.« Da kann man wirklich einmal sehen, wie schwer es in diesem Lande ist, Ostpolitik zu machen.

Was ist denn eigentlich geschehen? Was waren die Motive dieser Reise, was ihr Resümee?

Bundeskanzler Brandt war vom Führungschef der sowjetischen Troika, Breschnew, der die deutsche Frage seit August vorigen Jahres offenbar selbst in die Hand genommen hat – vielleicht, um sich dadurch noch stärker zu profilieren –, eingeladen worden. Für uns ist die Sowjetunion als Führungsmacht des östlichen Lagers, als mitbestimmender Faktor für Berlin und die DDR von allergrößter Bedeutung. Hätten wir die Einladung dankend ablehnen sollen? Oder die Annahme um Monate verschieben, weil Breschnew kein anderes freies Datum in seinem Reiseprogramm mehr hatte? Nur um Werner Marx zu beruhigen?

Die Motive: Die Sowjetunion will Entspannung in Mitteleuropa; sie will sicher sein, daß an ihren Westgrenzen Ruhe herrscht. Der einzige Staat außerhalb des sowjetischen Einflußbereichs, der sich Veränderungen wünscht, ist die Bundesrepublik, und darum ist sie für die sowjetische Führung wichtiger als beispielsweise Frankreich. Sie ist wichtig, solange sie wirtschaftlich stark ist und im militärischen Bündnis fest verankert – also gefährlich; sie ist allerdings nur dann interessant, wenn Bonn bereit ist, zu reden und nicht immer nur die Grammophonplatte »Erst freie Wahlen« aufzulegen.

Sicherlich ist die Spekulation Moskaus dabei auch die, daß der Friedenszustand in Zentraleuropa eine Eigendynamik entwickeln wird, in deren Verlauf sich der freiwillige Abzug der amerikanischen Divisionen von selbst ergibt.

So gesehen würde die Sowjetunion zwei Fliegen mit einer Klappe erwischen: die Festschreibung der Eroberungen des Zweiten Weltkrieges – *a permanent map of Europe*, wie ein amerikanischer Kommentator das neulich nannte – sowie die Aussicht auf einen späteren Rückzug der Amerikaner. Bei diesem Gedanken hebt das große Zittern in diesem Lande an.

Sicherlich: Gäbe es ein politisches Wunschkonzert, dann würde man sich die alte Landkarte plus Frieden wünschen, aber dann hätte der Zweite Weltkrieg nicht stattfinden dürfen. Die einzig reale Alternative heißt heute: die derzeitige Landkarte plus Kaltem Krieg mit allen Begleit- und Folgeerscheinungen, die wir kennen, oder die derzeitige Landkarte plus allmählicher Entspannung, die durch eine Art Wiener Kongreß schließlich in einen permanenten Friedenszustand verwandelt wird, der dann – und erst dann – die amerikanischen Divisionen entbehrlich erscheinen läßt.

Es bleibt noch nachzutragen, was auf unserer Seite die Motive für diese Reise waren. Für Bonn ging es darum mitzuhelfen, jene Normalisierung herbeizuführen; mehr zu erfahren über das Denken und die Vorstellungen der Sowjets; festzustellen, was aus dem Handels- und dem Kulturvertrag wird; vielleicht die einseitigen Darstellungen, die Moskau vermutlich über die Schwierigkeiten bei den innerdeutschen Verhandlungen erhält, ein wenig zu korrigieren; mehr zu erfahren darüber, wie die Sowjets sich die Europäische Sicherheitskonferenz denken und die ausbalancierte Truppenreduktion (MBFR). Alles Gründe, die, weiß der Himmel, wichtig genug sind, eine solche Reise zu rechtfertigen.

Das ist ja aber nicht alles – Brandt hat wieder ein Stück deutscher Interessen geopfert, hat wieder ohne Gegenleistung Wünsche der Sowjets erfüllt, behaupten die Gegner der Ostpolitik. Ihr Beweis: Im Kommuniqué steht, im Zuge der Entspannung sei der Eintritt der beiden deutschen Staaten in die UN ein wichtiger Schritt – während die 20 Kasseler Punkte den Beitritt zur UN als letzten Punkt, also als Schlußstein der Normalisierung verzeichnen.

Nein, heißt es im Bundeskanzleramt, es gibt keine Differenzen zwischen den beiden Texten, und auch die »Absichtserklärung der Bonner und Moskauer Regierungen« vom Mai 1970 (Bahr-Papier) enthalte den gleichen Passus. Im Klartext bedeute dies, erst nach Fertigstellung eines Generalvertrages zwischen den beiden deutschen Staaten könne die Aufnahme in die UN beantragt werden.

Was also ist schließlich bei der ganzen Reise herausgekommen? Ein paar kleine Pflastersteine für den Weg, der zur Normalisierung führt; ein nützlicher Anschauungsunterricht für beide Beteiligten; einige auch für die Allianzpartner wichtige Informationen. Und schließlich die Gewißheit, daß es allmählich wieder normal wird, auch nach Osten zu reisen. Dies alles ist nicht sehr viel, aber das hatte auch nie jemand behauptet – eben darum ist die Aufregung der Opposition auch ganz außer aller Proportion.

Wenn Barzel Kanzler wäre ...

Großangriff von CDU und CSU auf die Ostverträge

Hamburg, im März 1972

Schade, daß wir nicht mit den Engländern vorübergehend die Mitglieder des Parlaments austauschen können – es würde alles so viel einfacher: Ein paar Tage würden genügen, und die Bonner Volksvertreter hätten sicherlich den Beitritt Großbritanniens zur EWG endgültig gebilligt, während in der gleichen Zeit unsere Ostverträge ebenso einmütig durch die Abgeordneten von Westminster ratifiziert worden wären. Mit diesem Gedanken verließ man am vergangenen Sonntag die Deutsch-Englische Konferenz in Königswinter, wo die Engländer untereinander sich über Europa stritten, während SPD/FDP und CDU/CSU erbittert um die Ostpolitik rangen, an der die Briten aller drei Parteien keinen Fehl entdecken konnten.

Woher sie, die Engländer, auch kamen – einige waren gerade in Asien, andere in Amerika gewesen –, alle berichteten, wie man überall in der Welt besorgt nach Zentraleuropa blicke und sich frage: Werden die Deutschen den Prozeß der Entkrampfung, der sich in aller Welt anbahnt, wieder stoppen? Werden sie in einem Moment, wo alles in Fluß geraten ist, von neuem Schranken aufrichten und Beziehungen blockieren? Ein bewährter Freund unseres Landes meinte: Wenn dies geschähe, dann sei es wohl unvermeidlich, daß allenthalben alte Vorwürfe laut und allmählich vergessener Argwohn gegen die Deutschen wieder wach werden würden.

Überall in der Welt, in Europa, in der Sowjetunion, in China, Südostasien, Japan, Amerika werden zur Zeit Hoffnungen kultiviert, jeder hat die Vision vermehrter Kontakte und vergrößerten

Spielraums. Vielleicht sind es Illusionen, wer will das wissen. Aber wenn sie sich nicht erfüllen – aus was für Gründen auch immer –, dann weiß man schon heute, wem die Schuld daran in die Schuhe geschoben werden wird: uns, den Deutschen, ohne Ansehen der Partei. Für weite Teile der Welt, für alle diejenigen, die mit dem parlamentarischen Pluralismus nicht so recht vertraut sind, werden die, die Verträge unterschreiben und sie hernach nicht in Kraft setzen, ganz einfach als unzuverlässig abgestempelt: dann tauchen alle Assoziationen wieder auf, die Geschichte vom »Fetzen Papier« und manche andere.

Woher die Opposition unter solchen Umständen den Mut nimmt zu glauben, sie könne erst in voller Lautstärke gegen die Verträge agitieren und alles daransetzen, sie zu Fall zu bringen, dann selber die Regierung übernehmen und schließlich mit den Russen so verhandeln, als sei nichts geschehen – woher sie diesen naiven Glauben nimmt, das weiß Gott allein.

Die Planung der Opposition hat verschiedene Stadien durchlaufen. Zunächst hatte sie sich auf den Fall I konzentriert: möglichst viele Abgeordnete der Koalition so zu verunsichern, daß die Regierung bei der entscheidenden letzten Abstimmung, bei der sie die absolute Mehrheit von 249 Stimmen erreichen muß, durchfällt. Daraufhin Neuwahlen und der Versuch, das Scheitern der Verträge durch versöhnliche Gesten dem Osten gegenüber und vor allem durch größere Bereitschaft zur Sicherheitskonferenz zu kompensieren.

Aber ohne Verträge zur Sicherheitskonferenz zu gehen, das würde bedeuten, daß die DDR ohne Normalisierung und wir ohne Berlin-Abkommen dort gleichrangig nebeneinander säßen. Also: »Aufwertung«, ohne daß die DDR einen Preis dafür bezahlt. Genau das war eine der beiden großen Sorgen, die Konrad Adenauer schlaflose Nächte bereitet haben. Die andere: Entspannung zwischen Ost und West über unseren Kopf hinweg – auch dieser Alptraum könnte durch seine Nachfolger zur Realität werden.

Szenario II sieht ganz anders aus, ist aber ebenso absurd: CDU und CSU wollen bei der Haushaltsdebatte, also gleich nach den baden-württembergischen Wahlen vom 23. April, das konstruktive Mißtrauensvotum einbringen und die Regierung stürzen. Barzel will also ohne Neuwahlen im Palais Schaumburg Einzug halten, mit einer Mehrheit, die zwangsläufig ebenso minimal sein würde, wie es derzeit die von Brandt ist. (Die Opposition hat heute, nach dem Übertritt von Hupka, 246 Sitze – um die absolute Mehrheit zu erhalten, müßten also noch drei Mitglieder der Koalition für Barzel stimmen.)

Danach, so stellen es sich die Oppositionsstrategen vor, gäbe es zwei Möglichkeiten: entweder a) die Verträge neu zu verhandeln nach dem Gusto von CDU/CSU – doch da ist wohl die Rechnung ohne den Wirt gemacht, denn die Russen werden nicht im Traum daran denken, vor dem Herbst 1973, der vielleicht eine verläßlichere Mehrheit in Bonn etabliert, von neuem zu verhandeln; oder b) die Ostverträge in der heutigen Form – mit nur geringen Retuschen zu akzeptieren und sie im Parlament einzubringen, wo sie mit überwältigender Mehrheit von Regierung und Opposition ratifiziert würden!

Wenn dieser Coup gelänge, dann wären zwar die Verträge unter Dach und Fach, aber die Glaubwürdigkeit der Union zum Teufel. Wie denn sollten wohl die Anhänger der CDU und CSU einsehen können, daß das, was unter der Regierung Brandt als verwerflich, verantwortungslos, ja als Verrat abgestempelt wurde, unter einem Kanzler Barzel moralisch rechtens, politisch klug und überdies patriotisch sei? Da würde dem Bürger wohl doch etwas zuviel zugemutet.

Ohnehin hält man die Menschen in der Bundesrepublik offenbar für wenig urteilsfähig und gänzlich arglos, wenn man darauf spekuliert, sie hätten noch immer nicht gemerkt, worum es der Opposition wirklich geht. Nämlich vor allem darum, an die Macht zu kommen.

Da hat sie erst versucht, das Publikum mit der Behauptung zu erschrecken, der deutsche und der sowjetische Text stimmten nicht überein, die Grenzen seien bei uns »unverletzlich«, bei den anderen »unverrückbar«. Dieser Verdacht wurde jetzt ausgeräumt. Dann folgte die Enthüllung, dem Osten seien insgeheim Reparationen riesigen Ausmaßes zugesagt worden. Als die Unwahrheit dieser Behauptung nicht länger zu verheimlichen war, stellte die Opposition drei scheinbar sachliche Forderungen auf. Moskau müsse:

1. die EWG anerkennen,
2. das Selbstbestimmungsrecht der Deutschen anerkennen,
3. die Normalisierung zwischen den beiden deutschen Staaten fördern.

Von diesen drei Punkten hat der dritte im Grunde nur eine Sperrfunktion, denn die Antwort der Sowjetunion könnte doch, selbst wenn sie positiv zu dieser Forderung stünde – wie man aus Honeckers Rede in Leipzig, in der er von »gutnachbarlichen Beziehungen« sprach, entnehmen könnte –, nur lauten: »Die DDR ist ein souveräner Staat, wir können uns nicht in ihre Angelegenheiten einmischen.«

Was die EWG anbetrifft, so ist jene Forderung ziemlich unverständlich und läßt sich wohl nur mit dem deutschen Bedürfnis erklären, nichts der Entwicklung zu überlassen, sondern alles, auch den gewünschten Endzustand, schon im ersten Stadium juristisch zu fixieren. Nichtsdestoweniger hat Breschnew zu diesem Punkt jetzt Stellung genommen und bestätigt, daß die Sowjetunion die Realität der EWG akzeptiere.

Die sowjetische Initiative konzentriere sich daher zunächst auf den zweiten Punkt, also das Selbstbestimmungsrecht. Botschafter Falin erklärte, die Sowjetregierung werde den Brief Außenminister Scheels, in dem festgestellt worden ist, daß der Vertrag nicht im Widerspruch steht zu dem Ziel, die deutsche Einheit in Frieden und Freiheit wiederzuerlangen, dem Obersten Sowjet zur Kenntnis bringen. Breschnew und Kossygin haben sich überdies vorbehalten, bei der Ratifizierung darauf Bezug zu nehmen.

Leisler Kiep, der Schatzmeister der CDU, nannte diese Entwicklung einen Fortschritt, während Strauß und Schröder ihr keine besondere Relevanz zumessen. Ministerpräsident Stoltenberg verlangte, die Texte der Verträge mit Moskau und Warschau müßten noch einmal neu verhandelt werden. Majonica antwortete dagegen auf die Frage des *Spiegel*, ob der Vertragstext geändert werden müsse: »Nein, es genügen auch bindende Erklärungen.« Und Werner Marx schließlich sagte: »Es gibt nichts, was unsere ablehnende Haltung gegenüber den Verträgen ändern könnte.«

Fortschritt ja, Fortschritt nein, Text neu verhandeln, nein, nicht nötig … Der Nervenkrieg, den die Opposition gegen die Regierung entfesselt hat, ist offenbar in die eigenen Reihen zurückgeschlagen: Die Verwirrung ist groß, sie ist bei Regierung und Opposition gleichermaßen groß – ein Zustand, in dem es sich nicht empfiehlt, weittragende Beschlüsse zu fassen.

Darum sollte man einmal für einen Augenblick mit dem parteipolitischen Gerangel innehalten, die Situation analysieren und das Ganze neu durchdenken. Eine solche Bilanz würde ergeben, daß wir vieler Sorgen, die uns durch Jahrzehnte begleitet haben, ledig sind: Der Zugang nach Berlin ist gesichert; die Regierung hat erreicht, daß das Vier-Mächte-Abkommen durch die Berlin-Verhandlungen neu bestätigt wurde und daß der Osten, der West-Berlin zu einer selbständigen Einheit hatte umfunktionieren wollen, dessen außenpolitische Vertretung durch die Bundesrepublik anerkannt hat.

Die Opposition hat darüber hinaus erreicht, daß das Selbstbestimmungsrecht des deutschen Volkes allen wieder ins Gedächtnis gerufen wurde und sogar in Moskau öffentlich verkündet wird. Eine so positive Bilanz hätte man sich vor drei Jahren auch in den kühnsten Träumen nicht ausmalen können.

Dies alles jetzt mehr oder weniger mutwillig aufs Spiel zu setzen, dafür kann wirklich kein politisch denkender Mensch die Verantwortung übernehmen. Der Satz in Breschnews Rede: »Glauben Sie mir, auch für mich war es nicht ganz einfach, diese Verträge hier durchzusetzen« läßt ahnen, daß sie in einem nicht zu wiederholenden Balanceakt ausgehandelt worden sind.

Ohne Illusionen

Der Grundvertrag: Ein Schritt zur
europäischen Friedensordnung

Hamburg, im November 1972

Nun liegt also der Vertrag zwischen den beiden Deutschlands vor. Welche Entwicklung seit jener Regierungserklärung vom Dezember 1969, in der zum ersten Male von »zwei Staaten in Deutschland« die Rede war!

Weit war der Weg, den beide Vertragschließende zurücklegen mußten, ehe sie nach und nach von ihren ersten Vorstellungen abließen: die Bundesregierung von dem Plan, durch allgemeine freie Wahlen die Wiedervereinigung herbeizuführen, die DDR von dem Postulat, ohne vorherige völkerrechtliche Anerkennung keine Gespräche mit Bonn.

Die DDR hatte unter allen Umständen durchsetzen wollen, daß das Verhältnis der beiden deutschen Staaten zueinander um kein Haar anders sein dürfe als das anderer Staaten zueinander. Wir dagegen legten großen Wert auf die ausdrückliche Feststellung, daß Bundesrepublik und DDR füreinander nicht Ausland sind, sondern durch das gemeinsame Band der Nation auf besondere Weise verbunden bleiben.

Es hat für beide mancher schmerzlicher Erkenntnis bedurft, ehe sie bereit waren, Illusionen preiszugeben und sich auf das Mögliche und Notwendige zu beschränken – darauf, zuerst einmal ein konfliktfreies Nebeneinander herzustellen, das vielleicht später einmal in ein friedliches Miteinander überführt werden kann.

Bis zuletzt waren es vier Probleme, um die gerungen wurde: das Dach der Nation, die Einbeziehung Berlins, der Versuch, die deutsche Frage offenzuhalten, und die Anerkennung der Vier-Mächte-Rechte.

Niemand konnte erwarten, daß die DDR sich ausdrücklich auf die Einheit der Nation festlegen lassen würde; zu groß war die Diskrepanz zu den eigenen Vorstellungen. Aber in der Präambel versteht sich doch auch Ost-Berlin zu der Erklärung, daß es eine nationale Frage gibt, über die man sich nicht einig ist. Ferner wird die DDR ohne Widerspruch einen Brief zur deutschen Einheit in Empfang nehmen, in dem die Bundesregierung es als ihr Ziel bezeichnet, »auf einen Zustand des Friedens in Europa hinzuwirken, indem das deutsche Volk in freier Selbstbestimmung seine Einheit wiedererlangt«. Dieser Brief garantiert die Konformität mit dem Grundgesetz.

Daß es sich um zwei Staaten einer Nation handelt, die füreinander nicht Ausland sind, geht im übrigen implizit daraus hervor, daß die gegenseitigen Interessen nicht von Botschaftern wahrgenommen werden, sondern durch Ständige Vertretungen, die in den beiden Hauptstädten eingerichtet werden.

Was Berlin anbetrifft, so ist vereinbart worden, daß die Abkommen und Regelungen, die zwischen Bonn und Ost-Berlin getroffen werden, auf West-Berlin ausgedehnt werden können, so wie es das Berlin-Abkommen der Vier Mächte vorsieht. Außerdem wird der Ständige Vertreter Bonns in Ost-Berlin in Übereinstimmung mit dem Vier-Mächte-Abkommen die Interessen auch der West-Berliner wahrnehmen.

In einer besonderen Anlage wird schließlich festgestellt, daß die Rechte und Verantwortlichkeiten der Vier Mächte für ganz Deutschland durch einen Grundvertrag nicht berührt werden – eine Bestätigung, die die DDR sich hier zum erstenmal abgerungen hat.

Wichtig und umfangreich sind auch die menschlichen Erleichterungen, die der Grundvertrag gewährt. Sie beziehen sich nicht nur auf Familienzusammenführung, sondern eröffnen zum erstenmal in weiten Gebieten die Möglichkeit eines Nachbarschaftsverkehrs entlang der Grenze.

Mancher, der vielleicht eine präzise Formulierung zur Einheit der Nation erwartet hatte, wird enttäuscht sein. Aber was eigentlich gehört denn zum Begriff der Nation? Doch nicht nur das Bewußtsein der gemeinsamen Herkunft, des miteinander Erlebten und Erlittenen, sondern auch die Gemeinsamkeit des Handelns und Gestaltens in der Gegenwart. Zum Gefühl, in einer Gemeinschaft zu leben, gehört schließlich das Bewußtsein der nationalen Identität. Wie aber soll dies gewährleistet sein, wenn man diesseits und jenseits der Grenze lebt, die Europa in zwei verschiedene Gesellschaftssysteme teilt?

Noch ist die Nation die Einheit, welche Entscheidungen trifft, aber im Zeitalter des Regionalismus, der Souveränitätsverzichte und supranationalen Institutionen wird sich dies ändern. Viele lebenswichtige Belange – Umweltfragen, Währungsprobleme – können schon nicht mehr im Rahmen der Nationalstaaten gelöst werden.

Es ist sinnlos, auf Wiedervereinigung in einem Nationalstaat zu warten und zwischenzeitlich nicht das zu tun, was möglich ist: eine europäische Friedensordnung vorzubereiten, die die Trennung erträglicher macht. Der Grundvertrag ist der Schritt auf dieses Ziel zu.

Dogma oder Weizen?

Die Misere der sowjetischen Landwirtschaft ist ein ideologisches Problem

Hamburg, im September 1975

Es war Karl Marx, der von der »Idiotie des Landlebens« sprach, der Industrie, Wissenschaft, überhaupt alles Menschengeschaffene hoch über die Natur stellte und den Bauern als rückständigen Bestandteil grauer Vorzeit betrachtete.

Es war Stalin, der, um den Widerstand der Bauern zu brechen, die als »kleinbürgerliches« Element der Schematisierung und Bürokratisierung obstinat im Wege standen, 1927/28 die Zwangskollektivierung einleitete. Damals wurde das Land der Kulaken eingezogen und in die neue Betriebsform der Kolchosen und Sowchosen überführt.

Im Zuge dieser mit unerbittlicher Konsequenz und äußerster Brutalität durchgesetzten Umstrukturierung und bei den folgenden Hungersnöten, die sich bis in die frühen dreißiger Jahre erstreckten, sind Millionen Menschen umgekommen – teils wurden sie liquidiert, teils verhungerten sie.

Im Zweiten Weltkrieg und danach wurde dann die bäuerliche Bevölkerung ganzer Regionen umgesiedelt. Wieder wurden Millionen von Menschen entwurzelt und durcheinandergewürfelt. Wieder mußten Bauern, die gewöhnt sind, in ungestörter Kontinuität zu leben, und die doch nur bereit sind, die Unbilden ihres Daseins auf sich zu nehmen, wenn sie hoffen können, so viel zu erwirtschaften, daß es ihren Kindern einmal besser geht, in der Fremde ohne ausreichenden Viehbesatz und zulängliche Geräte von neuem beginnen.

Dann kam Chruschtschows himmelstürmender Veränderungswille, der 1956 bis 1958 ein neues gigantisches Unternehmen startete: die Neulandgewinnung. Riesige Flächen Brachland im europäischen Teil der Sowjetunion und Steppenböden östlich des Urals – insgesamt 40 Millionen Hektar – wurden unter den Pflug genommen, und neue Siedlungen entstanden. Die klimatischen Bedingungen aber sind vor allem östlich des Urals, also in Kasachstan und Westsibirien, so extrem, daß auf die Erträge kein Verlaß ist. In Kasachstan, wo allein 20 Millionen Hektar – meist Weizen – abzuernten sind, stehen gewöhnlich nur 14 Tage zur Einbringung der Ernte zur Verfügung. Außerdem hat sich gezeigt, daß die Fruchtbarkeit der Steppenböden nach wenigen Jahren rapide abnimmt und mit intensiver künstlicher Düngung nicht ausgeglichen werden kann, weil der Boden nicht genug Feuchtigkeit enthält.

Wer eigentlich sollte angesichts der jahrzehntelangen Torturen und der ständigen Ausbeutung zugunsten der Industrialisierung noch mit Lust und Liebe Bauer sein? Wer läßt sich schon gern von irgendwelchen Parteisekretären herumkommandieren, ist bereit, ständig Formulare auszufüllen und dabei noch weniger Geld zu verdienen als alle anderen Erwerbstätigen? Welcher Bauer hält es für nötig, seine volle Kraft, seine Fürsorge, sein Vorausdenken einzusetzen, wenn er nicht selber die Früchte seiner Arbeit erntet, sondern nur einen Hungerlohn bekommt? Die geringe Arbeitsleistung und die Liederlichkeit, über die sowjetische Parteistellen klagen, sind die späte Rache der Bauern für das, was ihnen in fünfzig Jahren zugemutet wurde.

Chruschtschow war der erste, der nicht mehr allein von der Schwerindustrie träumte, sondern massiv für eine Modernisierung der Landwirtschaft eintrat. Aber er konnte sich damit im Politbüro nicht durchsetzen. Seine Nachfolger, Breschnew und Kossygin, haben dann damit begonnen, viele Milliarden in eine beschleunigte Mechanisierung und »Chemisierung« der Landwirtschaft zu stecken und zum erstenmal auch die bis dahin miserablen Lohnverhältnisse auf dem Lande zu verbessern. Zweifellos haben sich auch Erfolge eingestellt – aber sie reichen nicht aus.

Die sowjetische Landwirtschaft ist wahrscheinlich die teuerste Landwirtschaft der Welt. Im Jahre 1974 hat der Staat 18,4 Milliarden Rubel – etwa 56 Milliarden DM – in die »Entwicklung der Landwirtschaft« gesteckt – bei einem Investitionsplan, der für die gesamte Wirtschaft 91,3 Milliarden Rubel zur Verfügung stellte. Für 1975 hat der Finanzminister Garbusow die laufenden Aufwendungen »zur Finanzierung der Landwirtschaft« – wir würden dies als Subventionen bezeichnen – auf 37,1 Milliarden Rubel, rund 120 Milliarden DM, veranschlagt. Es handelt sich dabei zur Hälfte um Zuwendungen zur Finanzierung der Sowchosen, also der Staatsgüter, ferner um Erzeugerpreis-Subventionen.

Aber die sowjetische Landwirtschaft ist nicht nur die teuerste, sondern wahrscheinlich auch die unergiebigste der Welt. In der Sowjetunion versorgen 30 Prozent aller Beschäftigten 240 Millionen Bürger auf unzulängliche Weise mit Nahrungsmitteln: Von 1972 bis 1974 mußte die Sowjetunion 40 Millionen Tonnen Getreide importieren. In Amerika versorgen vier Prozent aller Beschäftigten 200 Millionen Bürger voll mit hochwertigen Nahrungsmitteln und produzieren außerdem genug, um noch einmal 30 bis 50 weitere Millionen zu ernähren.

In diesem Jahr wird beispielsweise von der Weizenernte vermutlich weniger als die Hälfte in Amerika selbst konsumiert werden. Man muß sich überdies vergegenwärtigen, daß im Wirtschaftsjahr 1974/75 die Vereinigten Staaten Agrarprodukte im Werte von 21,6 Milliarden Dollar exportierten. Landwirtschaftsminister Butz hat kürzlich voller Stolz erklärt, daß der Überschuß des Agraraußenhandels von 12 Milliarden Dollar das Defizit von 10 Milliarden Dollar im Handel mit nichtlandwirtschaftlichen Waren mehr als ausgeglichen hat.

Die Sowjetunion muß dagegen Gold oder harte Währung ausgeben, um ihr eigenes Defizit an Nahrungsmitteln zu decken und ihren politischen Verpflichtungen beispielsweise gegenüber Indien und Polen nachzukommen. Würden die Sowchosen beibehalten, die Kolchosen jedoch in private Bauernbetriebe verwandelt, so wäre dies wahrscheinlich nicht notwendig. Beweis: die privaten Kleinerzeuger bestreiten in der Sowjetunion fast ein Viertel der agrarischen Produktion. Dabei steht ihnen aber nur ein winziger Bruchteil des Produktionsmittels »Boden« zur Verfügung.

Beim Viehbestand ist es allerdings anders. Es gibt 14 Millionen private Kühe und 28 Millionen sozialisierte Kühe, da ist also das Verhältnis 1:2; bei Schweinen, Schafen und Ziegen ist es 1:4. Wenn ich mich daran erinnere, daß ich einmal eine landwirtschaftliche Produktionsgenossenschaft in der DDR besucht habe, wo die Privatkühe im Durchschnitt 4000 Liter Milch im Jahr gaben, die sozialisierten aber nur 3000, dann finde ich die Leistung der privaten Kleinerzeuger in der Sowjetunion nicht mehr so wundersam.

Verwunderlich ist nur, daß die sowjetische Führung lieber immer weiter Milliarden ausgibt, als einmal zuzugeben, daß etwas falsch ist am System. Was ist falsch?

Falsch, ja absurd ist der Glaube, daß man von einer Befehlszentrale aus die Landwirtschaft steuern könne. Auf dem Dezember-Plenum des Zentralkomitees in Moskau ist 1973 beschlossen worden, die »unbefriedigende Schafhaltung« zu erweitern; in Kasachstan sollte der Bestand von 34 Millionen auf 50 Millionen erhöht werden. Da fragt man sich denn doch, woher die 15 Leute im Politbüro wissen, daß dies der optimale Besatz für Kasachstan ist, und jedenfalls wundert man sich nicht, daß die Planziffer noch nicht einmal zur Hälfte erreicht worden ist. Auch der rückständigste Bauer, dem ein Zipperlein im Bein sagt, daß es morgen regnen wird, und der daher beschließt, bis zum Einbruch der Dunkelheit sein Heu einzubringen, ist ein Supermanager, verglichen mit der Parteizentrale in der fernen Bezirksstadt, die anordnet, wann mit Bestellung und Ernte begonnen werden soll.

Unsinnig ist auch das System der Getreide-Einkaufsorganisation: Da wird das Getreide direkt vom Mähdrescher an die staatlichen Sammelstellen geschafft, die natürlich diese Mengen so rasch nicht bewältigen können. In vielen Fällen lagert das Getreide wochenlang unter freiem Himmel, so daß die Verluste bei schlechtem Wetter enorm hoch sind. Eine Verordnung des ZK und des Ministerrats von Anfang Januar 1975 verlangt für 1976 bis 1980, daß bei den Getreide-Annahmebetrieben Elevatoren mit einer Kapazität von 42 Millionen Tonnen in Betrieb genommen werden. Von 1971 bis 1975 ist es aber nur gelungen,

Kapazitäten für 16 Millionen Tonnen zu schaffen; es werden also wohl auch nach 1980 noch Millionen Tonnen Getreide verderben.

Die Versorgung mit Traktoren, Lastwagen und Mähdreschern ist viel besser geworden, aber ihre Qualität offenbar nicht gut genug und die Zuteilung von Ersatzteilen wie die Maschinenpflege in den Kolchosen so unzureichend, daß, wie in der sowjetischen Presse zu lesen ist, ein hoher Prozentsatz von ihnen im entscheidenden Moment ausfällt.

Die Kunstdüngergaben sind nur etwa halb so groß wie in Amerika oder Kanada und ihre Qualität sehr viel schlechter. Die hohen Aufwendungen für Dränagen sind zum Teil hinausgeworfenes Geld: In manchen Gegenden mußten schon nach zwei Jahren dieselben Flächen mit neuen Kosten überholt werden.

Das größte Problem aber sind und bleiben die Menschen. Die in der Landwirtschaft Beschäftigten stehen nach allgemeinem Verständnis auf der untersten sozialen Stufe des klassenlosen Arbeiter- und Bauernstaates. Wer von den Jungen wirklich helle ist, bringt es meist fertig, in die Industrie zu entkommen. Daher wird allenthalben die Überalterung der Kolchosen beklagt. Immer wieder heißt es, es seien vorwiegend alte Frauen dort beschäftigt.

Ein wirklich gefährlicher Engpaß ist dabei der Mangel an qualifizierten »Mechanisatoren«, an Personal für die Landmaschinen. Karl Eugen Wädekin gibt in seinem Bericht 18/1975 des Bundesinstituts für Ostwissenschaftliche und Internationale Studien in Köln eine sehr aufschlußreiche Tabelle wieder, aus der hervorgeht, daß von 1970 bis 1973 rund 2,5 Millionen Schlepper- und Vollerntefahrer neu ausgebildet wurden – fast ebenso viele wie 1970 vorhanden waren; dessen ungeachtet ist aber der Bestand an diesen Fachkräften am 1. April 1974 nur unwesentlich auf 2,6 Millionen gestiegen. Offenbar sind also fast ebenso viele, wie neu ausgebildet wurden, wieder abgewandert. Kein Wunder, denn die Lebens-, Verkehrs- und Schulverhältnisse auf dem Lande sind, verglichen mit den Städten, äußerst armselig.

Da helfen auch alle Aufrufe des ZK und die ungezählten Zeitungsartikel nicht mehr, die die »Brigaden« zur »Ernteschlacht«

anspornen und Orden und Ehrenbezeichnungen – »Ernte-Held«
– verheißen. Auch Breschnews »moralische Stimuli« zur Lei-
stungssteigerung können nicht über Jahre hinaus wirken: Schon
die zweite Generation hatte die heroischen Herausforderungen
satt; die dritte will nun endlich besser leben.

Anfang April 1975 hat Breschnew ein neues, gewaltiges
Landwirtschaftsprogamm für die nächsten 15 Jahre angekündigt, vergleichbar nur der Chruschtschowschen Neulandaktion.
Wieder sollen weite Landstriche völlig verwandelt werden,
Bodenmeliorationen sind vorgesehen, mehr Dünger, mehr Traktoren, mehr Lastwagen, neue Viehzuchtkomplexe, bessere Schulen. Die hierfür angesetzten 130 Milliarden DM werden das
Ergebnis aber wieder nur um 50 Prozent verbessern bei
100 Prozent höheren Aufwendungen, wenn es nicht gelingt, die
Ausbildung der Arbeitskräfte in der Landwirtschaft zu verbessern und Anreize dafür zu schaffen, daß sie auf dem Lande bleiben. Doch wird dies nur möglich sein, wenn den Bauern mehr
Autonomie eingeräumt wird, das heißt mehr Selbstbestimmung
und Verantwortung am Ort und auch mehr private Verdienst-
möglichkeit.

Dieses Jahr ist das letzte Jahr des neunten Fünfjahresplans.
Wie lange wird es noch dauern, bis die sowjetische Führung
merkt, daß die Alternative »Weizen oder Dogma« tödlich ist,
wenn sie sich nicht für Weizen entscheidet?

Weltpolitik mit Fanfarenstößen

Präsident Carter läßt nichts Gutes erwarten

Washington, im März 1977

Müssen wir uns mit einem neuen Konzept amerikanischer
Außen- und Sicherheitspolitik vertraut machen, oder handelt es
sich bei den ersten Ausflügen Jimmy Carters in die Weltpolitik
nur um eine Veränderung des Stils? Wer heute versucht, in
Washington Antwort auf diese Frage zu finden, stößt auf eine
seltsame Mischung von Verwirrung und Entschlossenheit.

In seiner Antrittsrede hat der neue Präsident gesagt, sein letz-
tes Ziel sei die Abschaffung der Atomwaffen. Wer würde dies
nicht gleich ihm herbeisehnen? Wird es dazu kommen, kann es
überhaupt je dazu kommen? Die Verteidigung des Westens
beruht nun einmal auf der Abschreckung und diese wiederum
auf den Atomwaffen, weil der Westen im konventionellen
Bereich unterlegen ist. Wann also und unter welchen Voraussetzungen könnten die Atomwaffen abgeschafft werden? Erst dann,
wenn die Asymmetrie beseitigt ist, wenn die letzte Konferenz in
Wien und Genf stattgefunden hat und wenn eine Methode erfunden worden ist, mit der sich die Abschaffung dann auch verifizie-
ren ließe. Ob das noch in diesem Jahrhundert erreicht werden
kann, erscheint mehr als zweifelhaft.

Mit beunruhigender Beharrlichkeit hat Präsident Carter in den
ersten vier Wochen seiner Regierungszeit – noch dazu während
der Abwesenheit von Außenminister Vance und ohne je Marschall Shulman zu konsultieren, den neuernannten Berater für
sowjetische Angelegenheiten im State Department – immer neue
Erklärungen zum Thema Menschenrechte an die Adresse der
Sowjetunion gerichtet: »Die Menschenrechte sind ein zentrales

Anliegen meiner Regierung.« »Ich sehe es als meine moralische Verpflichtung an, den Menschenrechten auch in anderen Nationen Respekt zu verschaffen.« Wieder fragt man sich: Kann Carter das? Wie macht er das?

Die Amerikaner sind es zufrieden. Sie sind von neuer Dynamik erfüllt und setzen volles Vertrauen in Carter. Viele sind begeistert von der festen Haltung, der mutigen Sprache. Das Verlangen nach moralischer Motivierung der sonst allzu schnöden Politik, nach Verwirklichung der großen Menschheitsideale, um deretwillen ihre Vorväter einst die alte Heimat verlassen hatten, war in diesem Volk zu allen Zeiten lebendig. Im Gefolge von Vietnam und Watergate aber ist dieses Bedürfnis nun offenbar unstillbar geworden, zumal die kühle, rationale Politik Kissingers den Mangel an herzerwärmender Rhetorik wohl noch spürbarer hat werden lassen.

Vieles von dem, was derzeit geschieht, ist überhaupt nur als Reaktion auf die vorangegangene Epoche zu verstehen, in der Kissinger auf den Vorwurf, er vernachlässige die Menschenrechte, geantwortet hatte: »Schmerzliche Erfahrung sollte uns gelehrt haben, daß wir unsere Möglichkeiten, soziale und politische Veränderungen in anderen Ländern zu bewirken, nicht überschätzen dürfen.«

Für Präsident Carter sind moralische Maximen ein selbstverständliches Gebot. Er möchte durch sein Handeln die Welt verbessern, das Böse in seine Schranken verweisen. Die Bürger spüren, wie ernst es ihm damit ist, wie ehrlich seine Überzeugungen sind – und sicherlich war dies mit ein Grund, warum sie ihn gewählt haben. Nun bestärkt das Volk ihn in seiner moralischen Entschlossenheit und er das Volk in seinen idealistischen Erwartungen.

Der skeptisch gewordene Europäer aber fragt sich besorgt, wohin das führen soll. Außenpolitik mit moralischen Absichten zu verquicken, wie Wilson und Dulles dies taten, hat die Welt nicht gerade moralischer gemacht, sondern in allerlei Katastrophen und Sackgassen geführt. Man muß befürchten, daß die ständigen Ermahnungen an die Adresse der Sowjetunion, das Eintreten für diejenigen, die dort als Verräter gelten, daß auch der Brief an Sacharow Folgen zeitigen könnten, auf die Carter keinerlei Einfluß zu nehmen vermag.

Erstens: Die sowjetische Regierung rächt sich an den Dissidenten, die der amerikanische Präsident doch gerade schützen will. Vier von den wichtigsten sind bereits eingesperrt worden. Wer wird sie wieder herausholen? Der Präsident gewiß nicht.

Zweitens: Die Erklärungen Carters ermutigen die Bürgerrechtskämpfer und verführen sie dazu, in ihren Forderungen und Aktionen weiter zu gehen, als sie es normalerweise tun würden. Wenn man an Polen denkt und an die explosive Situation in jenem Lande, so kann einem himmelangst werden. Es ist gewiß schwer festzustellen, welchen Anteil John Foster Dulles, der ständig von *liberation* und vom *roll back* träumte, an den 1956 blutig zusammengeschlagenen Aufständen in Polen und Ungarn hatte, aber daß der Mut zu diesen Aufständen mit seinen Reden überhaupt nichts zu tun hatte, das ist wohl noch schwerer nachzuweisen.

Drittens: Der militante Antikommunismus, der durch solche Erklärungen im eigenen Lager herangezüchtet wird, bringt die falschen Wortführer auf die Bühne, entfesselt immer mehr Emotionen und führt schließlich zu einer Hysterie, die unter Umständen eine vernünftige Politik gar nicht mehr zuläßt.

Es ist überhaupt nicht zu begreifen, daß der Präsident sein Prestige so vorbehaltlos in die Hände der Russen gibt: Von ihnen allein hängt es nun in Zukunft ab, ob er Erfolg hat oder Niederlagen einstecken muß. Wenn die sowjetische Führung sich eines Tages entschließen sollte, Sacharow zu verbannen oder ins Gefängnis zu stecken, so bliebe dem amerikanischen Präsidenten nichts anderes übrig, als dies tatenlos und zornerfüllt hinzunehmen. Reagierte er dennoch mit Gegenmaßnahmen, beispielsweise auf dem Gebiet der Abrüstung oder des Handels, so strafte er damit seine Behauptung Lügen, es gebe kein *linkage* – keinen Zusammenhang – mit den anderen Verhandlungen; ein Argument, das im Augenblick in der amerikanischen Diskussion eine große Rolle spielt.

Es hat seinerzeit viele Jahre gebraucht, bis die von Dulles aufgeputschte öffentliche Meinung wieder so weit zur Ruhe gekommen war, daß sie rationalen Erwägungen zugänglich gemacht werden konnte. Nun, nach einer langen Zeit nüchterner, bewußt entideologisierter Außenpolitik werden deren Maximen auf dem Scheiterhaufen verbrannt, dessen Flammen angeblich der Freiheit leuchten. Vergessen wird dabei, daß jene, wie es jetzt heißt, amoralische Realpolitik sehr vielen Leuten die Freiheit verschafft hat.

Kissinger hat, ohne daß die Öffentlichkeit davon erfuhr, ungezählte Male dem sowjetischen Botschafter Dobrynin in Washington eine Liste überreicht mit der Maßgabe, es würde die Verhandlungen außerordentlich erleichtern, wenn die auf jener Liste Verzeichneten freigelassen würden – er hat Hunderten auf diese Weise die Freiheit verschafft. Ehe der Senator Jackson den damals gerade unterschriebenen Handelsvertrag durch sein *amendment* zu Fall brachte, hatte Moskau 35 000 Juden die Auswanderung gestattet. Nachdem Jackson die jüdische Auswanderung zur Bedingung für den Handelsvertrag gemacht hatte, ließen die Sowjets in den folgenden Jahren nur noch eine weit geringere Quote ausreisen: erst 19 000, dann 12 000 Juden im Jahr. Eine Großmacht, gleich welcher Färbung, läßt sich keine Bedingungen stellen.

Bei den Einwänden, die heute mancherwärts gegen die Entspannung vorgebracht werden, zumal von denen, die von Präsident Carters neuer Politik besonders angetan sind, wird eine Tatsache außer acht gelassen: daß die Bürgerrechtsbewegung, die nach der Konferenz von Helsinki soviel Auftrieb erhielt, auf eben diese Entspannungsbemühungen zurückzuführen ist.

Der Vorwurf, die Entspannung habe nur Illusionen erzeugt, darum müßten jetzt Nägel mit Köpfen gemacht werden, stellt eine doppelte Ironie dar. Einmal ist das neue Konzept, im Gegensatz zum alten, nun wirklich illusionär – weder lassen sich die Atomwaffen abschaffen noch die Menschenrechte in anderen Staaten durchsetzen. Zum anderen werden die Erfolge, die bereits eingetreten sind, aufs Spiel gesetzt.

Helsinki hat in den sozialistischen Staaten das Bewußtsein dafür neu geweckt, daß es Menschenrechte und nicht nur Bürgerpflichten gibt. In Litauen haben 17 000 Katholiken Proteste gegen die religiöse Unterdrückung unterzeichnet; etwa 1000 Juden sind in der Auswanderungsbewegung der Sowjetunion aktiv; rund 15 000 Baptisten erteilen ihren Kindern verbotenerweise Religionsunterricht und weigern sich, in der sowjetischen Armee zu dienen ... Gewiß, all diese Ziffern mögen nicht ins Gewicht fallen. Was aber zählt, ist die moralische Kraft der einzelnen, der Sacharow, Medwedjew, Orlow, Kopelew und vieler, deren Namen wir nicht kennen.

Eine Politik, die auf Normalisierung und Entspannung ausgerichtet ist, kann ihnen von außen Unterstützung bieten, vielleicht ihr Tun überhaupt erst ermöglichen. Der amerikanische Versuch aber, frontal von außen einzuwirken, muß zwangsläufig als »Verschwörung« verdächtigt werden und ist darum zum Scheitern verurteilt.

Man kann nur hoffen, daß die ersten Aktionen der neuen US-Regierung den Trompetenstoß darstellen, mit dem der Präsident die Nation um sich sammelt, daß danach aber wieder die Normalität beginnt. Sollte sich jedoch herausstellen, daß dies ein Dauerzustand wird, dann muß Washington sich klar darüber werden, daß die Europäer diese Politik nicht mitmachen werden.

Mit Volldampf in den Fehlstart

Nach dem Scheitern der Vance-Mission in Moskau

Hamburg, im April 1977

Der sowjetische Außenminister Andrej Gromyko hat in den rund 20 Jahren seiner bisherigen Amtszeit eine einzige Pressekonferenz in Moskau abgehalten. Sie fand in der vorigen Woche statt. Nach dem Scheitern der Gespräche mit dem amerikanischen Außenminister Vance gab er ein Statement ab, das eine Stunde dauerte und dem die Antworten auf sechs schriftlich vorgelegte Fragen folgten. Eigentlich hätte ein so denkwürdiges Ereignis die in Moskau nicht gerade verwöhnten Journalisten mit freudiger Erregung erfüllen müssen. Die allgemeine Reaktion aber war, ganz im Gegenteil, besorgtes Erschrecken.

Gromyko war zornig und machte deutlich, wie tief die Kluft ist, die sich zwischen den beiden Supermächten aufgetan hat: »Es gibt jetzt beachtliche politische Differenzen zwischen Amerika und der Sowjetunion, und sie werden in Zukunft nicht geringer werden.« Seinen Worten, die in den Tagen danach von der sowjetischen Presse mit wachsender Entrüstung variiert wurden, ist zu entnehmen, daß die sowjetische Führung über drei Dinge verärgert ist:

Erstens darüber, daß der Kreml die neuen Vorschläge Carters nicht auf dem üblichen Wege, also über seinen Botschafter Dobrynin in Washington erfuhr, sondern zugleich mit aller Welt durch eine Pressekonferenz des Präsidenten. *Open diplomacy* aber ist, wie jedermann weiß, den Russen ein Greuel.

Zweitens über die vielfältigen Erklärungen Carters zum Thema Menschenrechte, die als unzulässige Einmischung empfunden werden.

Drittens über die Substanz der Vorschläge, die, wie der sowjetische Außenminister sagte, eine Reihe von Punkten enthalten, deren Verwirklichung das Gleichgewicht verschieben müßte und die darauf abzielten, Amerika einseitige Vorteile zuzuschanzen: »Was heißt denn Stabilität, wenn die neue Führung alles das, was vorher besprochen und erreicht wurde, einfach wieder auskreuzt?«

Auch Präsident Carter berief eine Pressekonferenz ein, noch ehe Vance zurückgekehrt war und ihm berichten konnte. Wenn, so sagte der Präsident drohend, bei der nächsten Gesprächsrunde der Eindruck entstehen sollte, daß die Sowjets »nicht ehrlich« verhandeln wollen und »ein Abkommen unwahrscheinlich wird«, dann werde Amerika gezwungen sein, weiter aufzurüsten und neue Waffen zu entwickeln.

Obgleich Gromyko in aller Deutlichkeit gesagt hatte, was Präsident Carter zum Thema Menschenrechte erklärt habe, »vergiftet die Atmosphäre, es hilft nicht die Frage der Begrenzung strategischer Waffen zu lösen, im Gegenteil, es macht alles schwieriger«, betonte der Präsident von neuem, es gäbe keinerlei Beweise dafür, daß die sowjetische Führung die SALT-Gespräche mit der amerikanischen Haltung in Sachen Menschenrechte verknüpfe. Er jedenfalls werde seine Einstellung nicht ändern, weil sie mit dem Gewissen des Landes in Einklang sei. In der Tat hat der *Speaker* Thomas O'Neill erklärt, das ganze Repräsentantenhaus sei – ohne Ansehen der Parteizugehörigkeit – voller Bewunderung für Carter. »Viel Feind, viel Ehr'« hieß das einst bei uns.

Nun ist es gewiß nicht so, daß der Fehlschlag von Moskau das ist, was man aller Tage Abend nennt. Sicherlich werden die Verhandlungen in dieser oder jener Form fortgeführt werden, denn die Begrenzung der nuklearen Waffen ist für beide Großmächte von gleicher Wichtigkeit. Es stellt sich aber die Frage: Was wird bis dahin sonst noch alles geschehen? Welche Eskalationen werden da noch stattfinden? Gromyko drohte sogleich, die Sowjets würden ihre Einwilligung zurückziehen, die in Europa stationierten nuklearen Waffen nicht in das SALT-Paket mit einrechnen zu lassen. Brzezinskis Antwort: »Dann werden wir die in Zentraleuropa stationierten sowjetischen Mittelstrecken-Raketen einbeziehen ...«

Es ist schwer abzuschätzen, wie die Entwicklung weitergehen wird, weil weiterhin im dunkeln bleibt, was eigentlich Carters Prioritäten sind. Wenn die Rüstungsbegrenzung sein oberstes Ziel ist, dann ist schwer verständlich, warum er genau drei Tage vor der Vance-Reise beim Kongreß den Antrag stellte, die Mittel zum Ausbau von *Radio Liberty* und *Radio Free Europe* entscheidend zu erhöhen; wo doch Moskau seit Jahren mit allen Mitteln versucht, die Einstellung dieser beiden Anstalten zu erpressen. Sollte hingegen seine Sorge um die Menschenrechte die erste Priorität haben, dann muß die Frage erlaubt sein, ob die in den letzten Wochen praktizierte Methode für die Betroffenen wirklich den meisten Erfolg verspricht. Das einzige Resultat, das bisher in der Sowjetunion zu verzeichnen war, sind die Verhaftung von vier führenden Dissidenten – und Haussuchungen, Entzug des Telefons, Verhöre und Drohungen für viele andere. In Südamerika, wo die wichtigsten Staaten über die »Einmischung« der Vereinigten Staaten so verärgert sind, daß sie sich weigern, weiterhin Militärhilfe anzunehmen, hat Washington nun überhaupt keine Handhabe mehr, um Einfluß auf die Behandlung mißliebiger Bürger zu nehmen.

Doch bleiben wir bei der Raketendiplomatie: Stimmt es, daß Carter mit seinen Vorschlägen alles, was früher verhandelt worden war, plötzlich ausgekreuzt hat? In Wladiwostok hatten Ford und Kissinger sich mit Breschnew auf einen Plafond von jeweils 2400 strategischen Waffen geeinigt, davon 1320 mit Mehrfachsprengköpfen. Das war 1974 im November. Danach wurden in Amerika die Bummelraketen *(Cruise missiles)* und in der Sowjetunion der *Backfire*-Bomber entwickelt. Dies warf das Problem auf, ob sie mit unter jenen Plafond gerechnet werden müßten oder außerhalb bleiben sollten.

Moskau setzte alles daran, die neue amerikanische Rakete, eine Waffe von ganz ungewöhnlichen Qualitäten, in die Beschränkung mit einzubeziehen. Als Kissinger im Januar 1976 in Moskau war, um SALT II vorzubereiten, handelte er einen Kompromiß aus, mit dem die Amerikaner sich verpflichteten, die

Zahl der *Cruise missiles* zu beschränken. Der Handel war, wie Henry Kissinger sich damals ausdrückte, zu 90 Prozent perfekt – aber dann kam der Wahlkampf und machte alles wieder zunichte.

Um dem ultrakonservativen Präsidentschaftsbewerber Reagan die Stimme für die Nominierung abjagen zu können, mußte Ford weiter nach rechts rücken, als es seiner Natur entsprach, und geriet damit in den Bannkreis der Gegner eines SALT-Kompromisses. Ford zögerte, Kissingers Rat zu befolgen: keine Rücksicht nehmen, den Kompromiß akzeptieren, ihn auf dem überfälligen Gipfeltreffen mit Breschnew unterzeichnen und dann mit diesem außenpolitischen Erfolg in den Wahlkampf ziehen.

Im Februar 1976 erreichten Reagans Angriffe auf Kissingers Außenpolitik schließlich ihren Höhepunkt. Gerald Ford bekam kalte Füße. Er wagte nicht, gegen das Pentagon und die übrigen Kissinger-Gegner aufzutreten, die behaupteten, der Außenminister habe schon 1972 bei SALT I einseitige Konzessionen gemacht. Darum wurden die Verhandlungen mit Moskau eingefroren. Als Ford dann im August die Nominierung gegen Reagan gewann, war es zu spät, um sie wieder aufzunehmen.

Mag sein, daß die Erfahrung seines Vorgängers mit der innenpolitischen Opposition gegen die vorgesehene SALT-II-Vereinbarung Präsident Carter das Gefühl gegeben hat, der eigentliche Verhandlungspartner, der beschwichtigt werden müsse, seien die *Joint Chiefs of Staff* und Senator Jackson. Darum ist dann wohl das Nachdenken darüber, was man den Russen zumuten kann und was nicht, zu kurz gekommen.

In der Tat ließ Präsident Carter den Sowjets zwei neue Vorschläge vorlegen. Der eine geht auf Wladiwostok zurück, läßt aber die *Cruise missiles* unberücksichtigt; der andere visiert eine radikale Herabrüstung an. Die Londoner *Times* charakterisierte diesen Vorschlag mit folgenden Worten: »Von den Russen wird verlangt, daß sie ihre besten Waffen aufgeben im Austausch gegen das amerikanische Versprechen, ihre noch besseren, aber vorläufig gar nicht einsatzfähigen Waffen, nicht weiter zu entwickeln.«

Beim Gewerkschaftskongreß vor zwei Wochen hatte Breschnew erklärt: »Wir wären froh, wenn die sowjetisch-amerikanischen Beziehungen gutnachbarlich wären. Dies aber erfordert ein gewisses Maß an Verständnis füreinander und wenigstens ein Minimum an beiderseitigem Takt.« Sicher hat er dabei an die Geheimdiplomatie Kissingers gedacht und an dessen außenpolitisches Grundkonzept.

Henry Kissinger ging in den Verhandlungen mit der Sowjetunion von der Vorstellung aus, daß es sich um zwei Supermächte handelt, die nicht in erster Linie durch ihre Ideologie motiviert sind, sondern durch ihre nationalen Machtinteressen. Diese Gleichstellung bot ihm und ihnen die Möglichkeit, immer wieder zu betonen, daß es Interessen gibt, die beide gemeinsam haben: Sicherheitsbedürfnisse, finanzielle Erwägungen, Stabilität. Daß die Gemeinsamkeit der Interessen betont wurde und nicht die Verschiedenartigkeit der Ideologie – das war es, was die Entspannung ermöglicht hat. Deren Früchte setzt Carter nun aufs Spiel.

Selbst in Washington werden jetzt manche nachdenklich. Zbigniew Brzezinski im Weißen Haus betont, die Moskau vorgelegten Pläne seien die ersten wirklichen Abrüstungspläne, die je erarbeitet wurden. Außenminister Vance jedoch räumt ein, daß die amerikanischen Vorschläge vielleicht nicht mit der genügenden Sorgfalt vorbereitet worden sind. Darin spiegelt sich das Unbehagen der professionellen Diplomaten wider, die lieber zu den klassischen Methoden ihres Metiers zurückkehren möchten.

Die achtziger Jahre

Ein großer Sieg – und was nun?

Vor den Polen liegt noch eine lange Durststrecke

Hamburg, im September 1980

Es gibt ein russisches Sprichwort: »Wenn die Fahnen flattern, ist der Verstand in der Trompete.« Die weißroten Fahnen Polens flatterten mit Recht, denn die 17 Streiktage an der polnischen Ostseeküste haben das Land von Grund auf verändert. Man muß nur hoffen, daß die Arbeiter, die bisher solch präzise Millimeterarbeit geleistet haben, die Trompete auch weiterhin in der Ecke lassen, in der sie während der ganzen Zeit stand, obgleich Trompetenstöße – als ein Fanal, das historische Stunden kündet – eine durchaus angemessene Begleitmusik wären.

Denn das, was dort auf der Danziger Werft erreicht wurde, ist zwischen Elbe und Ussuri einmalig: freie Gewerkschaften, in geheimer Wahl gewählt, und ein verbrieftes Streikrecht. Und Hand aufs Herz: Noch vor einer Woche schrieben einige und dachten sehr viele hierzulande, die einzige Frage sei, wer zuerst eingesetzt würde: die polnische Miliz oder die sowjetische Armee.

Die Ohnmacht der Macht, die doch die Amerikaner schon in Vietnam mit erbarmungsloser Deutlichkeit zu spüren bekamen und die nun in Afghanistan dem Militärapparat der Russen keinen Erfolg vergönnt, wollen viele Leute nicht zur Kenntnis nehmen. Und tatsächlich bietet ja ein Blick auf die Karte auch ein wirklich beängstigendes Bild. Rund um Polen steht eine sowjetische Division neben der anderen: 33 an der Ostgrenze des Landes, 20 im Westen Polens, in der DDR, und 5 im Süden, in der ČSSR – zusammen 60 Divisionen mit etwa 720 000 Mann, die Ostdeutschen und Tschechen nicht mitgerechnet, dazu 16 000

Panzer. Aber die Solidarität der 250000 polnischen Arbeiter genügte, um diese riesige Militärmaschine zu neutralisieren.

Freilich bedurfte es auch der Gelassenheit jenes unauffälligen Mannes, der in diesen dramatischen Tagen zum Chef des gewaltlosen Aufstandes wurde. Lech Walesas Zuversicht und Entschlossenheit werden offensichtlich aus anderen Quellen gespeist als denen weltlichen Machtbewußtseins.

Maßvoll und besonnen gingen die Arbeiter unter seiner Ägide vor. In keinem Moment wollten sie das Regime stürzen oder auch nur gefährden. Sie wollten ganz einfach ihre Interessen besser vertreten wissen. Diese Interessen erschöpften sich nicht in der Forderung nach mehr Fleisch und wenigstens ein bißchen Wohlstand, obgleich sie beides seit langem entbehren, sondern sie verlangten ihr Recht als Arbeiter und als Bürger. Und sie hatten dabei stets das Ganze im Sinn. Sie setzten die Freilassung aller politischen Gefangenen durch – Kuron und Michnik und die anderen inhaftierten Dissidenten sind bereits am Montag wieder auf freien Fuß gesetzt worden. Ferner wurde ihnen die Aufhebung der Zensur zugesagt, Gewährung von Redefreiheit und Zulassung der Kirche zu den Massenmedien.

Die Streikenden haben kein einziges Mal die Zugehörigkeit zum Warschauer Pakt oder das sozialistische System in irgendeiner Weise in Frage gestellt, auch wenn die *Prawda* jetzt schreibt, es seien antisozialistische Elemente am Werke gewesen, die Polens schwierige wirtschaftliche Lage zu konterrevolutionärer Aktivität genutzt hätten.

Allerdings wäre beinahe noch am späten Samstagabend in der vorigen Woche alles schiefgegangen: Im Präsidium des Streikkomitees brach plötzlich eine Meinungsverschiedenheit auf. Einige Mitglieder glaubten, daß die Anerkennung der führenden Rolle der Kommunistischen Partei die neu zu gründenden Gewerkschaften in ihrer Unabhängigkeit zu stark beeinträchtigen werde. Walesa aber, der sofort verstand, daß eine solche Diskussion alles aufs Spiel setzen würde, wandte sich über die Köpfe des Präsidiums hinweg an das Gesamtkomitee der 1000 Delegierten und rief: »Wenn wir in der Gewerkschaft sind, dann werden wir nicht zulassen, daß irgend jemand eine führende

Rolle über sie ausübt.« Damit war die Situation gerettet. Gleichwohl muß man sich fragen, wie denn eigentlich der Machtanspruch der Partei in Zukunft gerechtfertigt werden soll, wenn sie nicht einmal mehr theoretisch die Interessen der Werktätigen repräsentiert.

Das ganze Land hat im Fernsehen miterleben können, wie Walesa im T-Shirt, mit Rosenkranz um den Hals und einem überdimensionalen roten Stift, den das Bild des Papstes zierte, die Vereinbarung unterzeichnete. Nachdem die vertragsschließenden Parteien sich die Hände geschüttelt hatten, sangen alle gemeinsam die Nationalhymne »Noch ist Polen nicht verloren«, jenes Lied, das dem Freiheitskämpfer Jan Henryk Dabrowski gewidmet ist, der 1794 am Aufstand Kościuszkos teilgenommen und dann 1806 die Revolte in Polen entfesselt hat. Dabrowski, der Ende des 18. Jahrhunderts in Oberitalien die »polnischen Legionen« zusammenstellte, trug in seiner Satteltasche stets Schillers Gedichte bei sich.

Der erste Akt ist also unerwartet glücklich überstanden. Aber wie wird es weitergehen? Diese Frage hat zwei Komponenten, eine politische und eine wirtschaftliche.

Die politischen Aussichten beurteilen die meisten Außenstehenden eher skeptisch. Sie glauben, die Sowjets könnten die Entmachtung einer kommunistischen Partei in ihrem Bereich nicht dulden. Zugegeben: Sie hätten das, was geschehen ist, gern verhindert, aber das ging eben nicht. Und darum haben sie sich entschlossen, die Veränderungen in Polen nicht zu billigen, aber zu dulden. Sie hoffen wohl, es werde möglich sein, das, was jetzt auf dem Papier zugestanden wurde, im Zuge der praktischen Verwirklichung – sei es bei der Abfassung der Gesetze im Sejm oder bei der Handhabung im Behördenapparat – scheibchenweise wieder zurückzunehmen. Auch Moskau muß gelegentlich zwischen zwei Übeln wählen, und im Moment schien alles besser als offene Konfrontation.

Die polnische Regierung handelte vermutlich aus den gleichen Motiven. Aber sie ist schwach, und nichts zeichnet sich ab, was diesen Zustand verändern könnte. Darum kann sie sich keine Hoffnungen darauf machen, daß es ihr gelingen könnte, die Uhr wieder zurückzustellen. Im übrigen haben beide Seiten – Regierung wie Arbeiter – so vernünftig, so wirklichkeitsbezogen gehandelt, daß nicht einzusehen ist, warum dies in der nächsten Phase nicht ebenfalls möglich sein sollte, zumal beide ja das gleiche Ziel haben: der polnischen Wirtschaft wieder auf die Beine zu helfen.

Die wirtschaftlichen Probleme sind, objektiv gesehen, noch schwieriger als die politischen. Sie sind überhaupt nur lösbar, wenn alle am gleichen Strang ziehen. Denn mindestens die Schwierigkeiten, die auf die totale Verzerrung der Preise zurückzuführen sind, gehen doch auf das Konto der Arbeiter, die jedesmal rebellierten, wenn die Regierung die Fleischpreise heraufsetzen wollte. Es ist aber unerläßlich, daß die durch Subventionen künstlich niedrig gehaltenen Preise der Wirklichkeit angepaßt werden, da sie ständig eine erhöhte Nachfrage stimulieren und die Regierung zu riesigen Importen zwingen – im vergangenen Jahr waren es 500 000 Tonnen Fleisch.

Die wirtschaftlichen und sozialen Zugeständnisse, die jetzt die Regierung gemacht hat, sollen für alle Arbeiter gelten, nicht nur für jene, die in den Werften beschäftigt sind – wobei einstweilen niemand weiß, ob nicht die anderen doch wieder Extrawürste verlangen. Doch Lohnerhöhungen, Kinderzulagen, mehr Fleisch, bessere medizinische Versorgung, zusätzlicher Wohnungsbau – wenn all diese Forderungen erfüllt werden sollen, dann ist das nur mit Hilfe der Notenpresse möglich. Dies aber würde den Lebensstandard nicht verbessern, sondern nur zum raschen allgemeinen Zusammenbruch beitragen. Das weiß die Regierung auch.

Sie baut also offenbar darauf, daß die Bevölkerung am ehesten dann ihre Erwartungen einschränken wird, wenn sie an der Verantwortung mitbeteiligt ist. Mieczyslaw Rakowski, Mitglied des ZK und Chefredakteur der *Polityka,* der während der letzten drei Wochen eine wichtige Rolle in Polen gespielt hat, erklärt, daß die Parole jetzt heißen müsse: Offenheit statt Geheimniskrämerei, dezentralisierte Verantwortung statt zentralem Bürokratismus, Willensbildung auch an der Basis, anstatt ausschließlich autoritäre Anordnungen von der Spitze.

Eine Zusammenarbeit von unten und oben, dazu die Bereit-schaft, gemeinsam eine lange Durststrecke zu bewältigen – das allein kann Erfolg garantieren. Und Erfolg ist möglich. Gewiß stammen die Schwierigkeiten, in die Polen geraten ist, zu einem gut Teil daher, daß Gierek in der ersten Hälfte der siebziger Jahre im Überschwang der Amtsübernahme ein viel zu ehrgeizi-ges Investitionsprogramm auf Pump finanziert hat; aber es ist damals doch auch viel geschaffen worden. Polen steht heute mit an der Spitze der Kohlenexporteure der Welt; es produziert etwa so viel Rohstahl wie Großbritannien, so daß es demnächst den eigenen Bedarf zu decken vermag; in den letzten 20 Jahren ist das größte Kupfervorkommen Europas systematisch ausgebaut worden; Schiffsbau und Maschinenbau florieren und genügen den modernsten Anforderungen.

Wenn es gelingt, den neuen Elan der siegesgewissen Arbeiter in eine Erhöhung der Arbeitsproduktivität umzusetzen, wenn Regierung und Arbeiterschaft bereit sind, bei der notwendigen Umstrukturierung und vor allem bei einer Intensivierung der Landwirtschaft zusammenzuwirken, dann gibt es keinen Grund, Polens Aussichten so pessimistisch zu betrachten, wie es viele heute tun. Dann kann man auf friedliche Evolution hoffen und braucht nicht gewalttätige Revolution zu befürchten.

Die Dritte Welt:
Äquidistanz ist Trumpf

Die Blockfreien erteilen den Sowjets
die Quittung für Afghanistan

Hamburg, im Februar 1981

Nach langen und heftigen Auseinandersetzungen hat die Versammlung der Blockfreien, die in der vorigen Woche in Delhi tagte, in ihrem Schlußkommuniqué die Forderung erhoben: »daß mit äußerster Beschleunigung eine politische Lösung für Afghanistan gefunden werden muß, und zwar auf der Basis des Truppenrückzugs, bei voller Respektierung der Unabhängigkeit, Souveränität und der territorialen Integrität sowie des blockfreien Status«.

Nur wer vor 20 Jahren in Belgrad die erste weltweite Konferenz der Blockfreien miterlebt hat, kann ermessen, welcher Wandel sich da vollzogen hat. Damals waren 24 Staatsoberhäupter versammelt, unter ihnen die großen Drei: Nehru, Tito und Nasser. Neben der von allen beschworenen Beendigung des Kolonialismus war die Erhaltung des Friedens – der damals, wenige Wochen nach der Errichtung der Mauer in Berlin, besonders bedroht schien – das Hauptthema. Da wirkte es denn wie ein Donnerschlag, daß Moskau am Vorabend der Konferenz plötzlich verkündete, es werde seine Atomwaffenversuche wieder aufnehmen.

In meinem damaligen Bericht aus Belgrad heißt es: »Es wirkte, als hätte man einer Hochzeitsgesellschaft am Polterabend mitgeteilt, die Braut sei soeben ermordet worden. ›Ich bin entsetzt‹, war das Äußerste, was Nasser, Nkrumah, Nehru und einigen anderen Großen in den nächsten Tagen über die Lippen ging. Viele Redner wagten es nicht, den sowjetischen Entschluß auch nur mit einem einzigen Wort zu erwähnen; dabei gab es keinen, der nicht im privaten Gespräch seinen Gefühlen, die von Bestürzung bis zu Abscheu reichten, Ausdruck verlieh. Der Aufschrei des Entsetzens aber wurde in den vier Wänden des Konferenzsaals erstickt.«

Das war 1961. Diesmal dagegen wird in der weltweit verbreiteten, offiziellen Abschlußerklärung gefordert, daß die Sowjets ihre Invasionstruppen aus Afghanistan abziehen.

Die Zeit ist vorbei, in der die Blockfreien beispielsweise in den Vereinten Nationen dauernd mit dem »Ostblock« zu stimmen geneigt waren. Mit dem Rückzug der letzten Kolonialmacht hat sich die antiwestliche Einstellung dieser Länder relativiert, und seit die Sowjetunion durch den Überfall auf Afghanistan ihre super-imperialistische Denk- und Handlungsweise enthüllt hat, sind die Blockfreien gegenüber Moskau äußerst kritisch geworden. Heute lautet ihre Devise: »Äquidistanz« – gleiche Entfernung zu beiden Supermächten. Nach dem Überschwang der ersten Jahre, der sie glauben ließ, mit dem Ende der Kolonialherrschaft würden automatisch Freiheit, Gerechtigkeit und Wohlstand einsetzen, ist eine gewisse Ernüchterung eingetreten. Und der Vorwurf, die Kolonialperiode sei an allem schuld, ist auch nicht mehr sehr einleuchtend angesichts der Taten von Idi Amin, Bokassa, Pol Pot oder dem Überfall Iraks auf Iran.

Natürlich gibt es eine Vielfalt von politischen Richtungen unter den 96 Mitgliedstaaten der blockfreien Bewegung. Aber die Gruppe der prosowjetischen Radikalen umfaßt nicht mehr als ein Dutzend Staaten – angeführt von Kuba, Vietnam und Südjemen. Auf der Gegenseite stehen an der Spitze Jugoslawien, Pakistan, Nigeria und die fünf ASEAN-Staaten. Fidel Castro ist bis zur nächsten Gipfelkonferenz, die 1982 in Bagdad stattfinden soll, der Vorsitzende. Danach wird, wenn alles so kommt wie vorgesehen, der Vorsitz von Irak übernommen. Alle drei Jahre findet eine Gipfelkonferenz statt, dazwischen – ein Jahr vor den Staatsoberhäuptern – versammeln sich die Außenminister. Als ständiges Exekutivorgan gibt es ein Koordinationsbüro mit 36 Mitgliedern, die nach regionalen Gesichtspunkten ausgewählt werden: 17 aus Afrika, zwölf aus Asien, fünf aus Lateinamerika und zwei aus Europa.

Bei der vorigen Gipfelkonferenz, die 1979 in Havanna stattfand, hat Castro alles darangesetzt, die Blockfreien von einer unabhängigen Bewegung in eine mit der Sowjetunion verbündete Organisation umzufunktionieren. Vergeblich. Präsident Nyerere von Tansania hat wohl die Meinung der Mehrheit ausgedrückt, als er damals sagte, er zweifle daran, daß diese Bewegung beständige Feinde und beständige Freunde habe – wenn sie sich mit einem einzigen Machtblock verbände, würde sie, so meinte er, bald »aufhören zu existieren«.

Aber die Radikalen sind zäh und geben nicht leicht auf. Auch diesmal stellten Kubas Vertreter den Antrag, in die Schlußerklärung hineinzuschreiben, daß die Sowjetunion »der natürliche Verbündete der Blockfreien« sei. Wieder vergebens. Dem Außenminister von Südjemen gelang es dagegen – ohne daß seine durch viele Nachtsitzungen ermüdeten Kollegen es bemerkten –, in den Text des Kommuniqués vor *Afghanistan* die Worte »Demokratische Republik« einzuschmuggeln. Am nächsten Morgen, kurz vor der feierlichen Erklärung, entdeckte der pakistanische Außenminister Agha Shahi diese gewichtige Veränderung. Großer Protest, dem sich andere islamische Staaten anschlossen, weil – so die Begründung – »diese Formulierung eine Anerkennung des von den Sowjets eingesetzten Regimes Babrak Karmals gleichkomme. Fieberhafte Tätigkeit. Erst nach fünf Stunden gelang es schließlich, die zwei ominösen Worte zu streichen. Die Gemäßigten hatten gesiegt.

Auch Außenminister Dhanabalan von Singapur ließ es nicht an Kritik fehlen: »Einige Mitglieder unserer Bewegung versuchen, den Zug der Blockfreien an eine Lokomotive anzuhängen, deren Bestimmungsort Moskau ist.« Drei Kubaner verließen den Saal und kehrten erst zurück, als Dhanabalan geendet hatte. Die Iraner schließlich kündigten eine Initiative an zum Ausschluß der Regierung Karmal und deren Ersetzung durch die antikommunistischen islamischen Widerstandskämpfer Afghanistans.

Die vierte Gipfelkonferenz, die 1973 in Algier stattfand, hat zu den beiden Anliegen Frieden und Entkolonialisierung ein drittes hinzugefügt: die Errichtung einer neuen Weltwirtschaftsordnung, um die Kluft zwischen Industrie- und Entwicklungsländern zu beseitigen. Seither kämpfen die Blockfreien für die Überwindung der wirtschaftlichen Ungleichheit in der Welt. Die Antwort der Sowjetunion ist eine Polemik gegen die Gleichsetzung von Ost und West als »reiche Länder«. Sie – die Sowjetunion – sei ja keine Kolonialmacht gewesen, und darum sei es nicht gerechtfertigt, Forderungen an Moskau zu stellen.

Zwar sind alle Blockfreien in irgendeiner Weise in das Spannungsfeld der Supermacht-Rivalität einbezogen, aber sie haben daneben ihre eigenen Probleme, in erster Linie wirtschaftliche. Und was die Staaten Südostasiens, also das Umfeld des Konferenzorts Delhi, angeht, so sind diese nicht nur um Äquidistanz zwischen Amerika und der Sowjetunion besorgt. Für sie ist ebenso wichtig die Äquidistanz zwischen den beiden kommunistischen Großmächten Moskau und Peking, wobei Vietnam als Moskaus Stellvertreter in Asien noch bedrohlicher wirkt als die Sowjetunion selbst. Kambodscha hat dies bereits erfahren, und auch Thailand ist verunsichert. Seit 1975, seit dem Fall von Saigon und der Eroberung Südvietnams durch Hanoi, haben die fünf Staaten, die 1967 die ASEAN-Organisation bildeten, ihre Ausgaben für Rüstung verdoppelt.

Im allgemeinen haben sich demokratische Regierungen in Washington mehr für Europa, republikanische mehr für Asien interessiert. Der republikanische Außenminister Dulles stellte seinerzeit die Gleichung auf: »Wer nicht für mich ist, ist wider mich.« Das trieb damals die Dritte Welt, die noch nicht vom Kolonialismus befreit war, in die Arme des revolutionären Ostens. Heute, wo alle diese Länder um ihre inzwischen erworbene Selbständigkeit zittern und entsetzt miterleben, was die Sowjetunion in Afghanistan und Vietnam in Kambodscha anrichten, muß die Devise der neuen republikanischen Regierung lauten: »Wer nicht gegen mich ist, ist für mich.« Eine Äquidistanz allerdings kann nur erhalten bleiben, wenn der Westen sich ernsthaft um eine neue Wirtschaftsordnung kümmert.

Reform am Rande der Katastrophe

Das marxistische Dogma
hat Polens Wirtschaft verkrüppelt

Warschau, im Juli 1981

Jahrelang ging es in Polen im Springprozessionsrhythmus: ein Schritt voran, zwei Schritte zurück – bis das Land schließlich am Rand des Abgrunds stand. Jetzt scheint es umgekehrt zu sein. Jetzt gilt offenbar: zwei Schritte voran, ein Schritt zurück – und das ist eine entscheidende Verbesserung.

Der Schritt zurück nach den ersten neun Monaten stürmischer Erneuerung wurde durch den Brief ausgelöst, den Breschnew am 5. Juni an das polnische Politbüro richtete und der Moskaus starke, ja vernichtende Kritik an der Warschauer Parteiführung zum Ausdruck brachte. Der Brief hatte zwei Folgen. *Erstens* hat das Schreiben auf quasi-dialektische Weise Kania genutzt: Es hat ihn beim polnischen Volk populärer gemacht, als er bis dahin war. *Zweitens* hat es allen Leuten – den Harten wie den Erneuerern – einen so großen Schrecken eingejagt, daß Partei und Regierung, die sich schon im Prozeß der Auflösung befanden, den Mut faßten, die Zügel wieder anzuziehen, und das Publikum dies auch ohne Widerstand, wenngleich mit großem Bedauern ertrug.

Daß die Führung wieder härter geworden ist, war angesichts der zornigen Reaktionen aus Moskau und den Nachbarstaaten einfach notwendig. Zu sehr hatten die Polen sich daran gewöhnt, daß die Parteispitze sich alles abtrotzen ließ: »Freie Gewerkschaften? Ganz undenkbar ...« Heute gibt es sie. – »Streikrecht? Das kann unter keinen Umständen zugestanden werden ...« Aber dann wurde es doch eingeführt. – »Eine Bauerngewerkschaft? Nein, das kommt überhaupt nicht in Frage ...« Am Ende kam sie doch.

Folge: Niemand nahm die Führung mehr ernst. Hunderte von unzensierten Flugblättern und Schriften aller Schattierungen wurden produziert, verteilt, verkauft. In Danzig sah ich irgendwo eine Zeichnung angeschlagen: eine armselige, gebeugte Gestalt am Stock, zerrissene Jacke, geflickte Hose, darunter stand: »Ganz egal – Hauptsache Sozialismus«. Und an einer anderen Stelle auf schon vergilbtem Papier eine ähnliche Figur mit der Unterschrift: »Ist das schon Sozialismus, oder kommt es noch schlimmer?« In der emotionalisierten Atmosphäre ist plötzlich auch Katyn wieder zu einem Diskussionsthema geworden. Schließlich aber, gefährlicher als alles andere: Hier und da werden sowjetische Denkmäler beschmiert oder beschädigt. Niemand weiß von wem oder warum. Sind es Provokationen der Partei oder vom Haß diktierte Handlungen der Bürger?

Die Reformer fürchten, der Schritt zurück könne das Ende, vielleicht sogar die Rücknahme alles Erreichten einleiten. Als Außenstehender meint man eher, daß ein unbegrenzter Fortgang das Ende hätte bedeuten können – und dann wahrscheinlich ein Ende mit Schrecken. Auch muß man sagen, es ist mittlerweile so viel erreicht worden, daß die Uhr gar nicht wieder zurückgestellt werden kann. Zehn Millionen selbstbewußte Arbeiter in der »Solidarität«, darunter etwa eine Million kommunistischer Parteimitglieder, dazu noch zwei Millionen organisierte Bauern – deren Wunsch und Wille läßt sich in einem Arbeiter-und-Bauern-Staat ja wohl nicht einfach als konterrevolutionär abtun.

»Wenn nun aber die Sowjetunion darauf bestehen sollte, den Parteitag zu verschieben …«, fragte ich einen Professor. »Dann würde die Partei sich spalten«, war die prompte Antwort, die anderntags ein Politiker bestätigte.

Wer Polen vor den Ereignissen von Danzig im August 1980 – sozusagen noch unter dem *Ancien régime* – zuletzt gesehen hat, der erkennt das Land kaum wieder. Hier hat wirklich die größte Umwälzung seit der Oktoberrevolution stattgefunden, ohne daß eine einzige Fensterscheibe kaputtgegangen ist.

Ich besuchte einen alten Freund, Stefan Kisielewski, einen bekannten Schriftsteller; auf seinem Tisch lagen Dutzende von *Le Monde*-Exemplaren im Streifband. »Warum machst du denn die Zeitungen nicht auf?« – »Weil ich jetzt aus unseren eigenen genug erfahre.« Tatsächlich gibt es praktisch keine Zensur – oder soll man sagen: gab es keine, denn gerade in diesen Tagen werden Parteiversammlungen und Parlamentsdebatten in Rundfunk und Fernsehen *live* übertragen. »Das ist viel aufregender als jeder Krimi«, sagte mir ein Bekannter, der ebenso erstaunt wie begeistert darüber ist, nun plötzlich mitzuerleben, wie die Leute, die bisher nur mit dem Kopf nickten, dramatische Debatten miteinander ausfechten.

Die allergrößte Umwälzung aber hat bei der Auswahl der Delegierten für den Parteitag stattgefunden, die in der letzten Woche abgeschlossen worden ist. Um das zu verstehen, muß man sich den Vorgang einmal vergegenwärtigen. In allen Regionen des Landes wurden auf der untersten Ebene – in den Gemeinden und Städten wie in den kleineren Betrieben (die 200 Großunternehmen wählen ihre eigenen Betriebsvertreter) – in Parteiversammlungen Wahlmänner gewählt, die ihrerseits dann die Wojwodschaftskomitees und den Ersten Sekretär für die 49 Wojwodschaften wählen und ferner die Delegierten zum außerordentlichen Parteikongreß. Früher wurden die Delegierten für den Parteitag von der Kader-Abteilung im ZK ausgesucht und gewöhnlich ohne Widerspruch durch Akklamation bei den Wojwodschaftskonferenzen bestätigt. Heute werden sie in geheimer Wahl von der Basis berufen.

Demokratischer also geht es nicht. Aber man kann sich die Sorge der Kader vorstellen, die gewöhnt waren, bis ins letzte Regie zu führen und dafür zu sorgen, daß die ihnen genehmen Leute an die von ihnen bezeichneten Stellen kamen. Das neue Verfahren muß ihnen wie eine Lotterie, wie ein lebensgefährliches Vabanquespiel erscheinen.

In der Tat weiß niemand genau, was für eine Versammlung auf solche Weise zusammengekommen ist. Man weiß zwar, daß sie aus etwa 20 Prozent Arbeitern, 50 Prozent Intelligenzia und zehn Prozent Bauern besteht, aber sehr viel mehr auch nicht. Offenbar war die Wahl eine Art Klassenkampf der technischen Intelligenzia in der Provinz gegen die neue Klasse in Warschau und den Hauptstädten der Wojwodschaften. Sehr viele Techniker und Ingenieure, auch Manager sind gewählt worden, aber sehr wenige Intellektuelle – Ärzte, Professoren, Journalisten. Man kann sich also vorstellen, daß eine gewisse Lehrzeit notwendig ist. Aber ich kenne mit Ausnahme der Italiener keine Nation, deren Bürger so gewitzt, so schlau und so raschen Geistes sind wie die Polen.

Das erste Ergebnis dieser Wahl ist, daß 90 Prozent aller bisherigen Delegierten nicht wiedergewählt worden sind und ganze Wojwodschaftskomitees einfach weggewischt wurden. In Suwalki, nahe der alten ostpreußischen Grenze, ist vom Ersten Sekretär bis zum letzten Schreiber der ganze Parteiapparat durchgefallen. Eine besondere Klippe für die Parteiführung angesichts des neuen Verfahrens war es, die »zentralen Kandidaten«, also Mitglieder des Politbüros und des Sekretariats, in den Wojwodschaftswahlen durchzubekommen. In einigen Fällen, in denen es sich um notorisch harte Funktionäre handelt, die aber mit Rücksicht auf Moskau und die Nachbarn in jedem Fall dabeibleiben müssen – wie beispielsweise Grabski oder der Kattowitzer Erste Sekretär Zabinski –, hat Kania in den letzten Wochen nachhelfen müssen. Man darf nicht vergessen, daß Kania seit August vorigen Jahres nicht festen Boden unter den Füßen hatte, sondern auf einem Seil balancierte. Jetzt muß er das Kunststück fertigbringen, genug alte Gesichter im Politbüro zu haben, um die Russen zu beruhigen, und genug neue, damit das Volk und die Reformer nicht meutern. Aber Kania ist ein großer Taktiker, der das schon schaffen wird.

Das Zentralkomitee, das bisher aus 150 Vollmitgliedern und 100 Kandidaten bestand, soll in Zukunft 200 Vollmitglieder und 70 Kandidaten haben. Darüber wird auf dem Parteikongreß entschieden werden. Zu den wichtigen Entscheidungen, die jeder Parteitag zu treffen hat – alle fünf Jahre das ZK zu wählen und über das Regierungsprogramm abzustimmen –, kommt diesmal noch die Aufgabe, die Struktur der Partei neu festzulegen und die bisher eingeführten Reformen zu bestätigen. Die Grundkonzeption lautet, die Partei soll mehr Kontrollfunktion haben und weniger Entscheidungsbefugnisse, denn die Devise heißt jetzt: Dezentralisierung.

Angesichts dieser wachsenden Zahl von unbekannten Faktoren, die vieles, was bisher von den Parteifunktionären so sicher geordnet werden konnte, dem »Zufall« des Volkswillens überläßt, kann man die besorgte Unruhe der Sowjets verstehen. Wenn sie gekonnt hätten, hätten sie der Erneuerung sicherlich gleich zu Beginn Einhalt geboten – aber auch Großmächte können eben nicht immer so, wie sie möchten.

Wie war soviel Wandel überhaupt möglich? Möglich gemacht wurde er allein durch die Arbeiterbewegung, also die freie Gewerkschaft *Solidarität*. Und diese wiederum ist das Ergebnis einer ganzen Kette von Ereignissen gewesen, deren erstes Glied die blutigen Unruhen vom Dezember 1970 waren. Damals schwor Gierek, der Gomulkas Erbschaft antrat, daß nie wieder Polen auf Polen schießen werden – ein Schwur, den auch die nächste Führungsgeneration, Kania und Jaruzelski, entschlossen ist zu beherzigen.

Dann begannen 1976 die Unruhen in der Warschauer Traktorenfabrik »Ursus« und in Radom, als deren Konsequenz KOR, das »Komitee zur Verteidigung der Rechte der Arbeiter«, gegründet wurde. Dies war ein wichtiger Meilenstein, weil sich nun die Intellektuellen mit den Arbeitern verbanden und der Bewegung eine geistige Direktion und die politische Substanz gaben. Viel Gedanken- und Erziehungsarbeit ist damals geleistet worden.

Schließlich wurde 1978 der Krakauer Kardinal zum Papst gewählt; diese Verbindung Polens mit einer der großen geistigen Traditionen der Welt gab dem Land das Selbstbewußtsein wieder.

Als der Papst im Sommer 1979 nach Warschau kam, auf dem großen Platz vor der Oper eine Messe zelebrierte und eine Ansprache hielt, beschloß er diese mit den Worten: »Möge der Heilige Geist das Antlitz dieser Erde erneuern ...« Pause, und dann noch einmal: »dieser Erde«. Da wußte jeder Pole, sagte mir einer von ihnen, daß dies der Auftrag war, Polen geistig zu erneuern.

Die *Solidarität*, die sich im Spätsommer vorigen Jahres auf der Lenin-Werft in Danzig spontan gebildet hat, die aber das

Produkt eines langen Reifeprozesses ist, hat in einem im Februar 1981 veröffentlichten umfangreichen Themenpapier ihre Grundvorstellungen dargelegt: »Wir werden die Rechte des Menschen, des Bürgers und Arbeiters verteidigen ... Deshalb werden wir nach gesellschaftlicher Mitwirkung an den öffentlichen Entscheidungen und an der Kontrolle der Macht streben.« Als Grundwerte werden genannt: die polnischen Traditionen, die ethischen Grundlagen des Christentums, der politische Auftrag der Demokratie und der sozialistische Gedanke der Gesellschaft.

Bei der Analyse der wirtschaftlichen Lage werden als Fehlerquellen diagnostiziert: »das strukturelle Ungleichgewicht zwischen Schwerindustrie auf der einen Seite, Konsumgütern sowie Landwirtschaft auf der anderen«, ferner »das Regieren der Wirtschaft durch administrative Anordnungen, was dem Einzelunternehmen keine Möglichkeit zu vernünftiger Wirtschaftsentscheidung gab und unmäßige Verschwendung zur Folge hatte«. »Es entstand«, heißt es weiter, »eine abgekapselte, unkontrollierte, persönliche Ziele verfolgende Klasse von Regierenden ..., die 1976 die fälligen Reformen und Maßnahmen zur Gesundung der Wirtschaft verhinderte.« Schlußfolgerung: »Eine Wirtschaftsreform ohne tiefgreifende Reformen und Erneuerung des Umgangs und der Verwaltung der Macht hat keine Erfolgsaussicht.«

Die *Solidarität* fordert als allerwichtigste Maßnahme: Einschränkung der Bürokratie, Dezentralisierung der Entscheidungen und eine umfassende, radikale Preisreform, wobei die »Funktionsfähigkeit des Marktes« postuliert wird; und sie spricht auch von einem »Angebot zur Mäßigung bei der Lohnpolitik im Jahre 1981«.

Tatsächlich hat man mit der Reform gerade in diesen Tagen begonnen. Als erstes wurde die Vielzahl der Ministerien – es gab über 40 – reduziert: Aus neun von ihnen wurden fünf gemacht. Ich war vorige Woche im Parlament, als die erste Lesung des Gesetzes über die größere Selbstverantwortung der Betriebe auf der Tagesordnung stand und der neue Chef der Plankommission Madej den Zustandsbericht über die Wirtschaft abgab. Danach war im Mai die Industrieproduktion um 18 Prozent niedriger als im gleichen Monat des Vorjahres. Madei sagte, wenn nicht mehr gearbeitet werde und »wenn nicht sofort, noch heute, mit der Reform begonnen wird, kann uns nichts vor der Katastrophe, vor einem totalen Zusammenbruch retten«.

Der Außenstehende wundert sich, daß unter diesen ja nicht erst gestern entdeckten Umständen die Reformen während der letzten zehn Monate nicht energischer angepackt worden sind. Aber in Polen, das eine Generation lang von Bürokraten regiert wurde, ist der Widerstand dieser Bürokraten, sich selbst abzuschaffen, natürlich riesig.

Immerhin ist am 1. Juli das Gesetz über die Verselbständigung des Handwerks und der Privatgeschäfte in Kraft getreten. Danach dürfen Klempner, Tischler, Fleischer, Bäcker, Schuster, Schneider fast uneingeschränkte Initiative entfalten. Auch wurden gleichzeitig »zusätzliche Maßnahmen zur Ankurbelung der landwirtschaftlichen Produktion« beschlossen – das Einkommen der Bauern erhöht sich um rund 30 Prozent, wie mir der Landwirtschaftsminister sagte.

Einen wirklichen Markstein in der Entwicklung stellt das Gesetz über die Verselbständigung der Unternehmen dar. Dies wurde mir in Danzig besonders deutlich. Ich besuchte dort den Direktor der Lenin-Werft, die wir in den Tagen des Streiks der *Solidarität* allabendlich im Fernsehen gesehen haben. Direktor Gniech ist ein imponierender Mann, der übrigens fließend Deutsch spricht, weil er als Student ein Jahr auf der Deutschen Werft in Hamburg gearbeitet hat. Daß er nach dem langen Streik, der ganz Polen verändert hat, Direktor geblieben ist, beweist am besten seine Qualität.

Mit großer Genugtuung berichtet er, daß die Produktion auf der Werft – der größten in Europa: 16 000 Arbeiter, 20 Schiffe im Jahr – in den ersten sechs Monaten von 1981 im Vergleich zum ersten Halbjahr 1980 um zehn Prozent gestiegen ist. Die Arbeiter seien stolz auf ihre Leistung, und jetzt, da sie mehr Selbständigkeit haben, anders motiviert als früher. Die Produktion geht zu gleichen Teilen nach Ost und West.

»Wieviel Zulieferung aus dem Westen brauchen Sie denn?« – »Rund 20 Prozent.«

»Und welche Kapazitätsausnutzung haben Sie?« – »100 Prozent.«

Ich staune, denn allenthalben heißt es, nur 50 bis 60 Prozent Ausnutzung seien möglich, weil die Devisen fehlen, um oft nur ein winziges Teil aus dem Ausland zu beschaffen. Der Direktor lächelt verschmitzt: »Ja, man muß sich zu helfen wissen.« Offenbar hat auch er mehr Selbständigkeit bekommen und Absprachen mit den ausländischen Reedern getroffen. Man kann sich also vorstellen, wie rasch dann doch ein Aufschwung kommen könnte, wenn erst einmal alle Manager selbständig sind.

»Die Sache mit den Devisen ist gut zu verstehen, aber warum wird denn so wenig Kohle gefördert? Dafür braucht man doch keine Devisen«, fragte ich einen der Sachverständigen, die an der Wirtschaftsreform mitarbeiten. Seine Antwort: »Früher arbeiteten die Bergleute sechs Tage in vier Schichten, und eine Extraschicht am Sonntag – heute nur fünf Tage mit drei Schichten.«

»Aber warum lassen Sie zu, daß in diesem Jahr 40 Millionen Tonnen Kohle weniger gefördert werden, das verärgert doch Ihre Vertragspartner in Ost und West. Und außerdem büßen Sie Milliarden Dollar Exporterlös ein.«

»Weil die Bergarbeiter sich weigern, mehr als fünf Tage zu arbeiten. Sie sagen, wir sind jahrelang ausgebeutet worden, die Versorgung ist unzulänglich und schlechter, als sie vor 30 Jahren war; wir sind erst dann bereit, mehr zu arbeiten, wenn das Ganze so organisiert wird, daß es garantiert aufwärtsgeht. Wir haben es satt, mit Versprechungen hingehalten und betrogen zu werden.«

Tatsächlich gibt es jetzt nicht einmal mehr Zigaretten und Bier, wonach der Bergmann als erstes greift, wenn er nach sieben Stunden Untertagearbeit wieder ans Tageslicht kommt. Zigaretten gibt es nicht, obgleich Papier und Tabak vorhanden sind, weil die Klebe fehlt. Das Ausmaß der Wirtschaftskatastrophe in allen konkreten Auswirkungen ist kaum vorstellbar. Es mangelt an allem. Augenblicklich gibt es beispielsweise keine Streichhölzer; vor Kosmetikläden stehen lange Schlangen: Seife ist Mangelware, auch Zahnpasta. Von Lebensmitteln ganz zu schweigen.

Ich besuchte bei der *Solidarität* einen der nach Walesa wichtigsten Männer, einen früheren Abgeordneten. Er sah unglaublich elend und abgespannt aus. »Wir sind alle sehr müde«, sagte er beiläufig. Und später, beim Abschied: »Wissen Sie, wenn ich nicht Pakete bekommen hätte, würde ich diese Zeit wohl nicht überstanden haben.« Man schämt sich wirklich: Solche Zustände ein paar hundert Kilometer von unserem Überfluß entfernt. Die monatelange Anspannung, nächtelange Diskussionen, die Sorge, was wird, hat viele Leute zermürbt; dazu das tagtägliche stundenlange Anstehen.

Die wirtschaftliche Lage Polens schien mir immer viel gefährlicher als die politische, und das fand ich jetzt wiederum bestätigt. Man kann sich überhaupt nicht vorstellen, wie die Grundlage von allem, das Preissystem, das sich in einem chaotischen Zustand befindet, zurechtgerüttelt werden kann. Eine Kommission und ungezählte Gruppen ökonomischer Experten zerbrechen sich seit Monaten den Kopf darüber.

Es gibt Preisverzerrungen, die einfach absurd sind. Ein ordentlicher Professor verdient 19 000 Zloty im Monat (offizieller Umrechnungskurs 1 DM = 14 Zloty). Mein Zimmer im Hotel *Victoria* kostet pro Nacht 3060 Zloty. Da kann man noch sagen: »Die Fremden sollen ruhig blechen.« Aber gar keinen Sinn macht es, daß ein Kilogramm Grieß 5 Zloty, ein Kilo Zucker 10 Zloty und ein Brief ins Ausland 8 Zloty kosten. Für 1,5 Zloty, also 10 Pfennig, fährt man seit Jahren mit dem Bus quer durch ganz Warschau, obgleich das Benzin mittlerweile zehnmal so teuer geworden ist.

Die Polen sind geduldig, und wenn die Voraussetzungen dafür gegeben sind, auch sehr tüchtig – der Wiederaufbau von Warschau und Danzig ist Zeugnis dafür. Das Prokrustes-Bett des marxistischen Dogmas hat sie und ihre Wirtschaft in grotesker Weise verstümmelt. Vielleicht aber bietet dieser totale Zusammenbruch bessere Aussichten auf Rettung als die bisherigen halben Katastrophen, denn diesmal treten alle ideologischen Bedenken im Bereich der Wirtschaft zurück.

An Polen
scheiden sich die Geister

Wer richtet mehr Schaden an – die Idealisten
oder die Pragmatiker?

Hamburg, im Januar 1982

Was für ein erbärmlicher Maßstab: Seit Wochen wird die Moral der westlichen Nationen und das Mitgefühl, das ihre Bürger für die Polen empfinden, an der jeweiligen Lautstärke der verbalen Proteste gemessen – als ob es auf die Phon-Stärke ankomme. Längst hat sich die eigentliche Ursache der Empörung in einem Gewirr nationaler Sonderinteressen oder parteipolitischer Zänkereien verloren, so daß das Wichtigste, die Frage, auf welche Weise man den leidgeplagten Menschen in Polen am ehesten nutzen kann, ganz in Vergessenheit geraten ist.

Ursprünglich lautete die Frage: Nützt man ihnen, indem man versucht, die Militärregierung in Warschau und den dahinterstehenden großen Bruder in Moskau durch Sanktionen unter Druck zu setzen, oder hält man diese beiden kommunistischen Zentren nicht für deckungsgleich und bemüht sich darum, sie nicht in eine Front zusammenzudrängen?

Die erste Auffassung entspricht einer sehr gesunden moralischen Reaktion: Wo Menschenrechte grob verletzt werden – noch dazu, wenn es um Freunde geht –, da muß man einspringen und alles tun, was irgend möglich ist. Die Alternative hierzu geht von der Erfahrung aus, daß man mit Druck und Sanktionen sehr wenig auszurichten vermag, und von der Überlegung, daß man durch Aufrechterhalten der Kontakte unter Umständen mehr erreichen kann als durch den Abbruch aller vorhandenen Beziehungen und erneute Auslieferung an den Kalten Krieg.

Stehen wir hier also vor dem Dilemma Menschenrechte oder Pragmatismus? Max Weber hat dieses Dilemma durch die Typisierung *Gesinnungsethik* und *Verantwortungsethik* definiert: Der Gesinnungsethiker reagiert auf eine Verletzung der Menschenrechte so automatisch wie die Feuerwehr auf einen Notruf; der Verantwortungsethiker muß die Eignung der Mittel prüfen, das Prinzip der Verhältnismäßigkeit bedenken wie auch den voraussichtlichen Ausgang des Ganzen. Es läßt sich nicht behaupten, daß die eine Version moralischer ist als die andere, denn der Gesinnungsethiker, der stolz auf seine weiße Weste weist, richtet unter Umständen viel mehr Unheil an als der Verantwortungsethiker, der das Odium auf sich nimmt, nicht direkt, sondern indirekt moralisch zu handeln.

Man kann durchaus darüber streiten, wer in der Geschichte mehr Schaden angerichtet hat, die Idealisten oder die Pragmatiker. Im Bereich der Politik ist ein gewisser Pragmatismus jedenfalls unerläßlich, was nicht etwa heißt, daß man in diesem Bereich ohne Moral auskommt. Politik ohne Moral führt stracks zu Opportunismus und Zynismus und bewirkt den Zerfall von Staat und Gesellschaft.

Im Falle Polens hat Präsident Reagan mit voller Lautstärke reagiert. Er ließ die Lebensmittelzufuhr sperren und Sanktionen auch gegen die Sowjetunion einführen. Er sagte, er habe sehr an sich halten müssen, um die Polen nicht zum Widerstand aufzurufen – ein Ausspruch, der viel menschliche Anteilnahme und wenig politisches Gespür zum Ausdruck bringt. Man fragt sich, was wohl geschehen wäre, wenn die Polen sich tatsächlich aus dem Warschauer Vertrag gelöst hätten, was zwangsläufig zu einer Destabilisierung des Gleichgewichts der Welt führt – eine Entwicklung, die gewiß die Russen nie zulassen würden. Das wäre wirklich der Krieg, und dann würde noch einmal wie 1944 beim Warschauer Aufstand die Stadt zerstört und die Elite des Volkes geopfert.

Die Franzosen, die ähnlich wie die Amerikaner reagieren, zählen voller Stolz, wie viele Bürger bei ihnen für Polen demonstrieren, und weisen mit vorwurfsvollem Unterton darauf hin, daß es in der Bundesrepublik, die doch 300 000 Leute auf die Beine brachte, als es um den Frieden ging, jetzt nur 10 000 waren. Die Deutschen haben es wirklich schwer: Erst wurden sie wegen ihrer Demonstrationen für den Frieden als Neutralisten verdächtigt, und jetzt, wo sie nicht mehr demonstrieren, sondern Pakete schicken, ist es auch wieder nicht recht.

In der Bundesrepublik finden in der Tat keine lautstarken Demonstrationen statt, aber in Schulen, Gemeinden, Privathäusern, überall werden Lebensmittel und Kleidungsstücke zusammengepackt: Jeden Tag reisen 10 000 Pakete nach Polen. Insgesamt sind bisher private Spenden in Höhe von etwa 100 Millionen D-Mark aufgebracht worden. Bundeskanzler Schmidt und Außenminister Genscher haben sich bislang mit Erfolg gegen Sanktionen gewehrt, weil sie in der Sache nichts bewirken, das politische Klima aber vergiften. Der ehemalige stellvertretende US-Außenminister George Ball verglich die Wirkung der Sanktionen gegen Rußland mit Reißnägeln, die man einem Elefanten in die Haut pikt.

Merkwürdigerweise lernt kein Präsident aus den Erfahrungen seiner Vorgänger, daß eine totale Abschottung nicht durchzuhalten ist. Nach dem sowjetischen Überfall auf Ungarn 1956 hatte Präsident Eisenhower alle Kontakte zu den Russen abgebrochen, mußte sie aber schon nach wenigen Monaten wieder aufnehmen. Präsident Johnson sagte 1968 nach den Ereignissen in Prag seine Reise nach Leningrad zur Eröffnung der SALT-Gespräche ab, aber vor Ablauf eines Jahres wurden die Beziehungen wieder normalisiert und die Entspannungspolitik aus der Taufe gehoben. Präsident Carter reagierte auf die Invasion Afghanistans noch schärfer: Er brach sämtliche Beziehungen ab, ließ die Olympiade in Moskau boykottieren und stellte die Getreidelieferungen an die Sowjetunion ein. Präsident Reagan aber nahm die Getreidelieferungen wieder auf, weil der Lieferstopp seinen Farmern mehr Schaden zufügte als den Russen.

Offenbar finden also auch in Reagans Washington moralische Reaktionen an Nützlichkeitserwägungen ihre Grenze. Die Erregung über die Menschenrechtsverletzungen in Polen – die ohne Zweifel empörend sind – wären nur dann wirklich überzeugend, wenn sie nach allen Himmelsrichtungen hin praktiziert würden. Aber von Verbrechen gegen die Menschlichkeit in Südafrika und Zentralamerika wird in Washington keine Notiz genommen, und auch von Südkorea sprach in diesem Zusammenhang lange Zeit niemand.

Helmut Schmidt steht wegen seiner Ablehnung der Sanktionen unter heftigem Beschuß, obgleich der Krakauer Kardinal Macharski zusammen mit Vizepremier Barcikowski soeben in einem Kommuniqué erklärt hat, daß Wirtschaftssanktionen die Überwindung der Krise nur erschweren und die Rückkehr zum Prozeß der Erneuerung entscheidend behindern. Bürger unseres Landes, die Polens tragische Geschichte kennen und sich noch vor zehn Jahren nicht hätten vorstellen können, daß Bonn die einzige Hauptstadt ist, in der die Polen Hilfe suchen, sind froh, daß unsere Regierung den Zorn über die Russen nicht an den Polen ausläßt. Die leiden ohnehin genug – physisch und auch seelisch: Es gibt gewiß keinen polnischen Offizier, der die tausendfältigen Morde des sowjetischen NKWD an seinen Kameraden in Katyn vergessen hätte.

Wie lange Bonn diese Einstellung wird durchhalten können, steht dahin. Bisher hat der Bundeskanzler sich an der Einstellung des Vatikans orientiert, der die unübersichtliche Lage in Polen wahrscheinlich noch am ehesten beurteilen kann. Aber seit die Militärregierung Loyalitätserklärungen erpreßt, Säuberungen in Presse, Funk und Fernsehen durchführt und immer neue Verhaftungen vornimmt, wird auch die Kirche immer kritischer, ungeachtet gewisser Erleichterungen, die nach und nach gewährt worden sind.

Niemand weiß, wohin die Entwicklung geht. Das ist gerade das Gefährliche an der Situation, daß niemand ein Konzept hat. Als General Jaruzelski sich entschloß, der Entwicklung, die die *Solidarität* in Gang gebracht hatte, ein Ende zu setzen, hatte er nur für die schlagartige Einführung des Kriegsrechts und die Verhaftungen der führenden Intellektuellen und Gewerkschaftler einen präzisen Plan. Wann sie wieder freigelassen werden sollen, wie die Wirtschaft vor dem endgültigen Zusammenbruch gerettet werden kann, welche Institutionen reformierbar und welche Reformen konservierbar sind – dies alles ist nicht festgelegt, offenbar nicht einmal bedacht worden.

Und als die *Solidarität* im August 1980 durch den Machtverfall der Partei in jenen Reformprozeß gedrängt wurde, der schließlich im Kriegszustand endete, hatte sie ebenfalls kein Konzept. Korruption, Bonzentum und Fehlplanung hatten zur Stagnation der Wirtschaft und zur Verknappung aller Waren geführt. Dagegen begannen die Arbeiter sich aufzulehnen. Ohne einen bestimmten Plan sprangen sie gewissermaßen von Stein zu Stein in dem immer rascher dahintreibenden Fluß. Als sie die *Solidarität* gegründet hatten, verlangten sie zuerst mehr Freiheit, bald auch mehr Verantwortung, dann anstelle der handlungsunfähigen Partei die Kontrolle über Wirtschaft und Verwaltung und schließlich die Führung in der Gesellschaft. Das Vakuum, das der moralische Zusammenbruch der Partei hinterließ, und der zunehmende Erwartungsdruck der Gewerkschaftler beschleunigten das Tempo dieses Prozesses schließlich derart, daß niemand mehr zu steuern vermochte.

Die Situation ist heute sehr ähnlich – nur daß der Elan eines Neubeginns, der die Solidarität beflügelte und der vielleicht zu einem wirtschaftlichen Aufschwung hätte führen können, tiefer Erbitterung und Resignation gewichen ist. Waren bisher Kirche und Armee die einzigen Institutionen, die noch intakt waren, so muß man annehmen, daß inzwischen das Vertrauen in die Armee auch noch verschlissen worden ist. Was aber macht ein kommunistischer Staat, in dem nur noch die Kirche funktionsfähig ist?

Die Lage in Polen ist ungemein gefährlich. Alles ist möglich. Darum ist Behutsamkeit vonnöten, lautstarke Aufgeregtheit ist von Übel.

»Nach dem Krieg« – wann wird das sein?

Polen schwebt und stürzt nicht,
weil so viele Kräfte gegeneinander wirken

Warschau, im März 1982

»Waren Sie seit dem Krieg schon einmal in Warschau?« fragte mich ein alter polnischer Bekannter, den ich zufällig in der Halle vom Hotel *Europeiski* traf. Ich sah ihn ganz erstaunt an: »Aber wir haben doch im vorigen Jahr hier in diesem Hotel zusammen zu Mittag gegessen?«

»Nein, ich meine natürlich seit dem 13. Dezember.«

»Ach so …« Ich begriff und habe mich inzwischen daran gewöhnt: »vor dem Krieg« heißt vor der Erklärung des Kriegszustands. »Im Krieg« ist heute, und wann man »nach dem Krieg« sagen wird, das weiß kein Mensch. Man weiß nur, daß die amerikanischen Sanktionen diesen Zustand ganz gewiß nicht herbeizaubern werden, sondern geeignet sind, ihn um ein beträchtliches hinauszuzögern. »Wir waren noch nie so abhängig von Moskau, das heißt, noch nie so einseitig auf die Sowjetunion angewiesen wie seit den amerikanischen Sanktionen«, meinte ein erfahrener, alter Journalist.

Gleich nach Ankunft in Warschau besuchte ich einen befreundeten früheren Abgeordneten, um erst einmal etwas über das Schicksal gemeinsamer Freunde und Bekannten zu erfahren. Sein Bericht: »Stefan Kisielewski war gerade in Paris und ist dort geblieben. Stanislaw K. ist offenbar untergetaucht. Mazowiecki (Chef der Solidaritäts-Zeitung) ist interniert; Bartoszewski (Generalsekretär des polnischen PEN-Zentrums) auch. Beide sind im Prominentenlager nicht weit vom ehemaligen Köslin.«

»Und was hört man von ihnen?«

Mit der typisch polnischen Freude an Satire und Ironie: »Marzowiecki, der im letzten Jahr am Ende seiner Kraft war, hat endlich Zeit zum Ausschlafen: Um 10 Uhr wird das Licht gelöscht, um 7 Uhr gibt's Frühstück. Und für Bartoszewski hat der Kulturminister sich ein Bein ausgerissen. Er wollte ihn unbedingt freilassen, aber Bartoszewski will seine Kollegen nicht im Stich lassen. Selbst ein Kulturminister, der General ist, kann eben nicht einfach Befehle erlassen.«

»Sind denn die Umstände, unter denen die dort leben, einigermaßen erträglich?«

»Sie dürfen lesen, schreiben und zweimal im Monat Besuch empfangen, sind zu dritt in einem Zimmer und fallen sich natürlich auf die Nerven. Die Priester, die sie besuchen, berichten, daß einige nachdenklich geworden sind, die meisten aber noch kompromißloser wurden, als sie ohnehin schon waren, und vor allem noch zorniger.«

Die Intellektuellen, deren Kollegen interniert wurden, sind in ihrer Mehrzahl gegen das Regime, das, wie alle Militärregimes, ohne politisches Gespür ist und sich merkwürdig linkisch verhält. So werden, ohne daß dies irgendeinen Nutzen bringt, Tausende vergrätzt, indem man ihnen schriftliche Loyalitätsverpflichtungen abnötigt oder sie dem sogenannten Verifizierungsverfahren unterwirft, bei dem sie vor einer Kommission aussagen müssen, wie sie zur *Solidarität* standen, was sie heute denken und so fort.

Wojciech Zukrowski, ein Schriftsteller mittelmäßiger Qualität, der es vor einiger Zeit wagte, für die Militärregierung einzutreten, fand am Tag darauf vor seiner Haustür Stöße seiner Bücher, die empörte Leser dort abgelegt hatten. Der Schauspieler Janusz Kosinski, der in einer Fernsehshow für die Militärregierung Stellung genommen hatte, wurde Abend für Abend durch ununterbrochenen Beifall so irritiert, daß er sich schließlich gezwungen sah, seine Rolle aufzugeben. Und gerade in diesen Tagen, da das Kriegsrecht drei Monate alt wurde, fand in der Oper während der Aufführung von »Troubadour« eine Protestaktion statt. Der Hauptsänger, Leonard Mroz, der der Kollaboration beschuldigt wird, weil er im vorigen Monat bei einer Veranstaltung der polnisch-sowjetischen Freundschaftsgesellschaft aufgetreten ist, wurde von etwa 100 Anwesenden durch ständiges Klatschen, Lachen und Pfeifen derart gestört, daß der Dirigent schließlich für kurze Zeit unterbrechen mußte. Aber die Sicherheitskräfte wagten nicht, irgend jemand festzunehmen.

Das Bild der Stadt hat sich seit dem vorigen Jahr enorm verändert. Daß an manchen Straßenkreuzungen drei Uniformierte stehen – manchmal Soldaten, manchmal Miliz –, die auch gelegentlich einen Ausweis sehen wollen, ist nicht einmal das, was am meisten in die Augen springt; die größte Veränderung ist das, was man nicht sieht oder nur noch ganz selten: die Schlangen vor den Lebensmittelläden. Inzwischen ist ein Coupon-System eingeführt worden, das so funktioniert wie halt Markensysteme zu allen Zeiten funktioniert haben. Hier und heute: 2½ kg Fleisch pro Person im Monat, für körperlich Arbeitende 4 kg; ferner für jeden ½ kg Butter und ½ kg Speck oder Öl ... Man ist bei einem bestimmten Fleischer oder einem bestimmten Milchladen eingetragen, so daß das Anstehen entfällt.

Ein unbefangener Beobachter merkt zunächst kaum etwas vom »Krieg«: Weniger Autos, keine Fremden, das ist, so scheint es auf den ersten Blick, die einzige Veränderung. Ich bin mit einem Bündel Zeitungen eingereist: *Spiegel, Stern,* Tageszeitungen, niemand nahm Anstoß daran. Eine polnische Bekannte erzählte mir folgende Geschichte: Ihr Freund kommt aus dem Ausland zurück. Der Zöllner veranlaßt ihn, seinen Koffer zu öffnen und wühlt darin herum. Dann deutet er auf den Aktenkoffer: »Den auch ...« – »Ich kann ihn nicht aufmachen.« – »Sie sollen ihn öffnen!« – »Ich kann nicht.« Der Zöllner ärgerlich: »Warum nicht?« – »Weil *Stern* und *Spiegel* drin sind, und ich will nicht, daß Sie sie mir wegnehmen.« Der Zöllner nickt und läßt ihn passieren. Es ist eben schwer, in Polen ein autoritäres System zu etablieren.

Ob es nicht doch eine große Verbesserung sei, daß man nicht mehr stundenlang anstehen muß, fragte ich Freunde, bei denen ich zu Gast war. Die mißmutige Bestätigung kam sehr zögernd und betraf, wie mir schien, nicht nur den Ärger über die inzwischen um ein Vielfaches erhöhten Preise. »Was ist denn im Alltag der Hauptunterschied zwischen vor dem Krieg und heute?« Antwort: »Die Einschränkung der Bürgerrechte, also daß ich ohne Grund angehalten werden kann, daß ich gewärtigen muß, auf Befehl meine Tasche zu öffnen, daß jeder, der sich über mich geärgert hat, einen anonymen Brief schreiben kann und ich daraufhin vernommen, vielleicht verhaftet werde, daß noch immer über 3000 Leute interniert sind, daß die Presse rigoros zensiert wird, und so weiter und so weiter.«

In der Presse ist die Veränderung in der Tat besonders augenfällig. Während der 15 revolutionären Monate war sie praktisch so frei wie in irgendeinem westlichen Land. Daß dies in einem Mitgliedstaat des Warschauer Pakts auf die Dauer nicht so bleiben würde, war vielen klar. Aber nun ist im Gegensatz zu anderen Gebieten, auf denen fortschrittliche Gesetze beschlossen wurden, der Rückfall bei den Zeitungen wirklich total. Auch vor 1956 kann es nicht schlimmer gewesen sein.

Etwa 2000 Journalisten sind landesweit in dieser oder jener Weise gemaßregelt worden, wie ich vom Vorstand des soeben zwangsweise aufgelösten Journalistenverbandes erfuhr. Und von diesen 2000 sind 800 entlassen worden. Das bedeutet, daß diese je nach Dienstalter noch für ein bis drei Monate ihr Gehalt bekommen und dann ohne Aussicht, in ihrem Beruf wieder Beschäftigung finden zu können, auf der Straße sitzen.

Was die allabendlichen Fernsehnachrichten anbetrifft, kann es nicht wundernehmen, daß sie auf die pfiffigen, zur Persiflage neigenden Polen grotesk wirken: immerfort Manöver, eilfertig hin- und herflitzende Soldaten, Kanonen, Mündungsfeuer, Rauch, Militärmusik, Folklore, Sport. Eine diesbezügliche Bemerkung zu Major Gornicki, dem engsten Mitarbeiter des Generals, veranlaßt diesen zu einer hilflosen Gebärde zustimmender Verzweiflung. Chef des Fernsehens und der Medien ist nämlich das Politbüro-Mitglied Olszowski, bekannt als Harter.

Zwischen Jaruzelski und der Partei gibt es eben auch Spannungen, und innerhalb der Partei ebenfalls – was zum Kummer der Führenden und zur Befriedigung der Geführten die Effizienz des Systems auf mannigfache, allerdings meist unberechenbare Weise beeinträchtigt. Doch ist dies – und das ist wichtig – wohl nur auf der oberen Führungsebene so. Weiter unten sind sich

Militär und Partei ganz einig darin, daß jede Veränderung von Übel ist und Ordnung an erster Stelle zu stehen hat.

Die Arbeiter, die in manchen Betrieben zu 100 Prozent in der *Solidarität* waren, sind in Opposition und haben dies in einigen Städten auch zum Ausdruck gebracht, aber daß offenbar auch die ganze Jugend dem Militärregime mit Haß und Empörung gegenübersteht, nicht auf Gewalt und Terrorismus sinnend, aber mit Flugblättern, Karikaturen und vielfältigen Unmutsäußerungen, war in dem Maße nicht zu erwarten. Die Schüler sind darin oft noch engagierter als die Studenten. Diese Jugend, die bis zum Überdruß mit Filmen gefüttert wurde, die die Helden der Résistance gegen die Nazis verherrlichten, will nun in bezug auf Widerstand und Heldentum nicht zurückstehen. Überhaupt darf man nicht vergessen, daß der nationale Mythos der Polen »Aufstand« heißt.

Die Augen verklären sich, wenn sie vom November-Aufstand gegen die Russen (1831/32) oder vom Januar-Aufstand gegen die Russen (1863) sprechen. Kein Patriot im Geschichtsbuch, der sich nicht irgendwann einmal gegen den jeweiligen Zwingherrn erhoben hätte. Ein junges Mädchen behauptete, alle ihre Altersgenossen hätten resigniert und wollten auswandern, weil sie in Polen doch keine Zukunft hätten. Diese Aussage schien mir angesichts des jugendlichen Engagements höchst zweifelhaft, darum fragte ich: »Wenn Sie drei Dinge nennen sollten, die den meisten von euch wirklich wichtig sind, was wäre es?« Die Antwort, die mich vor Neid erblassen ließ: »Heimat, Freiheit, Ehre.«

Geschichten, die mir aus Lehrerkreisen berichtet wurden und die verbürgt sind, geben ein Bild von der Situation in den Schulen. Die erste Geschichte: In einem Gymnasium ist ein Primaner, der Kernsprüche der *Solidarität* auf dem Korridor an die Wand pinselte, geschnappt worden. Die Direktorin, offenbar ein begeistertes Mitglied der Parteikader, ruft in ihrer Erregung die Sicherheitspolizei an. Zwei Milizionäre kommen, untersuchen die Mappe des Jungen, finden Flugblätter, legen ihm daraufhin Handschellen an und nehmen ihn mit. In der Pause trommeln die Klassenkameraden ihre Mitschüler zusammen, versammeln sich unter der Gedenktafel für die Gefallenen und singen: »Noch ist

302

Polen nicht verloren.« Am darauffolgenden Sonntag betet der Pfarrer in der Gemeindekirche für die Denunziantin, es möge ihr vergeben werden. Und Happy-End: Der Schüler kommt nach zwei Tagen zurück und ist seither der Held der Schule.

Zweite Geschichte: In einer Berufsschule spricht die Lehrerin im Unterricht, der sich mit dialektischem Materialismus befaßt, über die kraftspendende Rolle der Partei. Ein Schüler steht auf und sagt: »Das ist nun nachgerade langweilig.« Die Lehrerin wütend: »Wen das langweilt, der kann ja gehen.« Daraufhin erhebt sich die ganze Belegschaft, verläßt die Klasse, und die Lehrerin bleibt allein zurück.

Dritte Geschichte: Als ein Lehrer morgens seine Klasse betritt, bemerkt er, daß alle schwarze Schlipse angelegt haben. Mißbilligend rümpft er die Nase: »Was soll der Unsinn?« Der Klassenälteste steht auf und sagt: »Aber Herr Professor, gestern ist doch Genosse Suslow gestorben ...«

Zwei Dinge haben mich in Polen sehr überrascht. Ich wußte nicht, daß in den letzten neun Monaten so viele neue Gesetze beschlossen worden sind, die im Grunde alle auf den Reformvorstellungen der *Solidarität* beruhen. Auch hatte ich nicht erwartet, daß der Zorn der Bürger sich fast ausschließlich gegen das Regime richtet und nicht gegen dessen Personifizierung, den allmächtigen General.

Gegen General Jaruzelski persönlich haben im allgemeinen selbst seine Feinde offenbar nichts vorzubringen. Er sei kein Ideologe, habe wahrscheinlich die Macht nicht gesucht, sondern nur das Schlimmste verhüten wollen, heißt es. Die Mehrzahl der Menschen, die ich gesprochen habe, halten die Version für zutreffend, daß nicht Moskau am 13. Dezember die Initiative ergriffen habe, sondern die Polen selbst. Übrigens sei während der ganzen Zeit der Druck der unmittelbaren Nachbarn stärker gewesen als der Moskaus.

Als im höchsten Gremium, dem siebzehnköpfigen Staatsrat, in der Nacht zum 13. Dezember über die Verhängung des Kriegszustandes abgestimmt wurde, gab es nur einen, der dagegen stimmte, Ryszard Reiff, der Vertreter der *Pax,* ein allenthalben sehr angesehener Professor, enthielt sich der Stimme. Aber auch er hält Jaruzelski für einen integren Ehrenmann; er kenne Jaruzelski seit 20 Jahren, duze sich mit ihm und habe nie einen Fehl an ihm entdeckt, sagte er mir.

Wenn man dem General gegenübersitzt, wirkt er etwas gelöster, als man ihn vom Fernsehschirm her kennt. Er spricht mit leiser Stimme, tendiert zum Monologisieren und ist betont liebenswürdig. Er empfing mich nicht an seinem eigentlichen Sitz, dem überaus feierlichen Staatsrat, wo ich am Tag zuvor den Vizepremier und früheren Kollegen Rakowski besucht hatte, sondern im ZK, einer riesigen, düsteren Zwingburg.

Unvergeßlich der Vorraum zu seinem dortigen Arbeitszimmer: ein verhältnismäßig schmaler Schlauch mit ungezählten Haken an der Wand, wie sie in einem Klassenzimmer üblich sind. An einem Haken hing ein Militärmantel, darüber eine Mütze, darunter stand auf dem Fußboden eine Aktentasche. Alle anderen Haken in der langen Reihe waren leer: So könnte ein Film beginnen, der Einsamkeit und Verlorenheit darstellt, mußte ich denken.

Tatsächlich hat dieser schmächtige, scheue, undurchsichtige Mann theoretisch mehr Macht als irgendein anderer Politiker in dieser Welt. Er ist Chef des Militärrats, Erster Sekretär der Kommunistischen Partei, Premierminister und Verteidigungsminister. Aber praktisch? Gewiß, er hat die Armee hinter sich und auch den Segen Moskaus, wie sich unlängst bei seiner Reise zeigte. Aber was nützt alle Macht, wenn man das Volk gegen sich hat, noch dazu, wenn es sich um Polen handelt?

Kann man, so fragte ich ihn, das Ziel der Regierung – eine nationale Erneuerung oder gar Errettung – erreichen, wenn alle Schriftsteller und Künstler sowie viele Akademiker, die doch vereint den Geist der Nation verkörpern, grollend abseits stehen? Da es ein Privatgespräch und kein Interview war, kann ich die Antwort nur dem Sinne nach wiedergeben. Der General meint, mit der Zeit würden die Intellektuellen sich umstellen. Ich hatte das Gefühl, daß er sicherlich die Fakten kennt, aber deren politische Wertigkeit unterschätzt.

Man sollte meinen, daß Jaruzelski nach dem fulminanten Empfang in Moskau, der Zustimmung und Unterstützung so sichtbar zum Ausdruck brachte, nun doch wohl schalten und walten könne, wie er will. Aber so ist es nicht. Moskau muß ja eine Rückfallposition haben für den Fall, daß Jaruzelski es nicht schafft. Darum werden die Harten weiter unterstützt, wenn auch weniger sichtbar. Und das macht wiederum die Sache für den General schwierig. Auch muß man sich vor Augen halten, daß natürlich ganz unabhängig von Moskau der Parteiapparat vom Politbüro bis in das letzte Provinznest mit Harten durchsetzt ist, die keinen Zoll von ihrer Macht preiszugeben gedenken und die daher alle Veränderungen bekämpfen. Ein Mitglied des Kabinetts erzählte mir, daß nach dem 13. Dezember in diesem Gremium sofort Stimmen laut wurden, die meinten, nun sei doch der Moment gekommen, die Reformen, die sie zuvor beschlossen hatten – beispielsweise das Mitbestimmungsrecht der Arbeiter – schleunigst wieder abzuschaffen.

Ob nicht ein Militärregime vielleicht viel unabhängiger von Moskau ist als ein Parteiapparat, der doch mit dem Kapillarsystem des sozialistischen Zentralismus viel enger verbunden ist, fragte ich einen Beobachter, der gelegentlich in die Metropolen der Bruderstaaten reist. Er wies auf einen anderen, höchst interessanten Gesichtspunkt hin. Er meinte nämlich, daß an einigen dieser Orte das »polnische Modell« mit Sorge betrachtet würde.

»Weil Bonapartismus eine Todsünde im Angesicht des Marxismus-Leninismus ist?«

»Nein, im Gegenteil, weil sie Sorge vor Nachahmung haben.«

Sorgen haben offenbar alle, die draußen und die drinnen. Und bei denen, die drinnen sind, auch wieder alle Seiten: Die Regierung weiß, sie kann nicht ohne Walesa, weil er zu einem Symbol geworden ist: Aber mit ihm kann sie auch nicht, weil sich dann gleich wieder ein Zentrum neben der offiziellen Macht bilden würde. Das Militär ist besorgt wegen des passiven Widerstands der Zivilisten, die Zivilisten haben Angst, daß das Militär immer mehr Positionen übernimmt. Schon ist in mehreren Wojwodschaften die zivile Spitze durch einen General ersetzt worden, und soeben wurde ein General zum Präsidenten des Stadtrats von Warschau ernannt.

Und die Kirche? Die Kirche ist bestrebt, nicht direkt in die

Politik einzugreifen, sondern sich als Vermittler zur Verfügung zu halten. Aber allein durch die sonntäglichen Predigten – auf dem Dorf wahrscheinlich noch mehr als in den Städten – nimmt sie Einfluß. Dabei muß sie bestrebt sein, den engen Kontakt zum Volk nicht zu verlieren, und darum ist sie stets geneigt, die Forderungen der Arbeiter zu unterstützen. Ob sie dies zwangsläufig in Gegensatz zum Regime bringen wird oder ob sie den komplizierten Balanceakt auch auf Dauer wird durchhalten können, ist schwer zu ermessen.

Leicht wird es nicht sein, zumal der Primas von den großen Bischöfen des Landes zwar geachtet, aber wegen seiner Jugend und vergleichsweisen Unerfahrenheit wohl nicht so respektiert wird wie sein großer Vorgänger, bei dessen Erscheinung jedem sogleich der Begriff »Kirchenfürst« in den Sinn kam. Und genau dies erwartet man in Polen, wo nach der Tradition des Mittelalters im Fall der plötzlichen Handlungsunfähigkeit des Königs der Primas an die Stelle des Monarchen trat.

Man hält es für einen Fehler, daß Glemp die nationalen Komitees in den Betrieben bestätigt hat, die während der Suspendierung der Gewerkschaften errichtet wurden, um soziale Aufgaben zu übernehmen. Und man wirft ihm vor, daß er am 6. Januar, dem Dreikönigstag, seine berühmte Predigt zurückgezogen hat, als er von dem Tod der Grubenarbeiter in Kattowitz erfuhr. Er glaubte damals, ganz Schlesien stünde in Flammen, was sich bei der totalen Kommunikationssperre nicht als Irrtum erweisen ließ. Die Predigt ist nichtsdestoweniger an die Gläubigen gelangt, weil die Geistlichen sie bereits verteilt hatten.

Wenn man sich die verzweifelte Wirtschaftslage vor Augen führt und in Rechnung stellt, daß alle Autoritäten innere Schwierigkeiten haben, sich heimlich untereinander bekämpfen oder wie im Politbüro und Zentralkomitee mangels Homogenität in sich selbst zerstritten sind, wenn schließlich Macht und Gesellschaft durch eine tiefe Kluft voneinander getrennt sind, dann kann man Polen nur mit einem jener Kunstgebilde vergleichen, die man *Mobile* nennt. Das Ganze schwebt und ruht nicht. Und es schwebt nur noch, weil so viele Kräfte und Gewichte gegeneinander wirken.

Vom Irrsinn
des Wettrüstens

Wenn die Abschreckung selbst
zum Schrecken wird

Hamburg, im August 1982

Cecil Rhodes, der zu Anfang unseres Jahrhunderts verstorbene englische Kolonialpolitiker, stellte einst fest: »Wir sind das überlegenste Volk. Je mehr von der Welt uns gehört, um so besser für die menschliche Rasse.« Man kann sich in unseren Tagen das Lebensgefühl, das in einer solchen Feststellung zum Ausdruck kommt, überhaupt nicht mehr vorstellen: diese Selbstgewißheit, dieses Unangefochtensein, diese Abwesenheit jeglichen Zweifels. Und dann, welch unerschütterlicher Glaube an die unbegrenzten Möglichkeiten des Fortschritts.

Die Ernüchterung, die nach zwei Weltkriegen eingetreten ist, und die tiefe Sorge, die seit dem Hereinbrechen des Atomzeitalters viele erfüllt, hat niemand so visionär gespürt und so einprägsam formuliert wie ein anderer englischer Politiker: der ehemalige Premierminister Winston Churchill.

»Es könnte sein«, so sagte er, »daß es die Steinzeit ist, die auf den leuchtenden Schwingen der Wissenschaft zurückkehrt, und daß das, was heute als unermeßlicher Segen über die Menschheit kommt, deren totale Zerstörung herbeiführt.« – »Beware, I say, time may be short«, fügte der große Staatsmann hinzu: »Hütet euch, sage ich, die Zeit könnte knapp werden.«

Welch gewaltige Spanne zwischen diesen beiden Äußerungen: Sie markieren den Untergang der alten Welt und das Heraufdämmern einer neuen. Als Churchill diese prophetischen Worte sprach, war wenig mehr als die erste Hälfte unseres Jahrhunderts durch die Sanduhr der Geschichte gelaufen. Inzwischen aber nähern wir uns langsam dessen Ende. Churchills Vision – damals eher als exzentrischer Kassandra-Ruf vernommen – wird heute von den meisten Menschen als zutreffende Beschreibung der Bedrohung gewertet.

Es sind nicht nur die Bilder der Zerstörung Beiruts, der iranisch-irakische Krieg, der das Feuer an die Peripherie des hochexplosiven Persischen Golfs trägt, oder die Nachrichten über Afghanistan, es sind vor allem die riesigen Rüstungsausgaben der Supermächte, die die Völker der Welt aus ihrer Ruhe aufschrecken.

Moskau hat in den letzten zehn Jahren eine Aufrüstung vollzogen, deren Ausmaß niemand im Westen für möglich gehalten hätte. In Washington haben in der vergangenen Woche Kongreß und Senat am gleichen Tag die Verteidigungsausgaben für das am 1. Oktober beginnende Jahr um rund 30 Prozent auf den höchsten Stand aller Zeiten heraufgesetzt: 178 Milliarden Dollar. Bis 1986 soll das Budget auf 355 Milliarden Dollar ansteigen. Im Jahr 1981 machten die Verteidigungsausgaben sechs Prozent des Sozialprodukts aus, 1986 werden es zehn Prozent sein, während die entsprechenden Zahlen für Japan ein Prozent, für die Bundesrepublik drei Prozent betragen.

Wenn man ferner bedenkt, daß Amerika 35 Prozent seiner Forschungs- und Entwicklungsausgaben auf Rüstung verwendet, Japan und die Bundesrepublik aber nur vier Prozent und sieben Prozent, dann muß man befürchten, daß die Vereinigten Staaten in zehn Jahren militärisch zwar unangreifbar sein werden, daß sie im zivilen Bereich, sozial und wirtschaftlich aber in katastrophaler Weise rückständig geworden sein könnten. Es sei denn, daß zuvor das Volk rebelliert, denn Ausgaben für die sozialen Bedürfnisse der Bevölkerung, für Erziehung und Forschung zu kürzen, um die Rüstungsausgaben ins Gigantische steigern zu können und dies über Jahre, ohne daß für den Normalbürger eine erkennbare Notwendigkeit besteht – dies dürfte auch das opferbereiteste Volk nicht ertragen.

Was da vor unseren Augen abläuft, ist vollständig unbegreiflich. Keine der beiden Supermächte kann sich den finanziellen Aderlaß leisten. Keine der beiden will Krieg. Im Gegenteil, beide haben eine panische Angst davor, daß der andere ihn vom Zaun brechen könnte. Die Russen, die im Zweiten Weltkrieg den Feind tief im eigenen Land hatten, die 20 Millionen Menschen verloren, haben ganz gewiß nicht weniger Furcht als irgendeiner im Westen.

Alle haben Angst, auch die Europäer, die eingekeilt sind zwischen zwei hysterischen Paranoikern, von denen der eine grundsätzlich überall in der Welt Aufstände unterstützt und der andere einmal von einem begrenzten Atomkrieg spricht, dann wieder von der Notwendigkeit, einen langwährenden Nuklearkonflikt führen zu können.

Handelte es sich um zwei Individuen, man würde sie auf die Couch legen und das weitere dem Psychiater überlassen – aber niemand weiß, wie man pathologisch mißtrauische Supermächte dazu bringen kann, einen Moment innezuhalten, um darüber nachzudenken, ob das, was sie tun, eigentlich sinnvoll ist; ob es wirklich nur die eine Möglichkeit gibt, sich zu schützen: immer weiterzurüsten. Es ist richtig, daß die Abschreckung 30 Jahre lang den Frieden erhalten hat, aber ist dies eine Garantie dafür, daß in den nächsten zehn Jahren die Wirkung die gleiche sein wird? Ist es nicht vielmehr so, daß die Abschreckung beginnt, selbst zum Schrecken zu werden, weil der Prozeß, die rüstungstechnische Infrastruktur auf dem laufenden zu halten, sich verselbständigt?

Gewiß, der Entschluß, wieder über Abrüstung zu verhandeln, ist ein Fortschritt. Aber solange beide Seiten bei den Abrüstungsverhandlungen von der Annahme ausgehen, daß jeder nur das eine Ziel im Kopf hat, die nukleare Überlegenheit zu behalten oder zu gewinnen, um dann den anderen unter Druck setzen zu können, wird das Wettrüsten immer weitergehen.

Es ist, als sei ein Automatismus zu immer weiterem, nie endendem Wettrüsten in die derzeitige Situation eingebaut; eine Situation, die dadurch gekennzeichnet wird, daß zwei feindliche, von tiefem Mißtrauen erfüllte Supermächte miteinander rivalisieren. Dabei ist gleichgültig, ob aggressive oder defensive Absichten vorliegen. Denn auch, wenn keiner von beiden Druck auszuüben trachtete, um die Oberhand zu gewinnen, wenn beide nur schlicht Angst voreinander haben, Signale falsch deuten und jeder seine eigenen Befürchtungen dem anderen als böse Absicht unterstellt, wirkt dies als Antrieb zu weiterer Rüstung.

Es ist wie in einer griechischen Tragödie: Das Rad des Schicksals rollt, alle sehen zu, aber niemand vermag, ihm in die Speichen zu fallen. Dabei könnte heute eine Sternstunde sein. Denn beide Supermächte empfinden die Last des Rüstens so drückend wie nie zuvor, und beide haben damit begonnen, die nächste Generation der immer teurer werdenden Waffen aufzulegen; aber noch ließe sich deren Produktion wohl stoppen.

Wichtig ist auch, daß die Menschen weltweit aufsässig werden und protestieren: Sie wollen nicht Kriegsvorbereitungen, sondern Friedensplanung. Gerade haben sich Vertreter des Rats der Evangelischen Kirche in der Bundesrepublik und in der DDR über die schwierigste Grenze unseres Kontinents hinweg auf eine gemeinsame Stellungnahme zur Friedensverantwortung geeinigt. Hinzu kommt schließlich eine entscheidende weitere Voraussetzung: Reagan, der seine knallharte Einstellung den Sowjets gegenüber vielfach bewiesen hat, wäre der einzige, der es sich – wie seinerzeit Nixon mit China – leisten könnte, der Sowjetunion gegenüber eine Wende zu vollziehen.

Es ist schwierig genug, Mißtrauen zwischen einzelnen Menschen, zwischen Partnern, zu überwinden und noch einmal von vorne zu beginnen – aber Mißtrauen zwischen Großmächten abzubauen und nach deprimierenden Erfahrungen einen neuen Anfang zu setzen, das scheint fast unmöglich. Und doch ist es seinerzeit gelungen, mit den Ostverträgen das tief eingewurzelte Mißtrauen der Polen, die alle Deutschen für Militaristen und Revanchisten hielten, und auch den Argwohn der Russen uns gegenüber bis zu einem gewissen Grade zu tilgen.

Damals setzte der Gewaltverzicht den Anfang zu einem besseren Verständnis. Man sollte einmal überlegen, ob nicht ein Vertrag zwischen den Supermächten über gegenseitigen Gewaltverzicht dazu geeignet sein könnte, eine Art Isolierschicht zwischen gestern und morgen zu legen, und wenn es auch nur wäre, um die Abrüstungsverhandlungen vom Fleck zu bringen. Ein Gewaltverzicht hätte auch den Vorteil, die berechtigten Bedenken, die Teillösungen mit sich bringen – das Einfrieren der atomaren Waffen oder die atomwaffenfreie Zone, für die dann vermehrte konventionelle Rüstung gefordert wird – zunächst einmal beiseite schieben zu können.

Freilich, man kann sich die Einwände vorstellen, die dagegen geltend gemacht werden: »Helsinki sollte doch eigentlich ausreichen …« *Gegenargument:* Helsinki war kein verbindlicher Vertrag, sondern eine Absichtserklärung.

»Die Charta der UN, die beide Supermächte akzeptiert haben, enthält ja bereits einen Gewaltverzicht …« *Gegenargument:* Ein bilateraler Vertrag ist etwas anderes als die Annahme der Satzung einer multilateralen Organisation.

»Bilateral war aber auch die Absprache zwischen Nixon und Breschnew …« *Gegenargument:* Das ist richtig, aber sie ist zehn Jahre alt und war auch nur ein Kommuniqué, kein Vertrag.

Einwände gibt es genug. Gründe lassen sich viele finden, warum es sinnlos, ja gefährlich sei, auf vertragliche Zusagen des Ostens zu vertrauen. Viel gefährlicher aber könnte es sein, sich auf überholte Theorien zu verlassen, anstatt immer wieder nach neuen Wegen zu suchen: »Time may be short!«

Polen 1983:
realistischer und trauriger

Ein Volk auf der schwierigen Suche nach
dem eigenen sozialistischen Weg

Warschau, im Oktober 1983

Als ich am Morgen nach der Ankunft in Warschau aus dem Hotelfenster sah, blickte ich auf den hohen Bretterzaun, der den großen Friedensplatz eingrenzt, welcher zwei Jahre lang Schauplatz so vieler patriotischer Emotionen und freiheitlicher Kundgebungen des polnischen Volkes gewesen ist. Dort hat Papst Johannes Paul II. bei seinem ersten Besuch 1979 die Messe gelesen, eine Stelle, die lange Zeit mit einem immer wieder erneuerten Blumenkranz markiert wurde.

Über die Errichtung des Zaunes war im Jahr 1982 viel berichtet worden, aber ich wußte nicht, daß der Belag dieses etwa 10 000 Quadratmeter großen Platzes entfernt worden ist, so daß das Ganze jetzt wie eine riesige Baustelle wirkt. »Warum hat man denn die schönen Steinplatten entfernt?« fragte ich einen Bekannten. »Na, das ist doch klar«, war die Antwort, »wegen des Zaunes.« Ich blickte ihn fragend an. »Die Baustelle ist geschaffen worden, um den Zaun zu motivieren.«

Man kommt natürlich mit vielen Fragen nach Warschau. Meine erste galt der Wirkung des zweiten Papstbesuches im vergangenen Juni: »Wer hat denn nun eigentlich am meisten davon profitiert – das Volk, die Kirche oder das Regime?«

Eine der Antworten lautete: »Natürlich die Kirche, denn da hat sich doch vor aller Welt offenbart, wo die Loyalitäten liegen. Es war ja fast wie ein Referendum, diese Millionen, die da zusammenströmten, wo immer der Papst erschien.«

Eine andere Stimme: »Selbstverständlich das Regime. Das erste sozialistische Land, das vom Oberhaupt der katholischen

Kirche besucht wird – das verleiht dem Regime Legitimität; ein kommunistischer Staat, der zuläßt, daß deutlich wird, es gibt nicht nur eine einzige Autorität in Polen, sondern deren zwei, das stellt doch seine Unabhängigkeit unter Beweis.«

Dritte Version: »Ganz gewiß das Volk. Nach 1977 eine große Ermutigung. Wenn Sie wollen, hat die ganze Gesellschaft davon profitiert. Es gab zwar keine Versöhnung der antagonistischen Kräfte, aber daß die Koexistenz so augenfällig praktiziert wurde, dient doch dem allgemeinen Benefiz.«

Ich kenne kein zweites Land, in dem es so schwer ist, etwas über die Situation auszusagen. Verallgemeinerungen sind in Polen noch falscher als anderwärts. Darum will ich hier zunächst die beiden extremen Standpunkte schildern, die ich angetroffen habe und zwischen denen die Meinungen der Bürger angesiedelt sind.

Zunächst die Harten, Orthodoxen – wie immer man sie nennen mag. Sie sagen: So wie bei euch die Terroristen 1977 den Staat angeblich in Gefahr gebracht haben, so hat die *Solidarität* 1981 unser Land an den Rand des Abgrundes geführt. Ihre Forderungen hatten am Schluß nichts mehr mit der Realität zu tun; sie entsprangen einem völlig utopischen und euphorischen Kraftbewußtsein: Immerfort Streiks im ganzen Land, also verringerte Produktion, zugleich aber massiv erpreßte Lohnerhöhungen. Am Schluß waren wir wirtschaftlich auf dem Niveau der fünfziger Jahre angekommen. Es gab nicht einmal mehr Streichhölzer oder Zahnpasta, es gab nur noch Schlangen vor den Läden.

Anderen Gesprächspartnern der gleichen Kategorie waren vor allem die außenpolitischen Herausforderungen auf die Nerven gegangen. So gab es 1981 über 70 Fälle von Verschandelungen und Schändungen auf den Friedhöfen oder an Gedenkstätten für sowjetische Soldaten. Der große erste Landeskongreß der *Solidarität* in Danzig im September 1981 richtete eine Botschaft an die Werktätigen Osteuropas, worin diese aufgefordert wurden, es der *Solidarität* gleichzutun und der Staatsmacht den Gehorsam zu verweigern. In den folgenden Monaten wurden allenthalben antisozialistische Flugblätter verteilt, wurde zum Generalstreik aufgerufen. Auf dem Kongreß der *Solidarität* in Danzig am

11. und 12. Dezember 1981 beschlossen die Teilnehmer, einen Kommissar für die Volksbefragung über das System der »Machtausübung« zu berufen. Da hat dann die Regierung am 13. Dezember dem Treiben ein Ende gesetzt – wer weiß, was sonst noch alles passiert wäre, schließlich ist Polen ja das zweitwichtigste Mitglied des Warschauer Paktes. Soweit die Harten.

Die zu jener Zeit Aufsässigen und heute Verbitterten sagen: Erst hat die Partei es fertiggebracht, mit einer falschen Industriepolitik und hoher Verschuldung das Land total zu ruinieren und dabei der Korruption der Funktionäre freien Lauf zu lassen. Dann kam am 13. Dezember das Kriegsrecht. Jaruzelski versprach, es werde »keine Rückkehr zu den fehlerhaften Methoden und Praktiken« geben, wie sie vor der *Solidarität* bestanden. Aber wir sind betrogen worden: Von den Verträgen, die wir im August 1980 in Danzig mit der Regierung abgeschlossen haben, ist nichts geblieben. Noch immer sind dieselben Gesichter da. Mit der Freiheit der Presse, die wir erkämpft hatten, ist es vorbei: Die Zensur ist wieder genauso hart wie vorher, das Fernsehen so langweilig, daß kein Mensch es mehr anstellt, die Propaganda gegen Walesa mit dem gefälschten Tonband so primitiv, daß man über die Dummheit der Regierung nur lachen kann.

Wir hatten eine große Wirtschaftsreform vorgesehen, um endlich – 35 Jahre nach dem Krieg – zum erstenmal wie jedes andere Volk die Früchte unserer Arbeit zu ernten. Verschiedene Gruppen kompetenter Wissenschaftler und Wirtschaftsleute saßen monatelang zusammen und entwarfen die Grundlagen dafür – und jetzt? Jetzt sind zwar einige neue Gesetze gemacht worden, aber in der Praxis merkt man nichts davon. Die Regierung macht wieder die alten Fehler. Und im intellektuellen Bereich ist es noch schlimmer: Alle einigermaßen selbständigen Organisationen – die Verbände der Schriftsteller, Journalisten, Theaterleute, Künstler – wurden aufgelöst und andere Institutionen an ihre Stelle gesetzt, beispielsweise ein neuer Schriftstellerverband, in den nur Leute eingetreten sind, die kein Mensch kennt. Soweit die Oppositionellen.

Ich fragte Ryszard Wojna, den Vorsitzenden des Außenpolitischen Komitees im Sejm, der selber Mitglied des Schriftsteller-

verbandes war, warum der Verband so lange nach allen anderen
jetzt noch aufgelöst worden ist. Seine Erklärung: Der Chef der
polnischen Abteilung bei Radio Free Europe, der auch Mitglied
des Verbandes ist, habe mit seiner Propaganda gegen ein polni-
sches Gesetz verstoßen. Die Regierung verlangte, er müsse ausgeschlossen werden. Nach den Statuten des Verbandes geht dies
nur bei Einstimmigkeit, die aber nicht zu erzielen war, weil sich
viele Mitglieder im Ausland befinden. Vorschlag: Ausbürgerung.
Dazu Jaruzelski: »Er ist ein Pole, man kann ihn nicht ausbür-
gern.« Ergebnis: Der Schriftstellerverband wurde aufgelöst.

Die zuvor zitierten Meinungen sind die radikalen Flügelposi-
tionen. Dazwischen gibt es jede Menge von Schattierungen.
Meine eigenen Eindrücke?

Die materiellen Verhältnisse sind wesentlich besser geworden,
nur gelegentlich sieht man noch Schlangen, etwa vor Textilge-
schäften. Fleisch, Mehl und Teigwaren sind rationiert, Butter
und Eier frei, Obst und Gemüse in jeder Menge und zu billigen
Preisen zu haben. Zwei gute Ernten nacheinander haben die
Situation verbessert. Doch muß man befürchten, daß die knap-
pen Fleischrationen wohl noch einmal gekürzt werden, weil
während der vorangegangenen schlechten Ernten und infolge der
amerikanischen Sanktionen sehr viel Vieh geschlachtet worden
ist. Außerdem werden die Lebensmittelpreise zum 1. Januar
1984 abermals erhöht, vermutlich um drei bis vier Prozent.

Die Menschen sind realistischer und dementsprechend trauri-
ger geworden. Sie sind frustriert, viele sind verbittert, manche
haßerfüllt, alle ohne Vertrauen in die Regierung. Besonders
skeptisch und resigniert seien die jungen Menschen, heißt es,
weil sie über zehn Jahre auf eine Wohnung warten müssen und
der Mangel an Perspektive, an Hoffnung auf Veränderung der
politischen Situation sie besonders bedrückt.

Ich weiß nicht, ob das Wort Resignation den Seelenzustand
richtig wiedergibt, denn zur Opposition reicht es immer noch.
Auch staunt man, wie politisiert selbst Kinder sind. Freunde von
mir haben einen neunjährigen Sohn, dessen ganze Klasse gespalten ist: in Schüler, die für Jaruzelski sind, und andere, die gegen
Jaruzelski sind. Und bei dem fünfzehnjährigen Sohn eines

Bekannten sah ich ein selbstgeschmiedetes Abzeichen aus Alumi-
nium, im Durchmesser so groß wie eine Walnuß, auf das mit
roter Farbe ein großes »A« gemalt war. Die ganze Klasse trage
es, sagte er und das »A« bedeute Anarchist.

Eines der großen Probleme für die Jaruzelski-Regierung auf
wirtschaftlichem Gebiet besteht darin, eine Entzerrung der Preise
zu bewerkstelligen. Seit einem Jahrzehnt waren die Lebensmittelpreise konstant geblieben, weil jedesmal, wenn die Regierung
eine Erhöhung ankündigte, eine Revolution auszubrechen
drohte, woraufhin dann die Ankündigung zurückgezogen
wurde. Die Regierung behalf sich stets damit, daß sie die Lebensmittel für den Verbraucher bezuschußte, so daß der Bauer für
sein Getreide einen angemessen hohen Preis erhielt, der Konsu-
ment aber für das Brot so wenig zu zahlen hatte, daß die Bauern
es häufig zurückkauften und als Hühnerfutter verwendeten. Bei
der Milch war es nicht anders. Die Subventionen, die auf solche
Weise Jahr um Jahr stiegen, beliefen sich schließlich auf viele
Milliarden.

Jetzt soll der Preismechanismus wieder in sein Recht eingesetzt
werden, und das ist ein hartes Geschäft. Der Minister für Preise
antwortete auf die Frage, wieweit das Land dabei schon gekommen sei: »1981 erhielt der Verbraucher 80 Prozent des Preises
aus staatlichen Zuschüssen, heute sind es nur noch 29 Prozent.«
Und sein Kollege, der Landwirtschaftsminister, erklärt, das Ziel
vollständigen Ausgleichs solle 1990 erreicht werden. Das heißt:
1990 soll der Markt voll funktionieren. Schon heute kann der
Bauer frei verkaufen ohne Ablieferungssoll, nur einmal im Jahr
werden die Preise festgesetzt.

Erschwert wird die Aufgabe dadurch, daß gleichzeitig die
galoppierende Inflation gebremst werden mußte – was nur möglich war, indem die Lohnerhöhungen wesentlich geringer gehalten wurden als die Preissteigerungen. Auf diese schmerzhafte
Weise ist es gelungen, die Inflation auf derzeit 23 Prozent zu
senken. Sie soll 1984 auf 17 Prozent heruntergedrückt werden.
Aber das bisherige Resultat ist mit einer Senkung des Lebensstandards um 25 Prozent erkämpft worden. Man darf sich also
nicht wundern, wenn das Regime in weiten Teilen der Bevölke-

rung verhaßt ist. Man kann, im Gegenteil, nur staunen, daß ein Volk, das eben erst eine politische Enttäuschung riesigen Ausmaßes hinter sich gebracht hat, solche Entbehrungen überhaupt erträgt. Wirklich zufrieden sind wohl nur die Bauern, die wesentlich höhere Preise bekommen und für die noch die *Solidarität* eine Altersrente durchgesetzt hat, die den Staat heute mit 30 Milliarden Zloty belastet.

Erstaunlich ist freilich auch, daß ungeachtet des niedrigen Lebensstandards während der letzten drei Jahre 750 000 neue Autos zugelassen worden sind. Dabei kostet der Fiat Polski 126 – das kleinste italienische Modell – neu 250 000 Zloty (oder wahlweise 1000 Dollar plus 100 000 Zloty), der Durchschnittsmonatsverdienst beträgt in Polen 14 000 Zloty. Ein vier Jahre alter Wagen, in dem Paulina, eine junge Dolmetscherin, mich herumfuhr, würde, so meinte sie, 300 000 Zloty erzielen, wenn sie ihn heute verkaufte, weil man auf einen neuen Wagen jahrelang warten muß. Einen Umrechnungskurs anzugeben ist zwecklos, denn es gibt deren viele – für einen Ausländer beträgt er 35 Zloty für eine D-Mark.

Es gibt also offensichtlich Leute, die viel Geld verdienen – Handwerker, freie Berufe und Händler. Abgeordnete, Journalisten, Professoren stehen sich schlechter als Bergarbeiter oder Stahlarbeiter, die es auf 30 000 bis 40 000 Zloty im Monat bringen, während das Gehalt eines Universitätsprofessors selten mehr als 25 000 Zloty beträgt.

Nach ungezählten Gesprächen in Ministerien, beim Episkopat, mit der obersten Führung, mit Professoren und verschiedensten Bürgern hat sich mir folgender Eindruck gebildet: Wenn es auch unendlich langsam vorangeht, weil es an allen Enden fehlt – keine Ersatzteile, mangelnde Rohstoffe, kein Kapital für Investitionen, die Importe seit drei Jahren um die Hälfte gekürzt, das Nationalprodukt daher in den letzten beiden Jahren um 20 Prozent gesunken –, so ist doch die Arbeitsproduktivität gestiegen und die Handelsbilanz mit dem Westen 1982 aktiv gewesen.

Zweifellos gibt es kein Zurück mehr in die Zeit vor 1980. Was also ist von der *Solidarität* geblieben?

1. Die Polen haben sich ans Protestieren gewöhnt und haben keine Angst mehr – auch die Regierung weiß dies.

2. Von der Partei spricht niemand mehr – nur von der Regierung; in der Provinz mag das anders sein.

3. Es gibt mehr kleine, private Unternehmungen.

4. Es gibt mehr Markt und weniger zentrale Planung.

5. Es wird versucht, auf allen Ebenen dem Bürger und seiner Meinung etwas mehr Raum zu geben.

Gerade die beiden letzten Punkte zeugen von einem ernsthaften Bemühen, innerhalb des vorgegebenen Rahmens – in den ein Staat sich fügen muß, der zum kommunistischen Herrschaftsbereich gehört – die Fesseln soweit wie möglich zu lockern. Der privaten Initiative wird durch mehr Selbständigkeit der einzelnen Betriebe, die über Einkauf, Verkauf und einen Teil der Einnahmen selber verfügen sollen, mehr Einfluß eingeräumt.

Und was den Versuch anbetrifft, die Meinung der Bürger stärker in Betracht zu ziehen, so gibt es ein Gesetz, das im nächsten Jahr in Kraft treten soll und das auf allen Ebenen Gruppen zu sogenannten gesellschaftlichen Konsultationen konstituiert, in denen die Bürger durch Diskussionen eine gewisse Mitbestimmung ausüben können. Der Abgeordnete, der im Sejm Vorsitzender der »Kommission für Gesetzgebung und Verfassungsverantwortung« ist, meint, da es im Parlament nur individuelle, aber keine institutionalisierte Opposition gibt, sollten die Konsultationen einen gewissen Ersatz hierfür bieten. Ob das geht: Marktwirtschaft im Plansystem und Pluralismus im Einparteienstaat? Man wird abwarten müssen. Aber der Wille zum Kompromiß scheint da zu sein.

Ist es denn überhaupt möglich, daß Polen einen eigenen Weg im Sozialismus geht? Auf diese Frage sind die Antworten an höchster Stelle optimistisch, sowohl die des früheren Außenministers Czyrek, der jetzt im Zentralkomitee Sekretär für Auslandsbeziehungen ist, wie auch die des stellvertretenden Ministerpräsidenten Rakowski. Schließlich erscheint selbst der General Jaruzelski zuversichtlich. Er wirkt viel gelöster als 1982.

Selbst wenn man seine Zweifel haben mag, muß man doch zugeben, daß in Polen tatsächlich Dinge möglich sind, von denen die Bruderländer noch nicht einmal träumen können. Da ist in erster Linie die Rolle der Kirche und dann jetzt das Gesetz über die erbliche Festschreibung des Privateigentums der Bauern.

Die Spitzenvertreter des Landes empfinden sehr stark die Isolierung Polens, zu der Osten und Westen jeder auf seine Weise beigetragen haben. Erst jetzt machen die ersten Schwalben aus dem Ostblock Besuch in Warschau: Honecker war da, nächste Woche wird Kádár kommen und dann irgendwann auch Husák. Geklagt wird naturgemäß nur über die Behandlung durch den Westen. Die Sanktionen, die Reagan verhängt hat, bezogen sich ja nicht nur auf Mais und Getreide, sondern auch auf die Meistbegünstigungsklausel, auf Fischereirechte und industrielle Produktion.

Fast 1000 Anlagen stehen seit zwei Jahren halb oder fast fertig da; sie kosten Geld, verrosten und können nicht die Produktion aufnehmen, weil die restlichen Zulieferungen fehlen. Andere stehen still, weil die Ersatzteile aus dem Westen mangels Devisen nicht beschafft werden können. Alle Bemühungen der Sowjetunion, den polnischen Bundesgenossen, der mit sämtlichen Fasern nach Europa strebt, stärker auf den Osten hin zu orientieren, waren fehlgeschlagen; erst Reagan gelang es, das Land in die Arme des großen Bruders zu nötigen.

Die Sowjets haben Polen während der beiden letzten Jahre ungewöhnlich tatkräftig unter die Arme gegriffen. Im Jahre 1981 erhielten sie 1,1 Milliarden Dollar, um Schulden im Westen abzahlen zu können – Polen steht in Moskau mittlerweile mit etwa 6 Milliarden Rubel in der Kreide. Die Sowjetunion lieferte außerdem Rohstoffe aller Art, die im Lohnveredelungsverfahren (20 Prozent behielten die Polen) zurückgezahlt worden sind.

Besonders tief aber ist die Führung über eine Bemerkung des amerikanischen Präsidenten gekränkt, der in der Zeit des Papstbesuches gesagt hat, Polen ähnele heute den Konzentrationslagern Dachau und Buchenwald. An der schmerzlichsten Stelle hat sie die Behauptung von Verteidigungsminister Weinberger getroffen, Jaruzelski sei »ein russischer General in polnischer Uniform«. Kein Wunder, daß Jaruzelski mit ironischer Genugtuung auf den NATO-Partner Türkei verwies, wo nach den

Angaben der türkischen Regierung über 20 000 politische Gefangene einsitzen. In Polen, das wie ein Aussätziger behandelt wird, sind es 82.

Ich war bei dem zuständigen Abteilungsleiter im Justizministerium, um die genauen Zahlen zu ermitteln. Der Stand vom 10. Oktober ist folgender:

1. Von den 82 Gefangenen, die sich in Strafanstalten befinden, sind 56 verurteilt; 36 von ihnen wurde durch Amnestie die Hälfte der Strafzeit erlassen – sie werden bis zum Frühjahr 1984 alle wieder in Freiheit sein.

2. Die Mitglieder von KOR und die Anführer der *Solidarität*, insgesamt 26 Personen, befinden sich in Untersuchungshaft – das Verfahren ist noch nicht eröffnet.

3. Rechtskräftig verurteilt und nicht amnestiert sind 20 Gefangene. Und schließlich gibt es noch 79 Personen, die nach der Beendigung des Kriegszustandes, also nach dem 22. Juli 1983, Straftaten begangen haben – diese Fälle sind bei der Staatsanwaltschaft anhängig.

Zur Zeit wird viel davon geredet, die Kirche sei wieder in Bedrängnis, weil viele Geistliche mit der Opposition kooperierten. Anlaß für diese Behauptung ist unter anderem, daß der Beichtvater von Walesa, Pater Jankowski, kürzlich zur Staatsanwaltschaft bestellt wurde; desgleichen der Warschauer Priester Popieluszko. Mir scheint dies eine unzutreffende Beurteilung: Die Kirche hat immer darauf geachtet, nicht Partei, sondern nur Vermittler zu sein, darum will auch sie keine offensichtlich politisierenden Pfarrer dulden. Und die Klagen über Klerikalismus auf dem Plenum des ZK vor zwei Wochen dienten vermutlich als Gegengewicht gegen den Zuwachs an Prestige, den die Kirche durch den Papstbesuch erfahren hat. Es gibt übrigens neuerdings eine ganze Reihe von Übertritten zur katholischen Kirche: Atheisten lassen sich taufen.

Mehr als ein Menschenleben lang währt nun schon der Konflikt zwischen Macht und Gesellschaft in Polen. Wahrscheinlich stehen drei Viertel aller heute dort Lebenden in Opposition zu der ihnen fremd erscheinenden Herrschaftsform. In den Jahren zuvor, während der Krieg und Hitlers brutale Schergen das Land verwüsteten, starben sechs Millionen Bürger. Und noch immer ist Polen nicht zur Ruhe gekommen: In den letzten zwei Jahren haben 125 000 Polen ihrer Heimat den Rücken gekehrt und leben irgendwo verstreut in der Welt zwischen Australien, Westeuropa und Kanada.

Im Westen ist soviel von Freiheit die Rede. Es wäre an der Zeit, die Politik des Boykotts aufzugeben und einem Volk, das sich mit soviel Phantasie bei sowenig Möglichkeit kleine Freiheiten zu verschaffen versucht, das Leben nicht noch schwerer zu machen.

Wie Vertrauen verspielt wird

Polen und die Leichtfertigkeit der Bonner Ostpolitik

Hamburg, im September 1984

Schlimm, wie wenig wir von unseren östlichen Nachbarn wissen. Da fährt man ganz wohlgemut nach Polen und denkt, die Sache mit dem Revanchismus braucht man sicherlich nicht ganz ernst zu nehmen, denn es kann ja wohl nicht sein, daß die Deutschen, die 1982 und 1983 in einer Aufwallung von Mitgefühl bis zu 30 000 Pakete täglich ins Nachbarland schickten, im darauffolgenden Jahr finsterer, revanchistischer Pläne für fähig gehalten werden. Kann ja sein, denkt man, daß der Regierung in Warschau das Geschwätz einiger Unionspolitiker über die Grenzen von 1937 und die »offene deutsche Frage« sehr gelegen kommt: Der plötzlich wiedererstandene Feind könnte ja zur Integration der gespaltenen Nation dienen, und überdies befindet die Regierung sich auf solche Weise endlich wieder einmal im Gleichschritt mit Moskau.

Denkt man – denken viele. Aber es ist nicht so. Es ist ganz anders. Gleichgültig, mit wem man spricht, ob im Zentralkomitee, im Ministerrat, in Ministerien, Instituten oder Redaktionen – alle sind tief betroffen: »Immer waren Grenze und Mauer zwischen den beiden Deutschlands physisch fast unüberwindbar und geistig durch Haß verdichtet. Nun aber ist mit einem Mal das Verhältnis ganz anders – da muß doch was dahinterstecken.« Oder es heißt: »Wir waren ebenso froh wie überrascht darüber, daß die neue Regierung in Bonn die Ostpolitik ganz offensichtlich weiterführen wollte, aber nun stellt sich heraus, daß das Ganze nur Taktik war.« Oder: »Ich war vor kurzem in der Bundesrepublik und fand das Klima total verändert.«

Da hilft dann auch die Erklärung nicht, daß die heutige Regierung, als sie noch in der Opposition war, ihren Wählern versprach, alles anders zu machen, und daß darum das Fußvolk jetzt erst einmal einen Lernprozeß durchmachen müsse. »Das ist es ja gerade«, lautete die Entgegnung. »Es handelt sich doch gar nicht um das Fußvolk, es sind die Minister, es ist der Bundeskanzler selber. Gerade sie sind es, von denen die alarmierenden Äußerungen stammen.«

Und dann folgt eine lange Aufzählung, beginnend mit Minister Zimmermanns Bemerkungen über die Grenzen von 1937, die er im September vorigen Jahres plötzlich wieder aufs Tapet brachte, bis zu der mit besonderem Zorn registrierten Äußerung von Minister Mertes über angeblich 1,2 Millionen Deutsche in Polen. Wer auf diese absurde Millionenzahl gekommen ist, ist in der Tat unerfindlich. Und daß bei dieser Gelegenheit einige den Begriff »deutsche Minderheit« verwendet haben, worunter man doch im allgemeinen zusammenhängende Volksgruppen versteht, hat nicht nur die Regierung in Schrecken versetzt. Da wirken historische Reminiszenzen ebenso mit wie die Tatsache, daß die UN für Minderheiten offenbar bestimmte Rechte vorsieht, beispielsweise den ständigen Besitz eines Passes und ungehinderte Besuchsmöglichkeiten.

Zwischen diesen beiden Horrorbotschaften wird erwähnt, daß in bayerischen Schulbüchern neuerdings die Oder-Neiße-Grenze wieder »gestrichelt« markiert wird; daß ein Antrag an die ECE-Kommission in Genf, ebenso zu verfahren, den Versuch darstelle, dieses Problem zu internationalisieren; daß auf einem Vertriebenentreffen ein Minister davon gesprochen habe, nach der eventuellen Erledigung der offenen deutschen Frage durch eine Wiedervereinigung wäre dann die »offene« Oder-Neiße-Grenze zu regeln; daß Touristen mit beträchtlichen milden (Devisen-) Gaben Pastoren dazu bringen, eine Messe in deutscher Sprache zu lesen; und schließlich, als Krönung dieser sich auftürmenden Vorwürfe: die Teilnahme eines Bundeskanzlers am »Tag der Heimat« – zum erstenmal seit 18 Jahren, wie alle Zeitungen betonen.

Ein Volk, das während langer Perioden seiner Geschichte

unter fremden Zwingherren, Besetzern und Machthabern gelitten hat oder leiden muß, hat gelernt, sich durch Zeichen und Symbole zu verständigen. Das Grab des Studenten Grzegorz Przemyk, der im vorigen Jahr nach einem Zusammenstoß mit der Polizei umkam, ist überhäuft mit Blumen. Viele Kerzen brennen dort, und an eine Tafel sind die briefmarkengroßen Wappen geheftet, die Schüler am Ärmel tragen. Jede Schule in Polen hat eine Nummer auf ihrem Wappen. Nun sollen sie Zeichen dafür sein, daß Schüler an diesem Grab waren, die aus Bialystok, Krakau und Lublin kamen, um dem Symbol des Freiheitswillens Reverenz zu bezeugen.

Für ein solches Volk ist der Gang Helmut Kohls zum »Tag der Heimat« und die Rede, die er dort gehalten hat, natürlich ein alarmierendes Zeichen. Aus der Bonner Entfernung mag die Bedeutung, die diesen einzelnen Vorgängen in Polen zugemessen wird, übertrieben erscheinen, aber dabei wird die Sensibilisierung der Bevölkerung durch ihre Geschichte vergessen. Keine Familie, die unbetroffen blieb vom Terror und Blutvergießen der Jahre von 1939 bis 1945: sechs Millionen Tote, darunter drei Millionen Juden – Verluste, die allein durch Hitler verursacht worden sind. Und nicht nur jene Jahre, die letzten zwei Jahrhunderte mit immer neuen Teilungen und Kriegen haben sich diesem geschichtsbewußten Volk tief in Herz und Hirn eingegraben.

Ein Gang über den Militär- und Prominentenfriedhof Powazki Wojskowe führt einem diese Geschichte deutlich vor Augen. In einem Birkenwald stehen reihenweise Kreuze – Marksteine polnischen Schicksals: Die Toten des Januar-Aufstandes von 1863 gegen die Russen, nach dessen Niederschlagung die Russifizierung begann. Die Toten des polnisch-sowjetischen Krieges von 1920, der die Polen bis Kiew vordringen ließ, in dessen Verlauf die Rote Armee unter Tuchatschewski sie dann aber wieder bis an die Weichsel zurückwarf. Die Toten des Zweiten Weltkrieges und schließlich die Toten des Warschauer Aufstands gegen die SS.

Wenn man das gesehen hat, versteht man, daß dieses Volk, das seit jeher zwischen zwei mächtigeren Nachbarn eingeklemmt war, ein besonderes Sensorium für Gefahren entwickelt hat.

Auch die kleinste Klimaveränderung wird wahrgenommen. Und wie berechtigt die Feststellung diesmal zu sein scheint, macht ein Leitartikel der *Frankfurter Allgemeinen Zeitung* deutlich, in dem darüber gejammert wird, daß in der Innen- und Rechtspolitik der Bundesrepublik noch »keine Wende« eingetreten ist; daß die »Rechtsreformen aus der Zeit, da SPD und FDP regierten, unangetastet« blieben; daß »das Gelände, auf dem die sozial-liberale Ära fortdauert«, bedauerlicherweise allzu ausgedehnt ist. Der Schreiber sollte sich beruhigen, auf dem Gebiet der Ostpolitik ist, so scheint es, die Wende komplett, der Kahlschlag total: Viel wird von ihr wohl nicht übrigbleiben.

Da nützt es auch nicht viel, daß jeder politisch interessierte Pole natürlich gelesen hat, was Genscher im Juli im Bundestag gesagt hat und was er im August in einem Artikel schrieb: »Die Bundesregierung steht ohne jede Einschränkung und ohne jeden Hintergedanken zu den Verträgen mit der Sowjetunion, der Volksrepublik Polen und der ČSSR und zum Grundlagenvertrag mit der DDR ... Sie achtet die territoriale Integrität aller Staaten in Europa in ihren heutigen Grenzen. Sie hat keine Gebietsansprüche gegen irgend jemanden und wird solche auch in Zukunft nicht erheben.«

Ja, Genscher, der weiß Bescheid, heißt es. Aber gleich wird der Zweifel hinzugefügt: Kann der sich gegen die CDU/CSU auch wirklich durchsetzen?

Nun wäre es ungerecht, alle Schuld für die neu beginnende Eiszeit Bonn aufbürden zu wollen. Entscheidender ist, was in Moskau und Washington vorgeht, was dort gesagt und getan wird. Was Moskau betrifft, so wissen die Polen besser als viele bei uns, was sie von dem Regime zu halten haben. Aber das, was in Bonn gesagt wird, wird natürlich eingepaßt in den größeren westlichen Rahmen. Da aber kann einem in der Tat bange werden, wenn man die Reden Präsident Reagans noch einmal liest – von jener ersten, die alle Sowjets zu »Lügnern, Betrügern und Verbrechern« stempelte, bis zu jener kürzlich vor amerikanischen Polen gehaltenen Ansprache, in der er erklärte, er werde die *permanent subjection* – die andauernde Unterdrückung – Osteuropas nicht dulden.

Das Gefährliche an der Situation ist – und daran trifft Bonn ebensoviel Schuld wie Washington –, daß es kein Konzept für Osteuropa gibt. Darum schwanken beide Regierungen hin und her zwischen werbenden Beschwörungen, zum Dialog zu finden, und beängstigenden Erklärungen, die auf eine Revision der bestehenden Verhältnisse hinauslaufen.

Dabei kann es doch nur eine sinnvolle Politik für Osteuropa geben: Nicht zu verkünden, daß man die Vorherrschaft Moskaus abschaffen möchte – was ohnehin nicht möglich ist –, sondern daß man helfen will, sie erträglicher zu gestalten. Und das heißt, für Entspannung zu sorgen, also keine revisionistischen Sanktionen und Reden. Nur dann kann eine gewisse Liberalität einziehen.

Polen, eine Nation, bei der die Kirche ebensoviel zu sagen hat wie die Partei; ein Land, in dem den Bauern das Eigentum an Grund und Boden durch Gesetz garantiert wurde; eine Gesellschaft, in der der Erste Sekretär ein General ist – Lenins Schreckgespenst –, zeigt, bis zu welchem Grade es den Polen gelungen ist, in den starren Grenzen des Warschauer Paktes doch ihre nationale Besonderheit zu behaupten. Einem solchen Land in dieser Situation in den Rücken zu fallen, dazu gehört schon ein erstaunliches Maß an politischer Instinktlosigkeit.

Vom falschen Glanz
der Ideologien

Ein Wunsch an die Supermächte:
mehr Pragmatismus und Sachlichkeit

Hamburg, im März 1985

Selbstverständlich können gewöhnliche Sterbliche weder den Verlauf der Genfer Abrüstungsverhandlungen zwischen den Vereinigten Staaten und der Sowjetunion, die gerade begonnen haben, beeinflussen, noch das sowjetisch-amerikanische Gipfelgespräch, wenn es wirklich stattfindet. Aber Wünsche wird man ja wohl äußern dürfen. Natürlich keine utopischen Wünsche – also beispielsweise nicht die Hoffnung, es möge gelingen, das zwischen den beiden Supermächten herrschende pathologische Mißtrauen abzubauen.

Was aber wäre denn der wichtigste Wunsch, den man den verfeindeten Parteien jetzt, da sie ein neues Kapitel aufschlagen, mit auf den Weg geben möchte? Sehr einfach, ein ganz elementarer Wunsch: von sachlichen Feststellungen auszugehen und diese nicht durch ideologische Aspekte zu verfremden.

Konkret gesprochen: nicht die Guerilleros, die man selber unterstützt, als Freiheitskämpfer zu bewerten, die den Frieden schützen, die des anderen dagegen als Terroristen, die zum Krieg treiben. Mit anderen Worten, nicht mit zweierlei Maß zu messen, wie dies auch in anderen Bereichen geschieht – beispielsweise, wenn die groben Verletzungen der Menschenrechte im befreundeten Südafrika gnädigst übersehen, aber die quantitativ weit geringeren in Polen mit ungeheurem Getöse angeprangert werden, weil es sich da um ein Mitglied des Warschauer Pakts handelt.

Nun ist die Erfüllung jenes Wunsches außerordentlich schwierig, weil Kommunisten sogar in der ihr Land betreffenden Rechtsprechung Parteilichkeit verlangen und gerade nicht sachliche Objektivität. Denn ihr politisches Handeln ist ja auf einen bestimmten Endzustand ausgerichtet, der angeblich so beglückend ist, daß jedes Mittel recht ist, um dieses hehre Ziel zu erreichen.

Die westliche Philosophie ist anders. Ihr kommt es nicht auf ein bestimmtes Endziel an, denn Ziele werden stets verklärt; für sie ist vielmehr ein wichtiger Maßstab, mit welchen Mitteln sie erreicht werden sollen: Demokratie mit Pluralismus und Meinungsfreiheit; Rechtsstaatlichkeit mit Grundrechten und festen Verfahrensregeln. Voraussetzung dafür ist: nüchterne Sachlichkeit, die sich an Fakten orientiert, nicht an Fiktionen, und nach Möglichkeit von Ratio geleitet wird und nicht von Emotionen.

Nun ist aber leider die westliche Philosophie in der Auseinandersetzung mit dem östlichen System während der letzten Zeit immer mehr auch zur Ideologie denaturiert, vor allem in Amerika. Im Weißen Haus stellt man jetzt dem bösen, völkerversklavenden Kommunismus die gute, freiheitlich demokratische, kapitalistische Ordnung als beglückendes Ziel gegenüber. Und sogleich greift missionarisches Verlangen um sich. Jetzt genügt es nicht mehr, diese Ordnung zu erhalten, nein, sie muß ausgebreitet werden.

Zunächst sollte Nicaragua nur daran gehindert werden, die revolutionäre Gesinnung seiner Führer in die Nachbarländer zu exportieren, neuerdings aber fordert Präsident Reagan, der die Regierung in Nicaragua totalitär und brutal nennt, ihre Beseitigung, weil sie eine Gefahr für die Region darstelle. Eine Supermacht betrachtet ein Drei-Millionen-Volk als Bedrohung!

Offenbar ohne Skrupel wird die fundamentale Spielregel des Westens beiseite geschoben: Gewalt ist nur als Notwehr und zur Selbstverteidigung gestattet. Und Institutionen, an deren Errichtung Amerika mitgewirkt hat, werden mißachtet. Als im April 1984 die Klage Nicaraguas wegen Verminung seiner Häfen vor dem Internationalen Gerichtshof erhoben wurde, erklärte Ronald Reagan bereits im voraus, er sei in den nächsten zwei Jahren nicht bereit, Urteile des Internationalen Gerichtshofes über Mittelamerika anzuerkennen, da diese nur zur Ablenkung von den wirklichen Problemen der Region mißbraucht werden könnten.

Um eines Zieles willen tritt nun also die Bedeutung der rechtlichen Mittel und Methoden in den Hintergrund. Und dies ist kein Einzelfall: Wie Regierungsbeamte in Washington bestätigen, haben CIA-Mitarbeiter, die für die Ausbildung der Rebellen Nicaraguas in psychologischer Kriegführung verantwortlich waren, im Jahr 1984 ein Handbuch verfaßt, das Anleitung zu Mord und anderen Gewalttaten gibt.

Präsident Reagan rief im vorigen Monat zur Hilfe für die gegen Nicaragua kämpfenden Rebellen auf: »Diese tapferen Männer und Frauen verdienen unsere Hilfe. Wir können sie jetzt in ihrer Stunde der Not nicht allein lassen. Würden wir dies tun, so wäre es Verrat an unserer jahrhundertealten Verpflichtung, jene zu unterstützen, die für die Freiheit kämpfen.«

Nicaraguas Präsident Daniel Ortega Saavedra sieht die Rolle der Rebellen anders. In der *New York Times* schrieb er in der vorigen Woche: »Die Contras, die bei uns aus Honduras und Costa Rica einsickern, morden und foltern. Sie entführen Frauen, Männer und Kinder. Sie legen Bomben gegen Farmen, medizinische Zentren, Nahrungsmitteldepots und Schulen. Tausende von Zivilisten sind umgekommen, und unserer Wirtschaft sind Schäden in Höhe von Hunderten von Millionen Dollar entstanden.«

Und der Erzbischof von New York, John O'Connor, der mit einer Delegation katholischer Geistlicher Ende Februar in Nicaragua war, hat den Plan der US-Regierung für weitere Finanzhilfe an die Contras scharf gegeißelt: »Geld einsetzen, um Frauen und Kinder zu töten ...«

Verhandlungen sind schwierig genug, wenn die östlichen Kontrahenten sich nicht an Fakten halten, sondern Fiktionen zur Grundlage ihrer Analyse und zum Maßstab ihres Handelns machen. Aber wenn die westlichen Partner auch noch anfangen, ideologische Aspekte statt pragmatischer Ziele ins Auge zu fassen, dann dürfte es schier unmöglich werden, zu einer Einigung zu kommen.

329

Es ist einfach absurd, mit welchem Abscheu jeder des anderen Ordnung betrachtet und zu welcher irrealen Glorie die eigene emporstilisiert wird, wenn es um die Ideologie geht und nicht nüchtern um praktische Ziele. In einer kommunistischen Pionierzeitung in Riga erklärte kürzlich ein Erzieher, warum die sowjetischen Läden leer und die kapitalistischen voll sind: »Die Menschen in den kapitalistischen Ländern verdienen nicht genug Geld, um alle Produkte zu kaufen, und deshalb bleiben sie in den Regalen liegen. Das Einkommen der sowjetischen Menschen dagegen steigt beständig, so daß sie kaufen können, was sie nur wollen. Es ist die Kaufkraft des sowjetischen Volkes, die die Ladenregale leert.«

So simpel wird normalerweise auch im kommunistischen System nicht argumentiert. Andererseits haben nicht nur Kommunisten die Fähigkeit, sich selbst bis zu krasser Unlogik zu betrügen. Die Kirche der Regierenden Südafrikas – die von Washington durch *constructive engagement* begünstigt werden – bemerkt offenbar gar nicht den Widerspruch zwischen ihrem angeblich christlichen Glauben, der die Liebe zum Nächsten über alles stellt, und ihrem kompromißlosen Eintreten für die Ideologie der Apartheid.

Politik ohne Moral ist unvertretbar, denn sie führt geradewegs in Opportunismus. Wenn aber Politiker moralische Kategorien zur Begründung ihres Handelns bemühen, dann ist äußerste Skepsis geboten. Wer sich als Hort der Freiheit sieht und die andere Seite als »Reich des Bösen«, für den wird es schwer sein, das Machbare zu machen.

Kein Pragmatismus ist so manipulierbar, wie Ideologien es sind. Darum noch einmal unser Wunsch für die kommende Phase der Ost-West-Beziehungen: Sachlichkeit, Nüchternheit, gesunder Menschenverstand anstelle von idealistischen Emotionen und moralisierenden Ideologien.

Nachwort

Wenn mir vor dem Krieg, in der Zeit meines Studiums, jemand gesagt hätte, eines Tages werde ein Trennungsstrich quer über den belebtesten Platz Berlins gezogen werden, der nur heimlich und unter absoluter Lebensgefahr überschritten werden könne, hätte ich den Betreffenden für einen Spinner gehalten. Und wenn mir jemand 1961 prophezeit hätte, die Mauer, die damals errichtet wurde und die den Potsdamer Platz in zwei Teile zerschneidet, werde auch nach fast 25 Jahren noch unverändert bestehen, hätte ich dies einfach nicht geglaubt. Es ist eben erstaunlich, wie lange unhaltbare Zustände halten.

Ebenso verwunderlich ist es, wie unerreichbar manche Ziele sind: Wenn die Beteiligten meinen, endlich davorzustehen, verschwinden sie wieder um die nächste Ecke. So glaubten die Russen, als sie in den fünfziger Jahren vor den Amerikanern den ersten Sputnik ins Weltall lancierten, ihnen sei damit der Durchbruch gelungen. Und die Amerikaner ihrerseits meinten, Anfang der siebziger Jahre, als ihnen das »Mirven«, die Bestückung einer Rakete mit mehreren, individuell steuerbaren Sprengköpfen, gelang, damit hätten sie nun die Überlegenheit über die andere Supermacht erreicht.

Denn wenn auch beide offiziell den Gleichstand als ausreichendes Ziel für ihr Sicherheitsbedürfnis proklamieren, insgeheim strebt doch jeder nach *superiority* und nicht nach *parity*. Sehr deutlich wurde dies bei den bisherigen *arms-control*-Verhandlungen: Die Amerikaner verlangten einen überproportionalen Abbau der schweren, landgestützten Raketen, die die wichtigste Waffe der Sowjets sind – die Russen ihrerseits wollten den Amerikanern moderne Mittelstreckenraketen (Pershing) verbieten, über die sie selber verfügten (SS 20). Jedem gelingt es, des anderen Wunderwaffe immer wieder in den Schatten zu stellen und ihn dadurch zu verunsichern.

Es scheint, als könne keiner zur Ruhe kommen, solange der andere existiert, als handele es sich um einen Ausschließlichkeitsanspruch des Herrschens, wie er einst zwischen Rom und Karthago bestand. Dabei ist die interdependent gewordene Welt einerseits zu klein für solche Veranstaltungen, andererseits groß genug, um beiden rivalisierenden Mächten Platz zu bieten.

Auch die Protestanten und Katholiken, die im 17. Jahrhundert geglaubt haben, nicht im selben Staat leben zu können und die um Unterwerfung des jeweils anderen jahrzehntelang Krieg führten, haben schließlich den Kampf eingestellt, weil sie einsahen, daß er sich nicht lohnte, vielleicht auch einfach, weil er ihnen langweilig geworden war.

Man kann sicher damit rechnen, daß es den beiden Supermächten auch so gehen wird – nur möchte man hoffen, daß, ehe noch mehr Intelligenz, noch mehr Ressourcen und noch mehr Finanzen auf dieses nie endende, sinnlose Wettrüsten verschwendet werden, die Rivalen es aus Gründen der Vernunft und nicht erst aus Langeweile einstellen. Denn darüber muß man sich klar sein, es sind nicht die Fakten, die den Lauf der Geschichte bestimmen, sondern die Vorstellungen, die die Menschen von den Fakten haben. Sie prägen die Vorurteile, die sich gewöhnlich mit den Generationen oder auch mit den Umständen verändern. Nur so ist auch zu erklären, daß ausgewachsene Supermächte sich gegenseitig in einen so neurotischen Angstzustand steigern konnten, daß unsere Epoche mehr dem Entwurf für ein absurdes Theaterstück gleicht als einem Abschnitt der Geschichte.

Hierzu trägt natürlich die besondere psychologische Beschaffenheit der beiden Mächte bei, die auf ihrer ganz verschiedenen historischen Herkunft beruht und darauf, daß zu der Rivalität, wie sie zwischen Konkurrenten um die Macht seit jeher besteht, in diesem Fall auch noch die ideologische Differenz hinzukommt. Seit allem Anbeginn ist die amerikanische Geschichte durch einen messianischen Zug charakterisiert. Thomas Paine (1737–1809), der mit seinen Schriften einen großen Einfluß auf den Entschluß der amerikanischen Kolonien, ihre Unabhängigkeit zu erklären, gewonnen hatte, verkündete: »Es steht in unserer Macht, die Welt von neuem zu beginnen.« Viele ähnliche Äußerungen von Woodrow Wilson sind bekannt, und auch Präsident Reagan steht in dieser Tradition. Er sagte, man müsse die Weisheit Gottes preisen, der das Land zwischen zwei Ozeanen angesiedelt hat, so daß die Freiheitsuchenden aus aller Welt leicht dorthin gelangen könnten.

Diese messianische Verheißung, diese Gewißheit, einem auserwählten Volk anzugehören, hat dazu geführt, daß die Amerikaner sich ganz selbstverständlich im Besitz der absoluten Wahrheit meinen. Für sie ist Außenpolitik nicht die Kunst des möglichen Kompromisses zwischen subjektiven Überzeugungen, sondern die Manifestation des objektiv Wahren und Richtigen gegenüber dem Irrtümlichen und Falschen. Darum beruhen ihre außenpolitischen Perspektiven auf moralischen Maximen: Es gibt Gute und Böse; gute Partner, die die Meinungen, Urteile und Empfindungen hundertprozentig mit ihnen teilen müssen, und böse Gegner, die verabscheuungswürdig sind und mit denen es im Grunde keine Versöhnung geben kann. In den superideologischen Zeiten von Außenminister John Foster Dulles rechneten auch die Neutralen zu den Bösen: »Wer nicht für mich ist, ist wider mich.« Dabei sind die Bösen identisch mit den Kommunisten, die Guten mit den Antikommunisten.

Das macht die Sache natürlich besonders schwierig, weil auch die Kommunisten über eine ihnen durch Marx und Lenin offenbarte Wahrheit verfügen. Auch sie sind von missionarischem Eifer erfüllt, der sie ursprünglich verpflichtete, in alle Welt zu gehen und für die Ausbreitung ihrer Revolution zu sorgen. Daß ihnen selber die »Weltrevolution« heute noch glaubhaft und machbar erscheint, wird von vielen Experten bezweifelt, aber die meisten Amerikaner haben die Vorstellung, daß die Sowjets noch immer an diesem Auftrag festhalten.

George Washington, der erste Präsident der Vereinigten Staaten, hat in seiner berühmten *farewell address* (1796) seine

Landsleute sehr nachdrücklich vor fremden Einflüssen und einer Verstrickung in fremde Allianzen gewarnt. Das Gesetz, wonach die Vereinigten Staaten angetreten sind, war also schon vor Monroes Zeiten ganz klar: »So wenig politische Kontakte wie möglich mit anderen Nationen« – also: auch keine politischen Interventionen.

Das messianische Bedürfnis der Amerikaner aber tendierte zu moralischer Einwirkung auf andere und ist heute, da die Vereinigten Staaten so vielen daheim unterdrückten Bevölkerungsgruppen und individuellen Dissidenten Asyl und Zuflucht gewähren, noch stärker geworden. So rivalisieren nun die Maxime politischer Nicht-Einmischung und das Ideal moralischer Einmischung im Widerstreit miteinander. Diese Antithese ist zweifellos verantwortlich für den ständigen quälenden Wechsel zwischen Ideologie und Pragmatismus.

Nachdem Henry Kissinger, der bedeutendste amerikanische Außenminister dieses Jahrhunderts, mit der Feststellung »Wir sind beides: Partner und Rivalen« die US-Außenpolitik den Sowjets gegenüber entemotionalisiert und entideologisiert hatte, gab es wieder die übliche Reaktion: Viele Bürger waren angewidert von einem Pragmatismus, der »ausschließlich auf Machtpolitik beruht und dem es an Moralität gebricht«. Die Konsequenz: Carter übertrieb das Insistieren auf Einhaltung der Menschenrechte in anderen Nationen – vor allem bei den Sowjets, ganz selten bei Idi Amin, der damals sein Unwesen trieb – so sehr, daß alle Initiatoren der gerade erst gegründeten Bürgerrechtskomitees in der Sowjetunion verhaftet wurden. Und Präsident Reagan, der die Welle moralischer Sehnsucht in seinem Lande und die Wahlchancen, die sich daraus ergaben, sehr wohl spürte, hat diesem Bedürfnis weiter nachgegeben, wobei er gewisse Sünden in Polen hart straft, die schweren Vergehen in Südafrika aber großzügig übersieht.

Nicht zuletzt diese von beiden Seiten verstärkt betonte emotionale Komponente ist dafür verantwortlich, daß die Spitzen der beiden Supermächte sechs Jahre lang ein Treffen vermieden haben. Nun also soll es endlich stattfinden. Was wird sich ändern? Kann sich überhaupt etwas ändern?

Während der zweiten Hälfte dieses unseligen Jahrhunderts der Weltkriege und des Totalitarismus hat es bisher in den Ost-West-Beziehungen nur eine Veränderung gegeben: Damals, in den fünfziger Jahren, wurden rund um die Welt, umgerechnet auf den heutigen Wert, im Jahr etwa 150 Milliarden Dollar für die Rüstung ausgegeben. In diesem Jahr werden es annähernd 1000 Milliarden sein. Mehr Sicherheit hat keine Seite dadurch gewonnen. Beide sind heute auf einem höheren Niveau, unter finanziell größeren Opfern, durch wesentlich gefährlichere Waffen bedroht – das ist alles. Es kann einem schwindlig werden, wenn man bedenkt, wieviel Geld in diesen drei Jahrzehnten in ein doch offensichtlich nutzloses Unternehmen gesteckt worden ist.

Hätte man diese Entwicklung verhindern können? Was ist falsch gemacht worden – oder haben wir nichts versäumt? Eigentlich scheint alles versucht worden zu sein: Gleich nach dem Krieg hat der Westen abgerüstet, obgleich der Osten seinerseits gar nicht daran dachte – im Gegenteil, politisch ist die Sowjetunion damals immer weiter nach Westen vorgedrungen, denn die Osteuropäer sind ja erst nach dem Krieg endgültig an Moskau gefesselt worden. Nichts wäre also falscher, als dem Rat zu folgen, den einige Propheten der nuklearen Katastrophe propagieren: einseitige Abrüstung. Stark sein und gleichzeitig flexibel, darauf kommt es an. Entspannung kann nur praktiziert werden bei entsprechender Sicherheit.

Amerikas Reaktion auf jene Phase: 1947 *containment policy* – also Eindämmung der kommunistischen Expansion und zwei Jahre später die Gründung der NATO als westliches Verteidigungsbündnis –, starke Politik also. Und seither in Permanenz bis zum heutigen Tage der Wechsel zwischen Spannung und Entspannung, zwischen Ideologie und Pragmatismus mit der Folge, daß die amerikanische Außenpolitik für Freund und Feind gleichermaßen schwer berechenbar war und ist. Aber man muß zugeben, von Dulles' *roll back*-Verheißung bis zu Nixon-Kissingers Erkenntnis, daß die gemeinsamen Interessen und nicht die antagonistischen Widersprüche betont werden müssen, ist ohne Zweifel ein weites Feld beackert worden.

Man könnte also meinen, es sei alles versucht worden. Aber stimmt das denn? Hat man wirklich auch politisch alles versucht? Oder hat man immer nur in militärischen Kategorien gedacht und gehandelt, also immer neue und immer mehr Waffen produziert? Grundsätzlicher gefragt: Gibt es überhaupt ein politisches Konzept?

Mitte der fünfziger Jahre hatten die NATO-Partner zum erstenmal den Verdacht, daß es falsch sei, aus Angst vor der Sowjetunion alles auf das Militärische zu reduzieren und Politik und Wirtschaft, die für die Mitglieder der Organisation genauso wichtig sind, ganz zu vernachlässigen. Im Frühjahr 1956 ernannte die Ratstagung daher ein »Dreier-Komitee für nichtmilitärische Zusammenarbeit«. Die Drei Weisen, wie man sie damals nannte, waren der Italiener Gaetano Martino, der Norweger Halvard Lange und der Kanadier Lester Pearson. Zwar betraf die Aufgabe der Drei Weisen nur die Zusammenarbeit der Nato-Partner, aber in gewisser Weise war der Entschluß, Entscheidungen über das rein Militärische hinaus gemeinsam zu treffen, doch schon ein Vorläufer für den zehn Jahre später verfaßten Harmel-Bericht.

Pierre Harmel, der belgische Außenminister, befürchtete, daß die einseitige Betonung des Militärischen in allen Sicherheitsfragen auf die Dauer eine *politische* Lösung des Ost-West-Problems verhindern werde. Seine Initiative führte dazu, daß die Nato im Dezember 1966 beschloß, eine gründliche Studie in Auftrag zu geben. Sie wurde 1967 veröffentlicht mit dem Titel »Die zukünftigen Aufgaben der Allianz«. Die wichtigste Schlußfolgerung dieses Berichts lautete: »Militärische Sicherheit und Entspannungspolitik sind kein Widerspruch, sondern sie ergänzen sich.«

Die Atlantische Allianz, so heißt es in dem Harmel-Bericht, hat zwei Aufgaben: Erstens, die erforderliche militärische Stärke und politische Solidarität aufrechtzuerhalten, um Aggressionen oder auch Druck abzuwehren; zweitens, systematisch eine Beziehung zum Gegner aufzubauen, die es erlaubt, die zu Grunde liegenden politischen Probleme zu lösen. Dabei ist von Klima und Vertrauen die Rede und mehr als ein halbes dutzendmal kommt auf den drei Seiten das Wort Entspannung vor.

Im Grunde hatte Präsident Kennedy schon vier Jahre zuvor in seiner berühmten *peace strategy*-Rede vor der Amerikanischen Universität in Washington sehr ähnlich argumentiert. Er sagte damals, mehr Verständnis zwischen den Sowjets und den Amerikanern sei notwendig, und das erfordere mehr Kontakte und mehr Austausch. Die Anhäufung von riesigen Waffenbeständen, die nur zerstören und nie schöpferisch sein könnten, sei nicht die wirkungsvollste Methode, den Frieden zu sichern, »der das höchste Ziel auf Erden ist«. Wörtlich sagte er: »Wir wollen unsere Differenzen nicht verschleiern, aber wir sollten unser Augenmerk auf unsere gemeinsamen Interessen richten und darüber nachdenken, wie man die Differenzen beseitigen kann … Letzten Endes leben wir doch alle auf diesem Planeten, atmen wir alle die gleiche Luft, sorgen wir uns alle um die Zukunft unserer Kinder, sind wir alle sterblich.«

Das alles ist nun rund 20 Jahre her, aber diese Erkenntnisse scheinen gänzlich verschüttet worden zu sein. Präsident Ford ging so weit zu sagen, das Wort »Entspannung« solle ein für allemal aus dem politischen Vokabular des Westens gestrichen werden. Als dann zu Präsident Carters Zeiten die Russen Ende 1979 Afghanistan überfielen, da war die Entspannung endgültig tot.

Die derzeit amtierende Administration unter Ronald Reagan setzt lediglich Emotionen in Politik um und verläßt sich ausschließlich auf immer mehr Rüstung. So gibt es kein Entrinnen aus dem Teufelskreis: Furcht – Waffen, mehr Furcht – mehr Waffen, noch mehr Furcht und noch mehr Waffen. An Abrüstung oder *arms control* ist in einem solchen Klima natürlich nicht zu denken. Denn wer verzichtet schon angesichts solchen Mißtrauens auf einen Teil seines militärischen Potentials, das doch angeblich allein die herbeigesehnte Sicherheit zu gewährleisten vermag. Wir haben ja alle beobachten können, wie die Verhandlungen in Genf im Jahr 1983, die doch der Reduzierung der Arsenale dienen sollten, zu einem integralen Teil des Wettrüstens geworden sind.

Es ist, als handele es sich bei den beiden Supermächten um zwei Psychopathen: Keiner von beiden will Krieg, aber jeder ist von Ängsten geplagt und hält den anderen solcher Pläne für fähig. Jeder projiziert seine eigene Angst als die Absicht des anderen in dessen Tun und Denken, und so treiben beide abwechselnd, manchmal auch gleichzeitig, die Spirale des Wettrüstens in immer schwindelndere Höhen. Die Situation scheint hoffnungslos, wenn man sie durch die Brille des Neurotikers betrachtet. Dabei wäre es – wenn diese Brille nur einmal abgesetzt würde – gar nicht so schwer, aus diesem Teufelskreis herauszukommen.

Wie dies möglich sein soll? Das Wichtigste ist, von der hysterischen Militarisierung der Außenpolitik wegzukommen. Zu diesem Zweck sollte *erstens* ein Jahr lang – oder wenn nötig länger – nicht von Waffenkontrolle geredet, *zweitens* ein Einfrieren verabredet, *drittens* ein Gewaltverzicht zwischen den beiden Supermächten abgeschlossen werden. *Viertens* muß die Zeit genutzt werden, um die Beziehungen auf das ganze Feld zwischenstaatlicher Aktivitäten auszudehnen, also Wirtschaft, Handel und Kultur dürfen nicht länger ausgeschlossen werden. Sobald sich auf solche Weise ein Minimum an Vertrauen angesammelt hat, können die Gespräche über Reduzierung von Waffen vermutlich mit mehr Aussicht auf Erfolg wieder aufgenommen werden.

Im Grunde ist der Moment für eine solche Kursänderung nie zuvor so günstig gewesen: In Moskau ist zum erstenmal ein Exponent der Nachkriegsgeneration an die Macht gekommen, dessen Sorge offensichtlich vor allem der Wirtschaft gilt. Er ist nicht wie seine Vorgänger, die alle noch aus der Revolutions-Ära stammten und die zwei Weltkriege erlebt hatten, in erster Linie darauf bedacht, den Sozialismus wasserdicht gegen die westliche Welt abzuschließen. Wenn die Sowjetunion auch im nächsten Jahrhundert noch eine Supermacht sein will, dann bleibt Gorbatschow gar nichts anderes übrig, als Wirtschaft und Technologie zur Priorität zu erheben; schließlich wird Gorbatschow im Jahr 2000 noch nicht einmal so alt sein wie Gromyko heute ist.

Eine umfassende Wirtschaftsreform ist aber nur unter zwei Voraussetzungen möglich: Erstens muß Gorbatschow einen Teil der gewaltigen Mittel, die heute in die Rüstung gesteckt werden, der Wirtschaft zur Verfügung stellen; zweitens muß er den wirtschaftlichen Austausch und die politischen Kontakte mit dem

Westen verstärken, was auf lange Sicht für Osteuropa und die DDR gewisse Erleichterungen bringen könnte.

Dies alles ist freilich nur dann möglich, wenn die sowjetische Führung die Sicherheit Rußlands dadurch nicht gefährdet sieht. Immer – schon unter den Zaren – war das Sicherheitsbedürfnis der Russen unverhältnismäßig groß. Und heute, wo die Sowjetunion sich zwischen China und der großen Koalition der westlichen Mächte eingekreist fühlt, ist dies viel begreiflicher als damals. Genau hier aber ist der Punkt, an dem der Westen die Möglichkeit einer Einwirkung finden könnte, indem er durch Entspannung beruhigend wirkt, anstatt mit kriegerischem Gebaren und drohenden Reden (»das Reich des Bösen«; »nie werden wir uns mit Jalta abfinden«) jener Sorge Glaubwürdigkeit zu verleihen.

Der Chef der westlichen Welt, Präsident Ronald Reagan, der seinen Antikommunismus so vielfältig unter Beweis gestellt hat, könnte in Washington der ideale Initiator für ein solches Programm sein, denn ihm würde eher als irgendeinem anderen eine Wende hin zur Entspannung und Verständigung abgenommen werden, ohne daß er an Glaubwürdigkeit verlieren würde. Nur leider hat er Berater, die der Meinung sind, man könnte die Russen durch neue Herausforderungen in die Knie zwingen, oder man könnte sie durch Druck zum Nachgeben veranlassen.

Sie übersehen, daß dieses zu Opfern stets bereite Volk nicht davor zurückscheuen würde, notfalls den Gürtel noch enger zu schnallen, um weitere Rüstungen zu ermöglichen, obgleich die Russen alles daransetzen werden, einen Krieg zu vermeiden. Man muß sich nur einmal die riesigen Verluste vergegenwärtigen, die sie in diesem Jahrhundert erlitten haben: 5 Millionen Tote im Ersten Weltkrieg, eine nie festgestellte Zahl von Millionen im Bürgerkrieg, mehr als 6 Millionen Verluste durch die Zwangskollektivierung, 20 Millionen Tote im Zweiten Weltkrieg, 20 Millionen Tote in den Arbeitslagern Stalins. In einer einzigen Stadt, in Leningrad, sind bei der jahrelangen Belagerung während des Zweiten Weltkriegs 600 000 Menschen umgekommen – die meisten durch Verhungern. Kaum anzunehmen, daß ein solches Volk – oder auch nur seine Führung – sehr kriegslüstern ist.

Die Amerikaner sollten eigentlich gelernt haben, daß ihre Macht nicht ausreicht, anderen Völkern ihren Willen oder ihr Weltbild aufzuzwingen. Nicht einmal in Vietnam ist es ihnen gelungen – wieviel weniger könnten sie darauf hoffen, die Russen unter Druck setzen zu können.

Noch einmal: Es ist ein historischer Moment, den wir zur Zeit erleben. Beides zeichnet sich gleichermaßen deutlich ab: schwere, dunkle Wolken, aber zum ersten Mal auch eine hellere Zukunft. Die Entfernung zu beiden Möglichkeiten scheint gleich weit: In jede Richtung ist es nur ein Schritt. Werden wir im Westen den richtigen tun?

Personenregister

Adenauer, Konrad (1876–1967),
1949–1963 deutscher Bundeskanzler 10, 36–39, 41–43, 45 f.,
69, 89 f., 126, 221, 229

Adschubej, Alexej Iwanowitsch
(* 1924), sowjetischer Journalist,
1953–1959 Chefredakteur der
Komsomolskaja Prawda,
1959–1964 der *Iswestija* 117

Alexander I. (1888–1934), König von
Jugoslawien 108

Allardt, Helmut (* 1907), 1968–1972
deutscher Botschafter in Moskau
199

Amin Dada, Idi (* 1925), ugandischer
General, 1971–1979 nach
Militärputsch Staatschef in Uganda,
seit 1979 im Exil 281, 334

Amrehn, Franz (1912–1981),
deutscher Politiker (CDU), 1955 bis
1963 Bürgermeister von Berlin 123 f.

Anna Iwanowna (1693–1740), Zarin
von Rußland 182

Anna Leopoldowna (1718–1746),
Regentin von Rußland 183

Apostol, George (* 1913),
rumänischer Politiker 147

Baade, Fritz (1893–1974), deutscher
Nationalökonom und Politiker
(SPD) 241

Bahr, Egon (* 1922), deutscher
Politiker (SPD), Sicherheitsexperte
120, 123 f., 218, 221 f., 245

Ball, George (* 1909), amerikanischer
Jurist und Politiker, 1961–1966
stellvertretender Außenminister,
Berater von Präsident Carter 295

Bandulet, deutscher Politiker (CSU)
223

Barcikowski, Kazimierz (* 1922),
polnischer Politiker 296

Bartoszewski, Wladyslaw,
Generalsekretär des polnischen
PEN-Zentrums 298 f.

Barzel, Rainer (* 1924), deutscher
Politiker (CDU), 1964–1973
Vorsitzender der CDU/CSU-
Bundestagsfraktion, 1982–1983
Bundesminister für innerdeutsche
Beziehungen, 1983–1984
Bundestagspräsident 229, 249, 251

Ben Gurion, David (1886–1973),
1955–1963 israelischer Ministerpräsident und Verteidigungsminister 221

Benjamin, Hilde (* 1902), deutsche
Juristin und Politikerin (KPD, SED),
1953–1967 Justizminister der DDR
47

Berija, Lawrentij Pawlowitsch (1889
bis 1953), sowjetischer Politiker,
seit 1938 Chef der Geheimpolizei,
1946 stellvertretender Ministerpräsident 48 f.

Bernstorff, Christian Günther Graf
von (1769–1835), dänischer und
preußischer Minister 13

Marion Gräfin Dönhoff
Amerikanische Wechselbäder
Beobachtungen und Kommentare
aus vier Jahrzehnten

Unter dem Schock des Zweiten Weltkrieges setzten
wir nach 1945 alle Hoffnungen darauf, daß die Amerikaner uns verteidigen würden. Heute wird in der
Bundesrepublik lautstark gegen die amerikanische
Rüstung protestiert. Hat sich unser Verhältnis zu den
USA grundlegend verändert? Haben wir uns auseinandergelebt oder waren wir nie so einig, wie es
manchmal schien? Und wenn sich die deutsch-ameri-
kanischen Beziehungen wirklich geändert haben sollten – wann ist das eigentlich geschehen?
In den Beiträgen dieses Buches, die in Kommentaren,
Analysen und Reportagen von Anfang der fünfziger
Jahre an bis Mitte 1983 über und aus Amerika berichten, wird der allmähliche Wandel
der Beziehungen deutlich.

»Marion Dönhoff hat in vier
Jahrzehnten vieles beigetragen zum
gegenseitigen Verständnis. Auch wenn
sie ... Hysterie diagnostiziert, auch wenn
sie am Schluß fürchtet, Hysterie könne
›Normalzustand‹ werden, so wird sie sich
doch nicht entmutigen lassen.«

Helmut Schmidt

DVA